Maria Angerbauer
Gustav Kilian

Befreiung von negativen Wesen und Kräften

Maria Angerbauer
Gustav Kilian

BEFREIUNG VON NEGATIVEN WESEN UND KRÄFTEN

Transformation
auf dem spirituellen Weg
mit Hilfe der Engel

freya VERLAG

CIP-Titelaufnahme der deutschen Bibliothek
Angerbauer, Maria:
Kilian, Gustav:
Befreiung von negativen Wesen und Kräften/ Maria Angerbauer, Gustav Kilian.-
Unterweitersdorf: Freya, 2001.-
ISBN 3-902134-08-9

Lektorat: Johann Schnellinger, Verlagsservice, Linz
Umschlaggestaltung: Rupert Schneider
Satz & Layout: Wolf Ruzicka

gedruckt auf säurearmem Papier

INHALT

Vorwort 9

ERKENNTNIS DURCH LICHT, LÖSUNG DURCH GNADE

Wege der spirituellen Befreiung 11
Lösungsarbeit 12
Verhängnisse 14
Wie man Verhängnisse aufspürt 15
Stufe 1 – Begriffserklärung – Gnade 16
Höheres Selbst 17
Meditation zur Kontaktnahme mit dem höheren Selbst 19
Lichtkreise, Lichtwesen 20
Schutz und Reinigung – Personen – Räume 21
Kleiner Pendelkurs 24
Selbstreinigung und Schutz 24
Raumreinigung und Raumschutz 25
Verbindung mit dem höheren Selbst 25
Pendeln nach Tabellen 26
Die göttliche Flamme 27
Gebet zur Erlangung der göttlichen Flamme 32
Transformationsenergie 32
Gebet zur Erlangung der Transformationsenergie 33
Einfache Transformationsmassnahmen 33
Erarbeitung der Verhängnisliste 34
Meditation zur Auffindung von Besetzungen 35
Das Lösungsschema – Problem – Pendeln 37
Lichtkreis – Unterricht – Bitte um Lösung 38
Abtrennung der negativen Verbindungen 39
Auffüllen der Löcher – Heilung der Wunden – Verbringung 39
Verhängnisse und ihre Lösungen 41
Besetzungen durch Geist-Seele-Wesen 41
Magische Bindungen, aktiv 43
Magische Bindungen, passiv 45
Ausgesendete negative Gedankenformen 46
Spirituelle Verletzungen 47
Seelische, mentale, emotionale Verletzungen 48
Ätherische Verletzungen, Reste mechanischer Verletzungen,
Mentale Muster 49
Innere Barrieren, Belastungen durch fremden Willen 50

Mentale Beeinflussungen, Subliminale Botschaften,
Gekippte Wesensanteile 52
Kundalini 53
Vernetzungstraumata 54
Krankheitswesen 55
Die Verhängnisliste 1 56
Stufe 2 – Verhängnisse und ihre Lösungen 57
Anbindungen an negativ-spirituelle Wesen 57
Anbindungen an negative Quellen 58
Verbindungen zu gemischt positiv-negativen Wesen 58
Verbindungen zu negativen Quellen 60
Karmische Verbindungen, aktiv 61
Karmische Verbindungen, passiv 62
Tore und Einflüsse anderer Dimensionen 63
Gesetzte Manipulationen in den Energiekörpern 63
Spirituelle, seelische, mentale, emotionale Programme 65
Verlorene Seelenanteile 66
Fremde Seelenanteile 69
Abgespaltener Geist 71
Abdunklung des Lichtkerns 73
Alterswesen, Entzündungswesen, Fäulniswesen,
Gärungswesen 74
Negative persönliche Chords, Seelenverflechtungen 75
Künstliche Verbindungen im Überbewußtsein 76
Anbindungen an die Person als ehemalige Gottheit 76
Die Verhängnisliste 2 77
Stufe 3 – Völlig negative Wesen 78
Teufel 78
Satan, Dämonen 79
Reinigung und Schutz bei der Transformation
negativer Wesen 80
Transformation von Teufeln 81
Transformation von Satansteilen 83
Transformation von Dämonen 84
Der negative kosmische Geist, Tore zu negativen Welten 86
Übernahme durch negativen kosmischen Geist 88
Besetzung durch negativen kosmischen Geist 90
Nähe von negativem kosmischen Geist 90
Verbindungen zu negativ-spirituellen Wesen 91
Besetzungen durch negativ-spirituelle Wesen 92
Angesetzte Wesen, Besetzungen im Körpergewebe 93
Der dämonische Doppelgänger, Schleier 94

Dünnstellen ... 95
Dimensionsüberschneidungen, Magische Pforten ... 96
Energien aus Antiuniversum, verschmutzte geomantische Linien, verschmutzte Linien zwischen Planeten ... 97
Die Verhängnisliste 3 ... 98
Stufe 4 – Die großen negativen Wesen ... 99
Schöpferebene, Urvaterebene ... 100
Urmutterebene ... 101
Anbindungen, Verbindungen, Übernahmen – Schöpferwesen, Urvaterwesen, Urmutterwesen, Erzteufel ... 102
Besetzungen durch negative Schöpferwesen, Urvaterwesen, Urmutterwesen, Erzteufel ... 102
Angesetzte negative Schöpferwesen, Urvaterwesen, Urmutterwesen, Erzteufel ... 103
Besetzungen im Körpergewebe durch negative Urmutterwesen, Erzteufel ... 103
Kanäle zu Reichen, Verbindungen zu Reichen ... 104
Regentschaften über Reiche ... 105
Stationen ... 106
Die Verhängnisliste 4 ... 107
Lösungsarbeit in Wohnungen, Häusern, Grundstücken ... 108
Negative Fremdwesen, magische Plätze ... 109
Sonstige ortsgebundene Wesen ... 112
Nicht ortsgebundene Wesen ... 113
Von den Besitzern selbst abgesonderte Negativa ... 114
Durchsage für Lichtarbeiter ... 115

LEBENSTHEMEN

Spirituelles Leben – Bewusstwerdung ... 116
Das höhere Selbst ... 117
Ernährung und Gesunderhaltung ... 120
Krankheit, Leid und Schicksal ... 124
Schutzengel ... 129
Beruf – Berufung – Lebensaufgabe ... 133
Freizeitgestaltung ... 138
Kindererziehung ... 142
Schutzengelgebet ... 144
Abendgebet ... 145
Partnerschaft ... 146
Liebe und Spiritualität ... 151
Geistige Führer – spirituelle Lehrer ... 156

Kontaktaufnahme mit dem spirituellen Lehrer ... 158
Der Weg zur Erleuchtung ... 160

DIE ENTWICKLUNG ZUM LICHT

Erinnerung an frühere Leben ... 163
Rückführung ... 164
Innere Bilder heilen ... 166
Wiedergutmachungen ... 168
Chakratransformation ... 174
Zuordnung der sieben Hauptchakren ... 175
Kraftvolle Reinigung Ihres Chakras ... 179
Meditation zur Chakrareinigung ... 180
Das Unbewusste ... 183
Fragen an das Unbewusste ... 184
Der satanische Anteil des Unbewussten ... 191
Heilung der verschiedenen Körperebenen ... 193
Ätherische Ebene, Emotionalebene, Mentalebene ... 194
Seelenebene, Spirituelle Ebene ... 195
Erweiterung der Bewusstheit, Reinigung der Ebene ... 196
Reparatur, Durchlichtung der Eigenschaften, Kontrolle ... 197
Vernetzung der Körper, eingelagerte Eigenschaften ... 198
Heilungstechnik ... 200
Entfaltung der Eigenschaften ... 204
Wirkungspotenzial ... 205
Botschaft zum Thema Macht ... 206
Die Seele in anderen Universen ... 207
Übungen zur Wahrnehmung und Reinigung ... 209
Reinigen des physischen Körpers ... 211
Die aufgenommenen Energien zum Fließen bringen ... 214
Reinigung des Emotional- und Mentalkörpers ... 215
Durchlichtung der spirituellen Körper ... 218
Gebet ... 222
Die Autoren ... 223
Adresse für Anfragen ... 224

VORWORT

Liebe Leser!

Wir stehen an der Schwelle zu einem neuen Zeitalter. Viele Seelen sind erwacht und streben nach dem Licht, nach Vollkommenheit, nach einem erfüllten Leben. Aber wie?

Fragen über Fragen, Unsicherheiten über den richtigen Weg, aber auch viele Umwege erschweren es so manchem Suchenden, zur Wahrheit und zum Licht zu finden.

Unsere spirituellen Lehrer gaben uns nun die Erlaubnis, dieses Buch zu schreiben, um Ihnen in vielen Bereichen Ihres Lebens Anregungen und Hilfe für Ihre Entwicklung zu übermitteln.

Dieses Buch mit vielen Gebeten, Meditationen, geistigen Übungen und Möglichkeiten zur Befreiung und Entwicklung soll für diejenigen, die eine innere Sehnsucht nach Entwicklung spüren ein täglicher Begleiter sein.

Mein lieber Freund und Partner Gustav Kilian und ich sind dem Universum dankbar, unser über Jahrzehnte von der geistigen Welt erfahrenes Wissen nun weitergeben zu dürfen.

Wir beide sind unabhängig voneinander schon sehr früh in unserem Leben mit schwierigen Lernaufgaben konfrontiert worden. Aber trotz der teils harten Schicksalsschläge haben wir niemals das Vertrauen in die höhere Führung verloren.

Wenn etwas schief gelaufen war, haben wir immer auch nach dem Grund in uns selber gesucht, seien es nun Auswirkungen aus diesem oder aus früheren Leben. Und so erkannten wir, unterstützt durch den Unterricht der spirituellen Lehrer, viele der universellen Gesetzmäßigkeiten, nach denen unser Schicksal abläuft.

Jenen Menschen, die wahrhaftig nach dem Licht streben, gewährt die göttliche Gnade die Möglichkeit, in ihr Schicksal bzw. Karma einzugreifen. Engel und geistige Wesen aus hohen Bereichen des Lichts helfen dabei.

Alle in diesem Buch beschriebenen geistigen Problemstellungen sind zuerst bei der Arbeit an uns selbst aufgetreten, die bei der Lösung anzuwendenden Techniken haben wir dann unter Anleitung von Lichtwesen entwickelt und vorerst bei uns selber erfolgreich angewendet. Inzwischen konnten wir schon vielen Menschen durch diese Methoden bei ihren spirituellen Problemen helfen.

Die lichte Welt freut sich mit uns, dass dieses Wissen nun einem großen Kreis Suchender zugänglich gemacht werden kann.

Wir bedanken uns bei unseren spirituellen Lehrern aus den lichtvollen Sphären, aber auch bei allen anderen Wesen, seien sie nun gerade inkarniert oder nicht, die uns in unserer Entwicklung geholfen haben und die bewusst oder unbewusst mitgewirkt haben, dass dieses Buch in dieser Form entstehen konnte.

ERKENNTNIS DURCH LICHT LÖSUNG DURCH GNADE

Ein grundlegender Lösungsprozess zur Unterstützung der Befreiung von häufig vorkommenden belastenden spirituellen Einflüssen und deren Folgen

WEGE DER SPIRITUELLEN BEFREIUNG

Sieht man sich in der Welt um, findet man überall Leid und Unvollkommenheit. Viele Wesen wechseln einander im Laufe der Inkarnationen als Täter und Opfer ab, gefangen im Kreislauf des Hasses und der Aggression. Die Fülle ihrer negativen Eigenschaften und Belastungen können sie, wenn überhaupt, nur während vieler Leben langsam und schmerzvoll durch Erleiden verringern. Oft begehen sie aus ihrer negativen Befindlichkeit heraus neuerlich destruktive Taten und stürzen so noch tiefer in die Finsternis. Andere lösen sich aus dem Wechsel der Täter- und Opferrolle und versuchen, über Jahre ihres Lebens hinweg durch hilfreiches Verhalten Wiedergutmachung zu leisten. Demgemäß langsam nehmen ihre Belastungen ab. Einige gehen den Weg der geistigen Erkenntnis und dürfen ihrem Fortschritt entsprechend von Teilen ihrer Lasten durch lichte Helfer befreit werden. Doch der Weg der Erkenntnis allein braucht auch seine Zeit, ist mühevoll, bringt immer wieder Leid und birgt die Gefahr von Rückschlägen.

In allen Fällen können im Energiefeld der Wesen Reste leidvoller Erfahrungen verbleiben. Nachdem diese ihre ursprünglich für die Entwicklung nötige Funktion erfüllt haben, werden sie vielfach auch jetzt noch weiter mitgetragen und behindern jene Wahrnehmungen, Reaktionen und Entscheidungen, die den gegebenen Lebenssituationen adäquat wären. Die Nennung all dieser Möglichkeiten soll keinesfalls als Wertung missverstanden werden. Sie liegen im Rahmen der geistigen Gesetze, und wir haben die freie Wahl, für welchen Weg oder für welche Kombination von Wegen wir uns entscheiden. Dennoch wünscht sich wohl jeder Suchende eine Entwicklung, die von viel Licht, viel

Freude und nur jenem Minimum an Leid gekennzeichnet ist, das wegen der eigenen Unvollkommenheit nicht zu vermeiden ist.

Wir sind mit einer weiteren, ergänzenden Möglichkeit zur spirituellen Befreiung und damit zu einer rascheren und leichteren Entwicklung vertraut geworden, die wir »Lösungsarbeit« nennen.

WAS IST LÖSUNGSARBEIT?

Ein Wesen erfährt im Zuge seiner Aktivitäten in feststofflichen und in feinstofflichen Leben sowie in rein geistigen Existenzen durch sein Fehlverhalten Deformationen in allen Seinsbereichen. In der Lösungsarbeit nennen wir diese Deformationen »Verhängnisse«. Verhängnisse können in früheren Leben durch Fehlverhalten oder Missbrauch der geistigen Kräfte und des spirituellen Wissens entstanden sein. Viele Menschen haben sich bewusst mit negativen Kräften eingelassen und wurden bis heute dadurch in ihrem Leben und in ihrer Entwicklung beeinträchtigt. Aber negative Verbindungen und Belastungen stammen nicht nur aus früheren Leben, auch in diesem Leben können Beeintächtigungen durch negative Kräfte ihren Anfang nehmen bzw. genommen haben.

Es gibt einige häufig vorkommende Verhängnisse, die entsprechend den persönlichen Entwicklungsschritten gelöst werden können.

Das Prinzip der Lösungsarbeit:

Bei ausreichender Erkenntnis, die sicherstellt, dass die Fehler, die zum jeweiligen Verhängnis geführt haben, nicht wiederholt werden, kann dieses entfernt und ein eventuell vorhandener Defekt geheilt werden. Die Betonung liegt dabei auf »ausreichender Erkenntnis«: Eine bloße Befreiung wäre zwar sehr bequem, hätte die Seele die Erfahrung aber nicht verinnerlicht, würde sie in ihren alten Verhaltensmustern verharren.

Es gibt zahlreiche Suchende, spirituell sehr interessierte und höher entwickelte Personen, die guten Willen zeigen, ernsthaft um ihren Weg zum Licht bemüht sind und dabei selber schon gute Fortschritte gemacht haben. Ihnen fehlt aber noch ein Rest Seelenerfahrung, der die

Voraussetzung für die Lösung von jenen Verhängnissen wäre, die in ihrem Leben gerade aktuell sind und Probleme verursachen. Solche Menschen sind es, die durch Fügung zu den Möglichkeiten, die die Lösungsarbeit bietet, geführt werden. In diesen Fällen wird die fehlende Erkenntnis durch Lichtwesen als Unterricht vermittelt. Damit wird das jeweilige Verhängnis als Entwicklungsanreiz überflüssig und darf entfernt werden. Das Gleiche gilt für die schon erwähnten Reste leidvoller Erfahrungen, die sich unter Umständen in diesem Leben bereits traumatisch ausgewirkt haben. So ergibt sich insgesamt eine starke Beschleunigung des Befreiungsprozesses.

Allerdings, und das ist besonders zu betonen, darf das nur geschehen, wenn es die göttlichen Gesetze erlauben. Die spirituelle Situation eines Menschen und die Möglichkeit einer Lösung kann nur von lichten Wesen der geistigen Welt richtig erkannt und übermittelt werden. Eigenwillige Lösungen, die nicht den göttlichen Gesetzen entsprechen, sind zu unterlassen, auch wenn manchmal die Versuchung groß ist und man gute Argumente für deren Dringlichkeit und Wichtigkeit zu haben glaubt bzw. man seine klare Wahrnehmung missachtet und dem Eigenwillen unterordnet.

Eigenwillige Lösungen sind zu unterlassen, auch wenn man dafür gute Argumente zu haben glaubt.

Die spirituellen Verhängnisse entsprechen den geistigen Gesetzen und erfüllen die wichtige Aufgabe, gestürzte, in Entwicklung begriffene Wesen auf ihre Fehler und Mängel hinzuweisen und ihre weitere Entwicklung zu fördern. Ein eigenwilliges Entfernen solcher Verhängnisse wäre ein schwerer Fehler, würde dem Wesen letztlich Schaden zufügen und – sollte die Behandlung durch jemand anderen erfolgt sein – auf den eigenwillig Handelnden zurückfallen.

Im neuen Zeitalter gibt es für spirituell fortgeschrittene Menschen, die aufrichtig nach dem Licht streben, vermehrt die Möglichkeit des Lernens ohne Leid – durch von Lichtwesen erteilten Unterricht. Wenn die Seele ausreichend gelernt hat, sind die entsprechenden Verhängnisse überflüssig geworden und dürfen gelöst werden. Um die Erlaubnis zur Lösung muss aber von Fall zu Fall einzeln nachgefragt werden.

WAS LÖSUNGSARBEIT NICHT IST

Lösungsarbeit ist kein Service, das man bei Lichtwesen nach Belieben einfordern, keine Dienstleistung, die bei einem Medium bestellt und durch Bezahlung einfach abgegolten werden kann. Sie wird nur bei richtig verstandener innerer Demut und angesichts des aufrichtigen Strebens nach dem Göttlichen gewährt. Wer einfach seine Belastungen loswerden möchte, um danach zu einem Verhalten zurückzukehren, das anderen Leid verursacht, sei es auf der menschlichen oder auf geistigen Ebenen, ist fehl am Platz.

Auch etwaige Bestrebungen, die »Liebe« spröder Personen zu erringen und dazu vorhandene Hindernisse weglösen zu lassen (»Liebe ist doch etwas Gutes und der andere wird dafür noch dankbar sein«), oder der Versuch, unerwünschtes Verhalten anderer (Nachbarn, Verwandter Ehepartner, Arbeitskollegen) zu beseitigen, indem man ihnen ohne ihr Wissen bzw. ohne ihre Zustimmung vermeintlich störende Verhängnisse entfernen lässt, sind zurückzuweisen. Ihnen nachzugeben wäre eine schlimme Verfehlung. Niemals darf an Dritten ohne deren Zustimmung manipuliert werden! Es kann durchaus vorkommen, dass Rat und Hilfestellung von derartigen »Hilfesuchenden« gewünscht werden. Wir können Sie nur höflich bitten, solche Fälle kritisch zu prüfen und bei Verdacht auf Eigenwillen abzulehnen.

VERHÄNGNISSE

Die verschiedenen Arten von Verhängnissen treten bei allen Seelen mit spirituell wechselhafter Vergangenheit in mehr oder weniger großer Anzahl auf und lassen sich ziemlich exakt definieren. Darüber hinaus gibt es eine Fülle individueller Problemstellungen, die sich nicht derart kategorisieren lassen.

Die Kenntnisse über Verhängnisse und die Lösungstexte sollen in Selbstbehandlung im Sinne einer spirituellen Reinigung angewendet werden. Das Prinzip der Selbstbehandlung zieht sich durch das ganze Buch, obwohl es prinzipiell möglich ist, mit leicht modifizierten Techniken auch andere zu behandeln. Wir weisen aber auf die große Verantwortung hin, die Sie damit übernehmen würden. Daher raten wir Ihnen, vorerst ausschließlich die eigenen Probleme zu lösen, die Sie ja ohnehin schon haben, auf die Sie eingestellt sind und die Sie auch bisher zumindest in Schach gehalten haben. Fremde Probleme könnten unter Umständen übermächtig werden und auf Sie übergreifen. Außerdem könnten Sie mit unsachgemäßer und unvollständiger Arbeit Ihrem Klienten mehr schaden als nützen.

Wie man Verhängnisse aufspürt

Am einfachsten ist es, wenn ein Problem schon dringend ansteht. Die entsprechende Energie, ein unerwünschtes Wesen z. B., findet sich dann in einer bestimmten Schicht Ihrer Aura bzw. in einem bestimmten Chakra, und Sie können die Störung mit etwas Sensitivität lokalisieren. Hellsichtigere können mehr oder weniger genau erkennen, was es ist; wer einen guten Kontakt zu seinem höheren Selbst hat, kann hier nachfragen. Es genügt aber auch, dass Sie, wenn Sie die Störzone gefühlt haben, eine Liste aller grundlegenden Verhängnisse mit dem Pendel auf das vorliegende Problem durchsuchen. In den meisten Fällen werden Sie fündig werden. Voraussetzung ist, dass Sie sich die Liste erarbeitet haben und Ihren spirituellen Lehrer in der Meditation zu jedem Verhängnis um Unterricht gebeten haben, damit sie es später eindeutig identifizieren können.

Sie müssen fragen, wie viele Stück dieser Art Verhängnisse sich in der Problemzone befinden und bei wie vielen die Lösung jetzt herbeigeführt werden darf! Haben Sie kein erkennbares Problem und wollen einfach sehen, ob Sie sich wieder von einer Anzahl von Verhängnissen befreien dürfen, stellen Sie am besten anhand der Liste mit dem Pendel die Frage, wie viele Einheiten eines bestimmten Verhängnisses derzeit gelöst werden dürfen. Auf diese Art kann man sich in relativ kurzer Zeit (einige Monate bis wenige Jahre) befreien.

Wenn einmal nichts gelöst werden darf, kann das natürlich auch bedeuten, dass Sie von allen Problemen dieser einen Art bereits frei sind. Genauso kommt es vor, dass für die Fortsetzung der Lösungen noch die nötigen inneren Fortschritte fehlen – das kann bald wieder anders sein –, oder aber das Problem ist derzeit verdeckt und Ihnen damit noch nicht zugänglich.

Einige Arten von Verhängnissen können, einmal gelöst, aufgrund ihrer Eigenart nicht mehr gegen Ihren Willen wiederkommen. Andere hingegen können wieder entstehen, vor allem dann, wenn die Seele noch nicht ausreichend gelernt hat, sie abzuwehren. Mit fortschreitender Lösungspraxis und wiederholten Lösungen wird das aber immer besser, bis Sie eines Tages erstaunt feststellen, dass Sie von einer bestimmten Art schon längere Zeit nichts mehr wahrgenommen haben. Nur ab und zu, besonders in negativ-spirituell exponierten Situationen, in die Lichtarbeiter manchmal kommen, könnten vereinzelt derartige Probleme auftauchen. Es empfiehlt sich daher, sicherheitshalber in größeren Abständen Kontrollen durchzuführen, auch wenn man sich nicht weiter beeinträchtigt fühlt.

Die Lösung selbst findet nach den nötigen Vorarbeiten in Form einer Folge von Bitten an die helfenden Lichtwesen statt. Dabei wird ein bestimmtes Grundschema verwendet, das bei Bedarf ausgeweitet bzw. abgeändert wird.

Die grundlegenden Arten der Verhängnisse und die Maßnahmen zu ihrer Lösung werden in vier Abschnitten (Stufen) erklärt. Gemeinsame Voraussetzung aller Lösungen ist, dass Sie einen ausreichend stabilen Kanal zum göttlichen Licht herstellen. Dies geschieht auf dem jeweils entsprechenden Platz der Begegnung mit Ihrem höheren Selbst.

STUFE 1
BEGRIFFSERKLÄRUNG

Gnade

Der Begriff der göttlichen Gnade ist bekannt. Es ist bemerkenswert, dass nun die Möglichkeit des Lernens durch Einwirkung des göttlichen Lichts in den Vordergrund rückt – ein spezieller Akt der Gnade angesichts des Beginns eines neuen Zeitalters.

Kanal

Unser spiritueller Kanal entwickelt sich durch Gebet, Meditation und wahrhaftiges Streben nach der Wahrheit, dem göttlichen Licht und nach Erleuchtung. Er verbindet uns mit dem höchsten Licht, der göttlichen Gegenwart.

In der Lösungsarbeit dienen wir als Kanal für göttliche Energie und die einfließende Hilfestellung der Lichtwesen. Aufgrund der Dichtheit unseres physischen Körpers sind wir in der Lage, Orte aufzusuchen, physische wie geistige, von denen sich Lichtwesen fern halten. Dort können wir wie ein Helmtaucher auf dem Meeresgrund, der von der Person im Boot mittels einer Pumpe mit Atemluft versorgt wird, spirituelle Arbeiten verrichten. Da wir in dreidimensionalen Räumen wohnen, können wir diese energetisch verschließen und damit einen geschützten Innenraum schaffen, in den nur Lichtwesen durch uns und unsere hohen Ebenen Zugang haben; auch im Freien können wir unsere Aura mit einem Schutz versehen. Wenn wir einigermaßen gefestigt sind, können wir unsere Aufmerksamkeit dann auf die Problemzonen richten und damit jene Verbindungen schaffen, über die die Maßnahmen der Lichtwesen wirksam werden. Dadurch dienen wir dem Licht gleichsam als »Altar«, als Schnittpunkt verschiedener Seinsbereiche, während wir die negativen Einflüsse draußen halten.

Höheres Selbst

Das höhere Selbst ist die Gesamtheit der höchsten Ebenen unseres Seins, die niemals in Satan gestürzt sind, im Gegensatz zu unserem in Entwicklung begriffenen Sein, das fortwährend Erfahrungen machen muss und mehr oder weniger unvollkommen ist. Entsprechend dem persönlichen Entwicklungsstand und dem gerade aktuellen Thema sind verschieden hohe Schichten des höheren Selbst meditativ erreichbar und vermitteln spirituelle Informationen. Es ist in Verbindung mit dem göttlichen Funken in uns und kann mit Lichtwesen und anderen Wesenheiten kommunizieren.

In der Lösungsarbeit bietet das höhere Selbst den Platz, auf dem die Mehrzahl der Lösungsvorgänge abläuft bzw. der als Ausgangsebene für zusätzlich notwendige Aktivitäten dient. Auf diesem Platz werden die für die Arbeit essenziellen Lichtkreise errichtet und wird ein zusätzlicher Schutz vor dem Eindringen negativer Kräfte aufgebaut. Das höhere Selbst reinigt diesen Platz und grenzt ihn ab. Weiters beantwortet es die Fragen, die gestellt werden müssen, um einen korrekten Lösungsablauf zu gewährleisten.

Das höhere Selbst wird in verschiedener Weise wahrgenommen. Es kann als ganze, menschenähnliche Lichtgestalt erscheinen, oft werden aber nur Körperteile sichtbar. Auch nichtmenschliche Formen, z. B. ein Baum, sind möglich. Manche nehmen nur einen Lichtschein wahr, andere wieder überhaupt nur eine Art telepathischer Übermittlung ohne optische Eindrücke. Die Antworten des höheren Selbst können in Körperbewegungen (Nicken, Winken), aber auch in akustischen Eindrücken bis zu ganzen Sätzen erfolgen, oder man vermeint sie plötzlich einfach zu wissen. Auf dem Weg zum höheren Selbst können Lichtwesen als Führer auftreten, die einen die letzte Wegstrecke bis zum Ziel bringen. Nicht jede Lichtgestalt ist also gleich das gesuchte Selbst. Wenn wir uns mit dem Wesen wohl fühlen, nehmen wir die Führung dankbar an.

Leider kommt es vor, dass sich negative Wesen vordrängen und versuchen, als höheres Selbst aufzutreten. Es empfiehlt sich daher, bei jeder Kontaktnahme zu bitten, in die inneren Schichten des höheren Selbst blicken zu dürfen. Das wahre Selbst wird nach innen zu immer heller und strahlender, wogegen Imitatoren außen oft hell bis grell erstrahlen, nach innen zu jedoch dunkel werden und ihr wahres Wesen verraten. Übrigens ist auch bei anderen optisch als hell empfundenen Strukturen Vorsicht geboten. Sie sind keinesfalls immer aus göttlichem Licht. Auch die negativen Mächte können in Imitation des Lichts ein grelles Konzentrat an Energie produzieren, das schon oft mit dem wahren Licht verwechselt wurde. Es soll daher immer das eigene Herz befragt werden, wie es sich angesichts einer hellen Erscheinung fühlt. Das wahre Licht erzeugt niemals negative Gefühle.

Meditation zur Kontaktnahme mit dem höheren Selbst

- *Ich bin ganz ruhig und gelöst, ganz ruhig und gelöst. Der Atem fließt ganz leicht und wie von selbst. Ich beobachte eine Weile meinen Atem und spüre, wie nach und nach aller Stress und alle Last von mir abgleiten.*
- *Vor meinem geistigen Auge erscheint nun eine goldene Treppe, die hinauf in den Himmel, zum Licht führt. Ich beschließe hinaufzusteigen und gehe Stufe für Stufe die leuchtende Treppe hinauf. Nun sehe ich, dass die Treppe bis in die Wolken führt, ich gehe weiter und werde von dem weißen Nebel der Wolken umhüllt. Plötzlich lichten sich die Wolken und strahlend helles Licht leuchtet durch die Wolkendecke. Immer weiter gehe ich die Treppe hinauf. Es wird immer strahlender und heller.*
- *Die Wolken habe ich schon längst hinter mir gelassen, da sehe ich, dass die Treppe zu einem lichten, wunderschönen Platz führt. Ich gehe die letzte Stufe hinauf, der Boden ist aus weißem Marmor und mit goldenen Ornamenten verziert. Ich bin ganz in ein eigenartig helles Licht eingehüllt. Es fühlt sich liebevoll und rein an.*
- *Dieses Licht führt mich nun in die Mitte des Platzes in einen Lichtkreis. Dort fühle ich mich besonders wohl und geschützt. Eine Stimme sagt mir: Dies ist der Platz, wo du deinem höheren Selbst begegnen kannst.*
- *Ich bitte nun mein höheres Selbst zu erscheinen. Wie aus dem Nichts steht plötzlich eine Lichtgestalt vor mir und betrachtet mich wohlwollend. »Ich freue mich, dass du gekommen bist«, diese Worte – oder sind es telepathisch übermittelte Gedanken – nehme ich nun wahr.*
- *Ich bin ganz überwältigt von der lichten Ausstrahlung und der Kraft, die von meinem höheren Selbst ausgehen. Ich bitte mein höheres Selbst, mir mitzuteilen, ob es mich bei der Lösungsarbeit unterstützen wird und ob ich hier auf diesem lichten, geschützten Platz die Lösungsarbeit durchführen darf. Ich warte die Antwort ab.*
- *Große Dankbarkeit und Liebe erfüllen mich. Ich danke dem höheren Selbst und frage, ob es vielleicht noch eine wichtige Botschaft für mich hat ... Dann verabschiede ich mich von meinem höheren Selbst. Ich weiß, dass ich diesen schönen Platz nun immer aufsuchen darf, wenn ich es möchte.*
- *Ruhe und Harmonie erfüllen mich. Ich gehe langsam die goldene Treppe wieder hinunter, bis ich ganz unten auf dem ebenen Boden angelangt bin.*

- *Ich richte meine Aufmerksamkeit von meinen inneren Welten wieder auf die Außenwelt, öffne die Augen, strecke mich ein wenig und bin noch ganz erfüllt von dem Licht und der Liebe meines höheren Selbst.*

Lichtkreise

Die Lösungsvorgänge müssen in einem geschützten Bereich ablaufen. Auf dem schon erwähnten Platz der Begegnung mit dem höheren Selbst werden zu diesem Zweck Lichtkreise errichtet. Bei Selbstbehandlung brauchen wir zuerst einmal einen Lichtkreis für uns selber. Einen zweiten brauchen wir, um entweder aus uns herausgestellte Elemente (negative Gedankenformen, Schöpfungen, Wesen) bis zur Auflösung bzw. Transformation und Verbringung unterzubringen oder andere Wesen, mit denen wir im Zuge der Lösung konfrontiert sind, zu unserem Schutz vor deren Übergriffen unter Kontrolle zu halten bzw. sie an ihrer unerwünschten Entfernung zu hindern. Die beteiligten Wesen betreten und verlassen auf unsere Bitte die Lichtkreise oder werden von Lichtwesen verbracht.

Weitere Lichtkreise können nach Bedarf sinngemäß errichtet werden. Bei schwierigeren Arbeiten ist es sehr hilfreich, wenn das höhere Selbst auf unsere Bitte hin einen extra Lichtkreis um den ganzen Platz legt und den inneren Bereich zusätzlich von allem Negativen säubert.

Lichtwesen

Engel verschiedener Größen, Arten und Aufgabenbereiche werden vom universellen Geist geschickt, um auf unsere Bitte hin bei der Lösungsarbeit zu helfen und Unterricht zu geben. Sie verrichten praktisch alle zur Lösung nötigen Tätigkeiten und wissen auch um die Rechtmäßigkeit einer Lösung. Bei Anfängern ist es häufig, dass sie Lösungen, die aus Unwissenheit irrtümlich begehrt wurden, nicht durchführen und daher auch kein Schaden entstehen kann. Man sollte sich aber nicht darauf verlassen, denn mit der Zeit lernt das eigene Unbewusste, seinen Beitrag zu den Lösungen zu leisten. Damit kommt es in die Lage, bei Rückzug der Lichtwesen selbstständig zu lösen und dadurch Fehler zu begehen, deren Folgen voll auf den Praktizierenden zurückfallen.

Engel sind Wesen aus göttlichem Geist, die, im Allgemeinen ohne eigene Entscheidungsbefähigung (es gibt Ausnahmen), stets nach dem göttlichen Prinzip handeln und damit die Aufträge unseres Schöpfers ausführen. Daneben bezeichnen wir als Lichtwesen hoch entwickelte, entscheidungsbefähigte Wesen, die so wie wir aus Geist und Seele bestehen, uns aber auf ihrem Weg weit voraus sind und nicht mehr inkarnieren müssen. So sind z. B. unsere spirituellen Lehrer sehr fortgeschrittene Wesen aus Geist und Seele, die sich so wie wir entwickeln mussten, die Probleme und Schwächen von Lebenden aus eigener Erfahrung kennen und für uns daher viel Verständnis aufbringen. Vorsicht! Nicht alle, die gerade nicht inkarniert sind, sind entwickelte Lichtwesen – ganz im Gegenteil!

Unterricht

Voraussetzung für die Lösung eines Verhängnisses ist, dass die Seele die entsprechenden Lernaufgaben erfolgreich bewältigt hat. In der Praxis fehlt zur vollen Lösungsreife meist noch ein Rest an Erkenntnis. Diese wird durch Unterricht vervollständigt, den die Lichtwesen auf der Seelenebene erteilen. Bisherige falsche Verhaltensweisen und Einstellungen werden dadurch unbewusst erkannt, sodass man die selben Fehler nicht mehr machen würde. Es ist eine große Gnade, auf diese Weise lernen zu dürfen und nicht mehr durch Leid.

Schutz und Reinigung

Personen

Wer sich bereits mit spirituellen Themen befasst hat, hat wahrscheinlich schon am eigenen Leib die Notwendigkeit erfahren, sich vor negativen Einwirkungen zu schützen. Schutzmaßnahmen werden notwendig, weil die persönliche Entwicklung zum Licht den Interessen der negativen Macht, die alle Wesen so weit wie möglich in ihrer Gewalt haben will, zuwiderläuft. Man sollte sich nicht darüber hinwegtäuschen, dass, hält man sich auch für einen »guten« Menschen und ist ehrlich bestrebt, Gutes zu tun, man bis zur völligen Erleuchtung zu einem gewissen Grad immer noch unter dem Einfluss des negativen kosmischen Geistes steht.

Wenn also Schutzmaßnahmen schon wegen des eigenen Strebens nach Entwicklung nötig werden, so sind sie umso wichtiger, wenn man anderen Wesen dabei hilft, sich aus der Umklammerung des »Bösen« zu befreien. Die Arbeit mit dem göttlichen Licht wird zwar gut geschützt, jedoch hat der Mensch selber die Verantwortung für sein Tun, und die Lichtwesen handeln – abgesehen von einem echten Notfall – erst auf unsere direkte Bitte. Je weiter Wissen und Erfahrung wachsen, umso mehr Eigenverantwortung wird übertragen, und Nachlässigkeiten werden durch ihre Folgen deutlich. Wie gut man sich selber (und andere) schützen kann, hängt nicht zuletzt von den Fähigkeiten der Imagination und des Kanalisierens von Energie ab.

So kann man sich schützen

- Sprechen Sie ein frei formuliertes Gebet um Reinigung, Durchlichtung, Schutz, Führung und Hilfe.
- Stellen Sie sich ein weißes Licht in Ihrem gesamten Energiefeld vor, das so hell strahlt, dass nichts Dunkles eindringen kann. Legen Sie über die Außenschicht des Lichtmantels eine harte Hülle aus Kristall oder »geschmolzenem, gehärtetem« Diamant.
- Reinigen Sie Ihre Aura mit einem erst nach unten, dann wieder nach oben fegenden »weißen Wirbelwind«. Wickeln Sie sich dann in Lichtbandagen, erst von oben nach unten nahe am Körper mit einem eher harten, von der Stirn ausgehenden Strahl, oben und unten verschließen, dann zurück hinauf mit einem weichen, weit ausgreifenden Lichtmantel, der vom Scheitel ausgeht und möglichst weit in die Aura hinausreicht, oben nochmals verschließen. Legen Sie um das so entstandene Lichtei einen nach außen reflektierenden Spiegel, von dem die auftreffenden Angriffe aus eigener Dynamik abprallen. Seien Sie gewiss, dass der Spiegel nun steht, und verwenden Sie bis zum nächsten Schutz keine Kraft und Aufmerksamkeit mehr darauf.
- Schützen Sie sich als Routinemaßnahme 1-mal täglich (z. B. morgens) in dem Bewusstsein, dass der Schutz 24 Stunden anhält.
- Schützen Sie sich zusätzlich für schwierige Lösungsarbeiten.

Räume

Häufig halten sich in Wohnräumen Energien und Wesen auf, die wir dort eigentlich lieber nicht haben möchten. Sind z. B. neugierige erdgebundene oder verirrte Verstorbene vergleichsweise harmlos (außerdem ist es vielleicht erlaubt, ihnen zu helfen, dass sie ihren Weg finden), so werden unter anderem durch die Arbeit an der Lösung spiritueller Verhängnisse Wesen angelockt, die in eindeutiger Gegnerschaft zu unseren Absichten stehen.

Es bleibt jedem selbst überlassen, in welcher Gesellschaft er seinen Alltag verbringen möchte. Vor der Lösungsarbeit muss der Raum allerdings gereinigt und geschützt werden. Das geht meist in einem, da die meisten Fremdwesen – so welche da sind – den Raum verlassen, um nicht eingeschlossen zu werden. Außerdem erfüllt Ihre bzw. die von Ihnen kanalisierte Energie während der Schutzmaßnahmen den Raum, sodass darin fast nichts Bestand hat, was nicht mit Ihnen in Harmonie ist.

Sehr große, dem absoluten Bösen nahe stehende Wesen sind allerdings nicht so leicht zu entfernen. Die Konfrontation mit ihnen erfolgt im Allgemeinen erst dann, wenn Sie selber das Wissen, die Kraft und die Schwingungsqualität haben, um die hier erforderlichen Maßnahmen wirkungsvoll zu setzen. Wenn Sie guten Willen und reine Absichten haben, können Sie generell davon ausgehen, dass die Wesen des göttlichen Lichts all jene Belastungen von ihnen fernhalten, denen Sie aufgrund Ihrer derzeitigen Entwicklungsstufe noch nicht gewachsen wären.

Einige Vorschläge zur Auswahl:

- Sprechen Sie ein frei formuliertes Gebet für Reinigung, Durchlichtung und Schutz des Raumes.
- Stellen Sie eine Lichtsäule in die Mitte des Raumes, der Wände, der Decke, des Fußbodens sowie in jede Ecke.
- Schließen Sie Türen und Fenster (symbolische Eintrittspforten) mit einem Schirm aus weißer oder goldener Energie, als würden Sie einen Rollladen hinunterziehen (die feststofflichen Fenster- bzw. Türflügel können natürlich offen bleiben).

- Auch die Wände, Decke und Fußboden können nach dem Rollladenprinzip überzogen werden.
- Hüllen Sie den Raum bei Bedarf als zusätzliche Maßnahme in einen Spiegel ein.
- Bei nötiger Verstärkung des Schutzes bewährt es sich, über Türen und Fenster mit strahlend weißer oder goldener Lichtenergie ein gleichschenkeliges Kreuz zu ziehen.

KLEINER PENDELKURS

Um Art und Anzahl der zu lösenden Verhängnisse sicher bestimmen zu können, ist es nötig, dass Sie sich Grundkenntnisse im geistigen Pendeln aneignen.

Sie sollten sich für diese Art des Pendelns ein eher leichtes, spitz zulaufendes Pendel zulegen. Das Material dabei ist nicht ausschlaggebend. Es ist jenes das beste für Sie, welches Ihnen sympathisch ist, Ihnen gefällt oder welches Sie intuitiv wählen. Die Pendellänge sollte ca. 15 cm betragen.

Wichtige Vorkehrungsmassnahmen, bevor Sie mit dem Pendeln beginnen:

Damit Sie richtige Pendelergebnisse erzielen, sind einige Maßnahmen notwendig, die Sie unbedingt beachten sollten.

Selbstreinigung und Schutz

Wir empfehlen ein kurzes Gebet, das wie folgt lauten könnte:

Höchstes göttliches Sein! In Demut bitte ich dich um deinen göttlichen Schutz und um Reinigung aller meiner Körper und Energiezentren. Lass dein göttliches Licht in mein ganzes Sein einströmen und es wirksam erfüllen! In Dankbarkeit und voller Vertrauen ...

Dabei beobachten Sie das Einstrahlen des strahlend hellen, golddurchwirkten göttlichen Lichts, bis Sie ganz davon erfüllt sind. Dann visualisieren Sie, dass das göttliche Licht auch Ihre Aura ganz erfüllt, und setzen in Gedanken noch eine feste, spiegelnde, goldene oder diamantene Oberfläche, damit alle unerwünschten Einflüsse abgehalten werden.

Raumreinigung und Raumschutz

Der Raum, in dem Sie arbeiten, sollte möglichst frei und licht sein. Sie beginnen mit einer Bitte an unseren Schöpfer um Durchlichtung und Reinigung des Raumes, in dem Sie arbeiten wollen, und beobachten, wie der ganze Raum von strahlend hellem Licht erfüllt wird.

Dann ziehen Sie über alle Wände sowie den Fußboden und die Decke einen goldenen oder diamantenen Energieschirm, damit nichts Störendes eindringen kann.

Verbindung mit dem höheren Selbst

Bevor Sie mit dem Pendelvorgang beginnen, stellen Sie sich auf Ihr höchstes Bewusstsein ein, die zurzeit höchste, reinste Ebene in Ihnen, die mit Ihrem eigentlichen Sein und dem Licht im Einklang ist. Begeben Sie sich geistig auf diese hohe, lichte Bewusstseinsstufe.

Wenn Sie damit Schwierigkeiten haben, stellen Sie sich vor, Sie gehen mit jedem Atemzug weiter ins Licht, weiter hinauf in das Reine, Göttliche in Ihnen.

Es sind zwei Arten des Pendelns wichtig:
Antwort des Pendels auf Fragen, die mit Ja oder Nein beantwortet werden können.

Zu diesem Zweck treffen Sie eine Abmachung mit Ihrem Unbewussten: Ein Rechtskreis des Pendels bedeutet für mich JA.

- Sie nehmen das Pendel an der Pendelschnur, 10 cm Abstand zum Pendelkörper zwischen Daumen und Zeigefinger, entspannen sich, geben dem Pendel einen geraden Schwung und fragen das Pendel: Was bedeutet für mich JA?

Sie sehen zu, wie das Pendel einen Rechtskreis beschreibt. Wenn es noch nicht klappt, sagen Sie dem Pendel nochmals, dass für sie jetzt das JA immer durch einen Rechtskreis angezeigt wird, und wiederholen Sie die Übung.

Dann teilen Sie dem Pendel mit, dass nun für Sie ein Linkskreis immer ein NEIN bedeutet.

- Versetzen Sie dem Pendel einen Schwung, und beobachten Sie, wie es einen Linkskreis beschreibt. Notfalls wiederholen Sie die Übung.

Bevor Sie mit dem Fragen beginnen, beachten Sie bitte, dass eigene Gedanken, Vorstellungen, Wünsche, Erwartungen, Ängste, Sorgen usw. das Pendel beeinflussen können. Versuchen Sie, sich selbst mit all Ihren Vorstellungen zurückzunehmen, ein wenig herauszuhalten, und fühlen Sie sich eher als unbeteiligter Beobachter.

- Falls Sie kein Ergebnis erhalten, fragen Sie das Universum, ob Sie diese Frage überhaupt stellen dürfen.

Sie sollten das Pendeln nur für die Unterstützung Ihrer Entwicklung und die Pflege Ihrer Gesundheit verwenden und die ethischen Grundsätze einhalten. Nun können Sie schon Ihre erste Frage stellen. Schutz und Reinigungsvorkehrungen vorher unbedingt beachten!

- Soll ich mich überhaupt in meiner Entwicklung in diesem Leben mit diesem Thema konfrontieren?

Wenn JA, kann auf diese Weise der richtige Zeitpunkt erfragt werden oder welche Vorübungen noch nötig sind.

Pendeln nach Tabellen

Dies ist die zweite Möglichkeit des Pendelns, wie wir sie für die Lösungsarbeit brauchen. Es gelten die gleichen Vorkehrungsmaßnahmen wie beim Ja/Nein-Pendeln. Gesucht ist die Anzahl der Verhängnisse, die zu diesem Zeitpunkt gelöst werden dürfen.

Auf den folgenden Seiten finden Sie Zahlentabellen von 1 bis 10, 10 bis 100 und 100 bis 1000 sowie eine Prozenttabelle. Beginnen Sie mit einem Pendelschwung bei der Zahl 0 und lassen Sie das Pendel bewusst bis zur Zahl 10 wandern, um ein Gefühl dafür zu bekommen.

Wenn das klappt, können Sie schon mit dem Fragen beginnen, z. B.: Wie viele Punkte sind noch zu beachten, bevor ich mit der Lösungsarbeit beginne? Was noch zu beachten ist, können Sie durch gezielte Fragen, ist es das, was ich vermute?, mit Ja/Nein-Pendeln herausfinden.

Oder: Wie viele Minuten soll ich täglich meditieren?

Wenn unklare Antworten auftreten, kann das folgende Ursachen haben:

- Sie sind momentan in keinem guten Zustand. Verschieben Sie die Fragen auf später!
- Sie können sich nicht konzentrieren.
- Sie sind zu wenig geschützt und bekommen keine Verbindung zum Licht. Wiederholen Sie die Schutzmaßnahmen!
- Auf dem Pendelplatz haben sich negative Energien angesammelt. Durchlichten Sie geistig den Pendelplatz, das Pendel und die Tabellen, bitten Sie Engel zu helfen!
- Die Frage darf nicht gestellt werden.
- Sie bekommen zu diesem Zeitpunkt aus Entwicklungsgründen noch keine Antwort.
- Die Frage ist unpräzise formuliert. Formulieren Sie die Frage um!

Im Allgemeinen ist das Pendeln zum Zwecke der Lösung und Entwicklung gut geschützt und vom Licht geführt.
Sie können auf das göttliche Licht vertrauen.

DIE GÖTTLICHE FLAMME

Was auch immer in der Esoterik als »göttliche Flamme« bezeichnet wird, hier beschreibt der Ausdruck ein Werkzeug aus Energie, das Sie in die Hand nehmen können, das aus Ihrer Hand fließt, durch Ihre Hand geführt wird. Form gewinnt dieses Werkzeug, wie auch andere energetische Werkzeuge, durch Imagination. Dazu wurde durch Lichtwesen ein Bild wie das einer Fackel als Anregung übermittelt.

Negative Wesen können in die Flamme gestellt werden, indem man die Fackel darunter hält. Dass dieses Feuer nicht aggressiv und zerstörerisch sondern immer heilsam wirkt, beweist seine Verwendung bei der Heilung spiritueller Verletzungen.

Es ist nicht selbstverständlich, dass diese Energie verfügbar ist, sondern sie wird erfahrungsgemäß gemeinsam mit Vorschlägen zur Imagination übermittelt. Da sie für die Lösungsarbeit notwendig ist, gehen wir davon aus, dass sie von Ihnen durch Gebet erlangt werden kann.

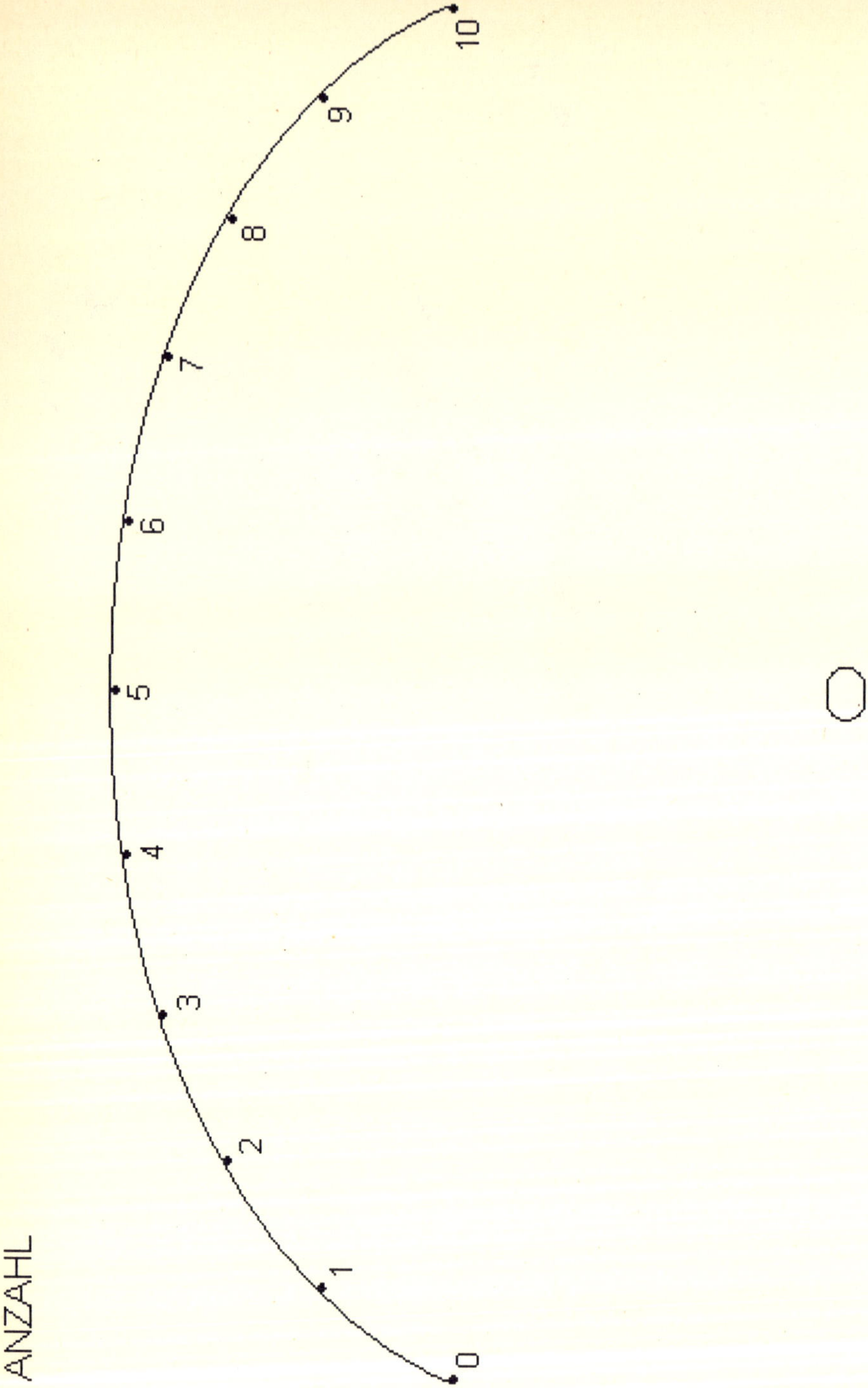
ANZAHL
0
1
2
3
4
5
6
7
8
9
10
O

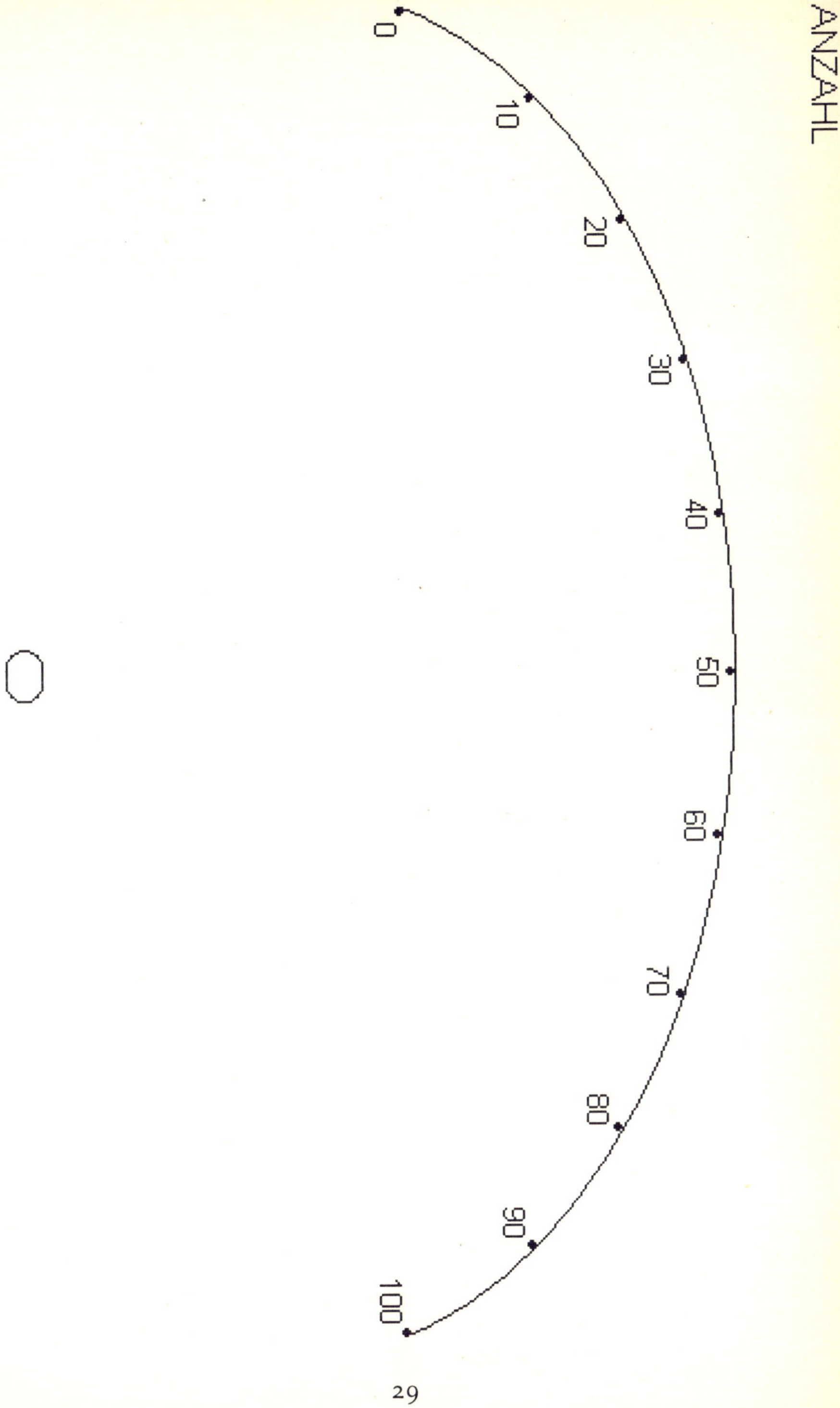
ANZAHL
0
10
20
30
40
50
60
70
80
90
100

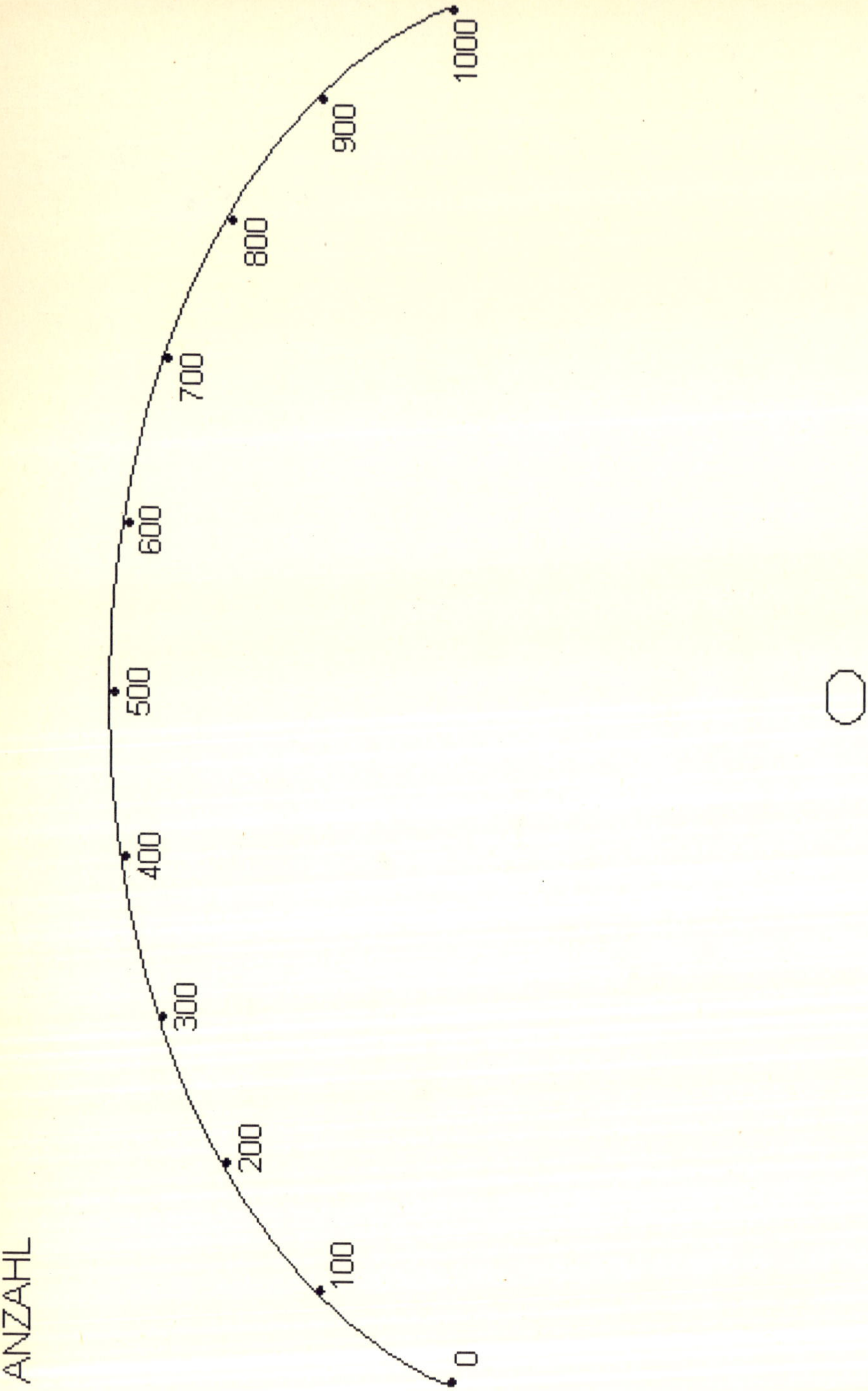
ANZAHL
0
100
200
300
400
500
600
700
800
900
1000

PROZENT

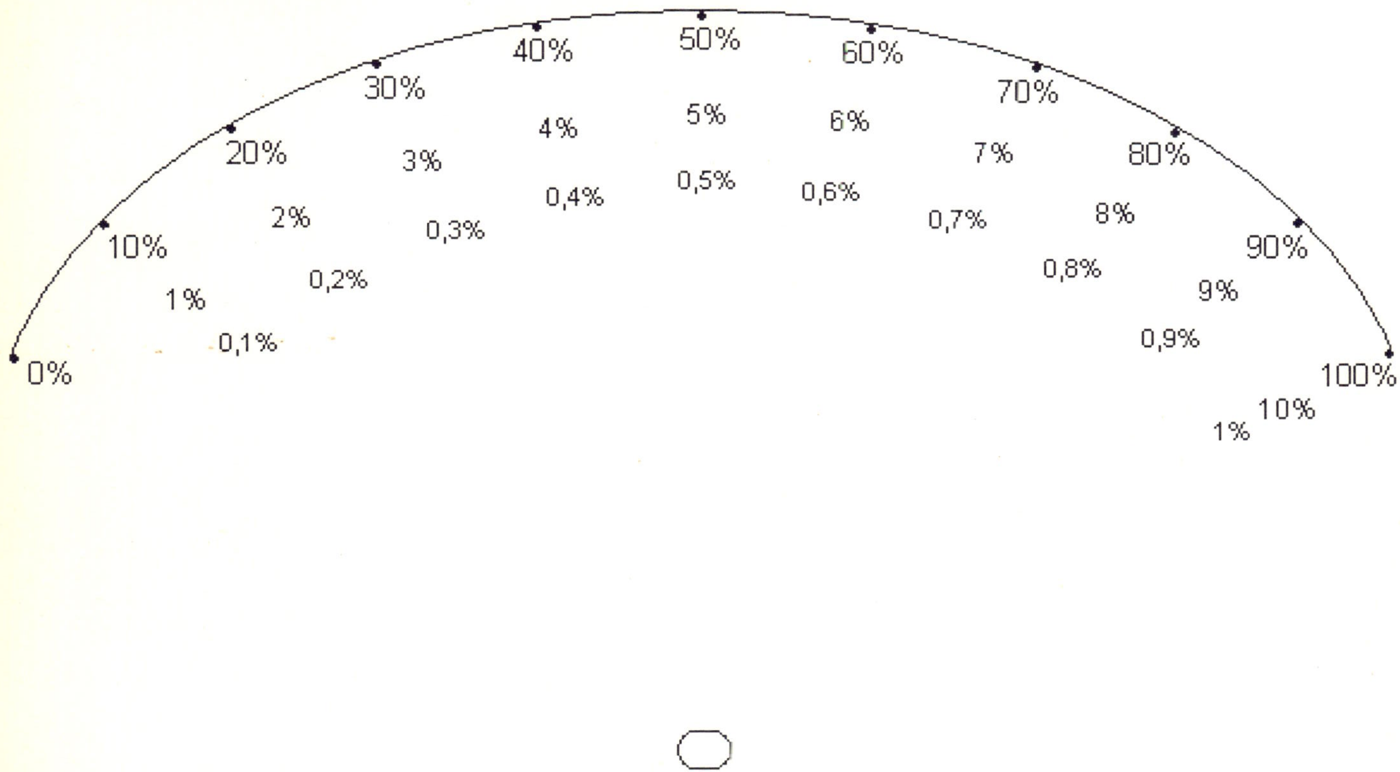
0%
10%
20%
30%
40%
50%
60%
70%
80%
90%
100%
1%
2%
3%
4%
5%
6%
7%
8%
9%
10%
0,1%
0,2%
0,3%
0,4%
0,5%
0,6%
0,7%
0,8%
0,9%
1%

Gebet zur Erlangung der göttlichen Flamme

Höchstes göttliches Sein, demütig bitte ich dich um den Segen deiner göttlichen Führung, deines göttlichen Schutzes und deiner göttlichen Hilfe.

Bitte reinige alle meine Körper, Meridiane und Chakras in deinem göttlichen Licht. Bitte reinige und stärke meinen spirituellen Kanal, meine Verbindung zu dir, sodass ich imstande bin, dein göttliches Licht zu kanalisieren und auf die Erde zu bringen. Bitte durchströme mich mit einem Strahl deiner göttlichen Liebe, deiner göttlichen Freude und deiner göttlichen Kraft und gewähre mir die Gnade, selbst ganz Licht zu werden und auch als Lichtarbeiter für andere Wesen und für unser Universum tätig zu sein.

Ich bitte dich nun sowie alle Helfer und Führer des Lichts, die mir so unermüdlich zur Seite stehen, mir ein geistiges Werkzeug zur Reinigung und Heilung zu übergeben, eine göttliche Flamme, eine Fackel aus weißem Licht, die die Fähigkeit hat, negative Energien umzuwandeln, alle Strukturen gemäß dem göttlichen Plan zu heilen und Licht in die Dunkelheit zu bringen. Ich verspreche, dieses Werkzeug niemals aus unedlen Motiven zu verwenden, sondern nur für meine Arbeit für das Licht im Rahmen der geistigen Gesetze einzusetzen.

Mein Schöpfer, höchstes göttliches Sein, ich bitte dich nun, mir dieses Werkzeug zu zeigen, damit ich es gleich erkenne, wenn ich es brauche ... In Demut danke ich dir für deine unendliche Gnade. So sei es.

TRANSFORMATIONSENERGIE

Bei der Lösungsarbeit dienen wir als Kanal für das göttliche Licht allgemein und in seinen speziellen Wirkungsqualitäten, wie z. B. Heilenergie oder Transformationsenergie. Wer in seinem Leben bereits in die Tätigkeit als Kanal eingeführt wurde, z. B. durch Reiki-Einweihungen, hat aktivierte Energiebahnen. Aber auch aufgrund praktizierter spiritueller Übungen oder angeborener Veranlagung können die Energiebahnen bereits gut entwickelt sein.

Damit Sie, unabhängig von jeglicher Vorbildung, einen guten Zugang zur Transformationsenergie bekommen, haben Sie die Möglichkeit des Gebets um deren Erlangung und um Unterricht in der Fähigkeit, sie später selbstständig sicher auffinden zu können.

Gebet zur Erlangung der Transformationsenergie

Ich atme tief und ruhig und komme immer mehr in meine Mitte, in mein Zentrum. Ich gehe immer tiefer und tiefer in mich hinein und bitte um Verbindung zu meinem innersten göttlichen Sein. Nun bin ich in Verbindung mit meinem Schöpfer.

Höchstes göttliches Sein, ich bitte nun um einen Strahl deines göttlichen Lichtes zur Reinigung aller meiner Ebenen, aller meiner Chakras, aller Meridiane und aller meiner Eigenschaften und Verhaltensweisen. Ich bitte um Heilung, um göttliches Licht, göttliche Liebe und göttliche Kraft, damit ich meine Lebensaufgabe erfüllen kann.

Höchstes göttliches Sein, bitte schenke mir die Gnade, Transformationsenergie kanalisieren zu dürfen, zur Transformation gestürzter Wesen und Wesensanteile, zur Rückverwandlung, damit diese Wesen oder Wensensanteile die Entwicklung zum Licht fortsetzen können. Ich bitte dich, dass immer, wenn ich die Worte denke: »Bitte um Transformationsenergie«, diese göttliche Energie aus meinen Händen strömt, so lange, bis der Transformationsvorgang abgeschlossen ist.

Ich bitte nun, mir diese Energie zu zeigen und mich spüren zu lassen, wie sie aus meinen Händen fließt. Ich danke für diese Gnade und verspreche, diese Gabe nur gemäß dem göttlichen Willen und aus lichten, reinen Motiven zu verwenden. So sei es.

Einfache Transformationsmassnahmen

Grundsätzlich, auch wenn wir die Transformation mit fortschreitender Übung bereits aus unserem Geist heraus durchführen könnten, verwenden wir zur sorgfältigen Einleitung der Transformationsenergie unsere Hände. Wir legen die Hände direkt an den Lichtkreis (bzw. -zylinder) mit den zu transformierenden Wesen oder Wesensanteilen. Das hat den Vorteil, dass einerseits die Energie kontrolliert und gezielt eingeleitet wird, wir andererseits mit den Händen etwaige Unregelmäßigkeiten oder Ausbruchsversuche negativer Wesen rasch und direkt erfühlen und unmittelbar geeignete Maßnahmen ergreifen können.

Transformation begegnet uns in Stufe 1 vor allem bei den gekippten Wesensanteilen. Es sind dies Teile von Ihnen selber, in jedem Fall Teile von Menschen, also gemischt positiv-negativen Geist-Seele-Wesen mit relativ hohen Positivanteilen, sodass bei der Transformation im Prinzip keine Gefahr droht bzw. keine negativen Gegenreaktionen auftreten. Bei der Transformation wirklich negativer Wesen ist das durchaus anders!

Auch die Durchlichtung der Kundalini kann als Transformation durchgeführt werden. Die Bedingungen sind wie oben.

Erarbeitung der Verhängnisliste

Für Ihr rationales Verstehen haben wir die Verhängnisse, so gut es uns möglich war beschrieben. Die bloße Kenntnis dieser Inhalte reicht jedoch nicht aus, um sie in sich selber, in anderen Wesen oder an Orten tatsächlich aufzufinden und zu identifizieren. Es ist im Gegenteil unerlässlich, dass die Informationen in die unbewussten Bereiche eingeprägt werden. Dies kann sehr gut durch Meditation geschehen, in der wir unseren Schöpfer und unser höheres Selbst darum bitten.

Ein Beispiel, in dem das Auffinden von Besetzungen gelehrt wird, ist im Anschluss angeführt. Dieser Text ließe sich sinngemäß auch für alle anderen Verhängnisse anwenden.

Eine weitere Möglichkeit für etwas Geübtere ist es, im Lichtkreis beim höheren Selbst den persönlichen spirituellen Lehrer um Unterricht zu jeweils einem Verhängnis zu bitten. Ihr Wachbewusstsein ist zwar nachher nicht klüger, aber Ihre Fähigkeit, mit dem Pendel die gesuchten Verhängnisse zu erkennen und zu zählen, ändert sich signifikant. Herrschte bei Ihren Pendelversuchen vorher das blanke Chaos, so sind Sie nach dem meditativen Unterricht plötzlich imstande, exakte, von anderen reproduzierbare Ergebnisse zu erbringen.

Mit fortschreitender Übung und etwas Sichtigkeit oder Fühligkeit erkennt man die Art anstehender Verhängnisse auch ohne äußere Hilfsmittel. Das kann in Fällen, in denen man rasch reagieren möchte oder gerade kein Pendel zur Hand hat, nützlich sein. Es bleibt aber meist eine gewisse Unsicherheit bestehen. Die exakten Pendelwerte sind die beste Grundlage, um mit Sicherheit gemäß dem göttlichen Plan vorzugehen.

Wir empfehlen Ihnen, die Eigenart eines Verhängnisses gut zu studieren und solche, die in ihrer Bezeichnung ähnlich sind, voneinander unterscheiden zu lernen. Das scheint wohl simpel, aber die in der Praxis immer wieder vorgekommenen Verwechslungen rechtfertigen diesen Hinweis. Dann bitten Sie um den meditativen Unterricht.

Meditation zur Auffindung von Besetzungen

- Ich atme einmal tief ein und tief aus und lege so alle Last ab. Alle Muskeln lockern sich und lockern sich, ich bin ganz gelöst und entspannt. Meine Nerven sind zur Ruhe gekommen, ich komme immer mehr in meine Mitte, in mein Zentrum, in mein innerstes Sein. Hier bin ich ganz ruhig und still. Die Gedanken kommen zur Ruhe, es kommen keine neuen Gedanken mehr und ich sinke immer weiter und weiter in meine inneren Welten und fühle Ruhe und Entspannung. Dabei bleibt mein Bewusstsein vollkommen wach und klar. Ich erkenne mich in allen Ebenen meines Seins.
- Ich fühle meinen Körper vom Scheitel bis in die Fußsohlen und spüre die Lebensenergie fließen. Angenehme Wärme durchströmt meinen ganzen Körper. Nun nehme ich auch meine feinstofflichen Körper wahr, die meinen feststofflichen Körper durchdringen und darüber hinausragen. Ich fühle meinen ätherischen Körper, der ein Abbild des physischen Körpers ist und einige Zentimeter über die Hautbegrenzungen hinausragt.
- Ich richte meine Aufmerksamkeit auf meinen Emotionalkörper, der die beiden anderen durchdringt, aber 20-30 cm darüber hinausragt; wenn ich mich darauf konzentriere, kann ich meine verschiedensten Gefühle deutlicher spüren.
- Und nun richte ich meine Aufmerksamkeit auf meinen Mentalkörper, der die anderen Körper durchdringt, aber noch weiter hinausragt. Hier sind meine Erinnerungen und Gedanken gespeichert, die Denkmuster, die Tendenz zu positivem oder negativem Denken, meine Ansichten zu verschiedenen Themen.

- Nun richte ich meine Aufmerksamkeit auf meine spirituellen Körper, die noch feiner schwingen und sich noch weiter ausdehnen und mich mit dem Kosmos und dem Göttlichen verbinden.
- Mein höheres Selbst zeigt mir nun, welche meiner Körper auch in andere Raum-Zeit-Dimensionen hineinragen. Ich fühle mich nun in alle meine feinstofflichen Körper ein und nehme mich in meiner Gesamtheit wahr.
  Wo überall haben sich fremde Seelenwesen festgesetzt? Wo sind meine Körper frei von Fremdwesen, was bin ich, und was sind Besetzungen durch fremde Seelen, die sich in mir festgesetzt haben, die von außen gekommen sind?
- Ich fühle mich tiefer ein in meine feinstofflichen Körper und erspüre die fremden Seelen. Habe ich das Gefühl, dass mich hier fremde Energien, Gefühle, Gedanken belasten?
- Ich bitte mein höheres Selbst, mir diese Besetzungen deutlich anzuzeigen, mir ein deutliches Gefühl dafür zu übermitteln, mich dazu zu unterrichten. Ich erfasse die Gesamtheit meiner Ebenen mit allen meinen Sinnen und spüre hinein in jede Ebene, in all diese Schwingungen. Ich erfasse die Gesamtheit meiner Ebenen, ich spüre, was ich selber bin und was Besetzungen durch Fremdwesen in mir sind. Fühle ich hier viele fremde Energien, viele Besetzungen oder wenige?
- Ich werde anschließend die Anzahl der Besetzungen auspendeln, die heute gelöst werden dürfen, ich werde mich dann richtig darauf einstellen können, so wie ich es jetzt tue.
  Mein höheres Selbst wird mir über das Pendel mitteilen, wie viele dieser Besetzungen heute gelöst werden dürfen.
- Ich danke der lichten Welt und meinem höheren Selbst für die Zusammenarbeit und die Hilfe, die ich bekomme, wenn ich mich der höheren Führung öffne.

Ich atme noch einmal tief durch und richte dann langsam meine Aufmerksamkeit von meinen inneren Welten, Bildern und Empfindungen wieder auf die Außenwelt.

Ich strecke und bewege mich, bin wieder voll da und spüre weiterhin die Verbundenheit mit meinen feinstofflichen Körpern und meinem höheren Selbst.

DAS LÖSUNGSSCHEMA

Das Lösungsschema wird absolut einfach und logisch, wenn Sie das Zustandekommen einer Reihe von Lösungen beobachtet und das Prinzip erst einmal verstanden haben. Das Gerüst ist vor allem als Hilfe für die einige Monate währende Anfangszeit gedacht, obwohl einzelne Stufen darin essenziell sind und ihre Vernachlässigung ein schlimmer Fehler wäre. Wenn Sie das Wesen der Gnade und die nötigen Voraussetzungen für eine Lösung verstanden haben, wissen Sie auch, wie Sie in der Praxis vorgehen sollen.

Die Lösung erfolgt in einzelnen Schritten, denen Sie immer so viel Zeit geben sollen, wie Sie brauchen. Beobachten Sie beim höheren Selbst die Vorgänge, und stellen Sie fest, wann ein Schritt abgeschlossen ist. Hetzen Sie nicht! Wenn Sie sich Ihrer Beobachtung nicht sicher sind, bitten Sie, Ihnen das Ende eines Schrittes durch ein Zeichen anzuzeigen. Bitten Sie vorher Ihr höheres Selbst, Ihnen zu vermitteln, wie dieses Zeichen beschaffen ist, sodass Sie es bei der Arbeit dann wiedererkennen.

Das Problem

Sie haben ein Problem. Sie wollen erfahren, ob diesem Verhängnisse zugrunde liegen, die auf Ihrer Liste definiert sind. Eine Liste mit den in der entsprechenden Stufe zu erarbeitenden Verhängnissen ist jeweils am Ende angefügt.

Pendeln

Sie bestimmen mit dem Pendel anhand der Verhängnisliste die Art und anhand der Zahlentabellen die jeweilige Anzahl (erst die Einer-, bei Bedarf dann die Zehner- plus die Einertabelle, bei Summen über hundert die Hunderter- plus die Zehner- plus die Einertabelle) jener Verhängnisse, die zu Ihrem Thema derzeit gelöst werden dürfen, und tragen die Anzahl in die Liste ein. (Sollten Sie jemals Summen über tausend erpendeln – das ist bei Fortgeschrittenen schon fallweise vorgekommen –, so können Sie die Einertabelle zum Zählen der Tausender verwenden.)

Zum höheren Selbst, Lichtkreise

Sie begeben sich zum Platz der Begegnung mit Ihrem höheren Selbst, bitten um einen Lichtkreis für sich selber und stellen sich hinein.

In den allermeisten Fällen brauchen Sie nun zumindest einen weiteren Lichtkreis, der den Ihren berührt. Dorthin soll später kommen, was entweder aus Ihnen herausgestellt und weiter bearbeitet oder als Fremdes an Sie herangebracht und behandelt werden soll.

Für kompliziertere Abläufe braucht es noch weitere Lichtkreise.

Frage: Darf gelöst werden?

Sie fragen das höhere Selbst, ob die angestrebten Lösungen jetzt gemacht werden dürfen. Sie haben das zwar schon gependelt, aber doppelt hält besser.

Mitbetroffene Wesen in den anderen Lichtkreis

Sie bitten nun im Sinne der jeweiligen Lösung, betroffene andere Wesen in den zweiten Lichtkreis zu bringen.

Unterricht

Sie fragen, ob Sie oder das andere Wesen, vor allem jenes, das bei dem vorliegenden Problem in der Täterrolle war, für die Erlaubnis zur Lösung noch Unterricht brauchen. Diese Frage darf nie vernachlässigt werden. Sie bitten um den nötigen Unterricht.

Im Laufe der Zeit machen viele die Erfahrung, dass fast immer Unterricht nötig ist, und neigen dazu, die Frage zu unterlassen und gleich darum zu bitten. Das ist aus zwei Gründen nicht empfehlenswert: Vor allem ist nicht immer Unterricht nötig, und Sie sollten Ihre Sensitivität so weit fordern, dass Sie gegen den Fluss der Routine ein Nein auch als Nein erkennen. Außerdem schafft die Antwort JA bereits einen Kanal zur Quelle des Unterrichts, wodurch dieser dann nach der Bitte leichter und direkter fließen kann, was besonders bei Anfängern nicht immer selbstverständlich ist.

Bitte um Lösung

Sie bitten nun um Lösung des Verhängnisses.

Entnahme der Negativa

Sie bitten, bei den Betroffenen, also bei Ihnen, aber auch bei jenen anderen Beteiligten, für die gelöst werden durfte, die das Thema betreffenden negativen Gefühle (bei Tätern insbesondere auch die Schuldgefühle) und die negativen Energien herauszunehmen und aufzulösen.

Abtrennung der negativen Verbindungen

Sie bitten, die das Thema betreffenden negativen Verbindungen zwischen Ihnen und den anderen Wesen (bzw. Schöpfungen) dicht am Körper derer, für die gelöst werden durfte, also an Ihnen und an den anderen, abzutrennen und die numehr losen Stücke aufzulösen. Durfte für ein anderes beteiligtes Wesen nicht gelöst werden, werden die Stücke an Ihrem Körper und in der Mitte zwischen Ihnen und dem anderen abgetrennt.

Auffüllen der Löcher

Sie bitten, bei allen, für die gelöst werden durfte, die durch die Entnahmen entstandenen Energielöcher mit göttlichem Licht aufzufüllen. (Zusätzlich je nach Situation: mit göttlicher Liebe, Freude, Kraft, Weisheit ...)

Heilung der Wunden

Sie bitten, bei allen, für die gelöst werden durfte, die bei der Lösung und Abtrennung entstandenen Wunden zu heilen.

Verbringung

Sie bitten, die anderen beteiligten Wesen in Licht einzuhüllen. Sie bitten, jene, die derzeit nicht inkarniert sind, ins Licht zu bringen. Sie bitten, jene, die derzeit inkarniert sind (auch feinstofflich), an ihre Plätze zu bringen (zurückzugehen). Vergewissern Sie sich, dass alle den Platz der Begegnung verlassen haben. Manche, etwa solche Menschen, die auch im Leben unangenehm sind, wollen nicht gehen, sondern die Gelegenheit nützen, Einfluss zu nehmen und Macht auszuüben.

In den Erdkreis eingedrungene, fremde, feinstofflich inkarnierte Geist-Seele-Wesen, die aufgrund ihres zu negativen Seinszustandes nicht ins Licht gebracht werden können (sie haben ja freien Willen und können nicht wie negative Geistwesen transformiert werden), aber auch keinen angestammten Platz haben, an den sie zurückgebracht werden könnten, sollen an jenen Platz verbracht werden, an dem sie sich gemäß dem göttlichen Plan aufhalten sollen und dürfen.

Abschluss

Sie bitten nun, selber in Licht eingehüllt zu werden. Sie können fragen, ob Sie noch eine Nachbehandlung brauchen, und darum bitten. Sie bedanken sich beim Schöpfer, bei den helfenden Lichtwesen, bei Ihrem höheren Selbst, bei allen anderen Wesen, auch den derzeit negativen, mit denen Sie arbeiten durften. Sie verlassen den Platz der Begegnung, kommen in der Ihnen genehmen Weise herunter und sind wieder wach im Hier und Jetzt auf Ihrem Sitzplatz.

Nachkontrolle

Sie sollten sich nach einer Lösung vergewissern, ob Sie das gewünschte Ergebnis tatsächlich erreicht haben.

Setzen Sie nun mit dem Pendel auf der Tabelle bei der vorhin festgestellten Anzahl der Verhängnisse einer bestimmten Art an, und beobachten Sie, ob der Ausschlag sich Schritt für Schritt gegen null bewegt. (Bei hohen Anzahlen: erst die Hunderter-, dann die Zehner-, schließlich die Einertabelle.) Wenn das gegen einen fühlbaren Widerstand geschieht, so ist das kein Anlass zur Sorge; es werden dabei noch vorhandene Restenergien abgebaut. Bleibt das Pendel vor der Nullmarke hängen, dann ist aus irgendeinem Grund die Lösung nicht vollständig gelungen.

Versuchen Sie den Grund herauszufinden!

Wischen Sie zuerst die Restenergien von Ihrer Tabelle. Das genügt in vielen Fällen, um das Pendel im Anschluss ohne Widerstand bis null schwingen zu lassen. Bleibt das Pendel weiterhin hängen, müssen Sie weitersuchen. Häufig hängen in so einem Fall beteiligte Wesen in einer Art Zwischenraum, weil zwar die beabsichtigte Lösung vollendet ist, sie aber noch anderwärtig gebunden sind. Lichtwesen machen auf diese Weise darauf aufmerksam, dass für ein vollständiges Ergebnis auch das weitere Problem behandelt werden muss.

Schwingt das Pendel bei jener Art von Verhängnissen, die Sie soeben zu lösen versucht haben, auf null, können Sie die Arbeit für diesen Tag als abgeschlossen betrachten. Herzlichen Glückwunsch zu Ihrer erfolgreichen Lösung!

Verhängnisse und ihre Lösungen

Besetzungen durch gemischt-positiv/negative Geist-Seele-Wesen (BES/G)

Fremde beseelte Wesen, die derzeit nicht feststofflich inkarniert sind, (gemischt-positiv/negative Wesen, wie z. B. verstorbene Menschen) können sich teils akut, teils langfristig über viele Leben hinweg in der Aura oder in anderen Seinsbereichen einer Person aufhalten. Manche sind unauffällig, manche ist man gewöhnt und hält ihre Auswirkungen für einen Teil der eigenen Persönlichkeit, manche verursachen akute oder chronische Beschwerden. Man nennt dies Besetzungen.

Besetzungen können auch magisch gebunden sein. Das fällt spätestens dann auf, wenn sie beim Versuch, sie am Schluss der Lösung ins Licht zu bringen, in einem eigenartigen Zwischenstadium hängen bleiben. Durch die noch bestehende magische Bindung können sie nicht völlig abgelöst werden. Überprüfen Sie in so einem Fall die Lage und führen Sie bei Bedarf und mit Erlaubnis der Repräsentanten des Lichts die weiteren Lösungen durch.

- Bestimmen Sie mit dem Pendel die Anzahl der gemischten Besetzungen, die zu Ihrem Thema heute gelöst werden dürfen.
- Begeben Sie sich zum Platz der Begegnung mit Ihrem höheren Selbst, bitten Sie um einen Lichtkreis für sich selber.
- Bitten Sie um einen zweiten Lichtkreis, der den ersten berührt.
- Fragen Sie das höhere Selbst, ob die angestrebten Lösungen jetzt gemacht werden dürfen.

- Fragen Sie, ob Sie für die Erlaubnis zur Lösung noch Unterricht brauchen.
- Wenn ja, bitten Sie um den nötigen Unterricht.
- Bitten Sie, die Besetzungen in Licht einzuhüllen und zu unterrichten (solange sie noch in Ihnen sind, sie haben dann nicht so viel Angst oder andere Emotionen und lassen leichter los).
- Bitten Sie, die Besetzungen herauszuheben und in den anderen Lichtkreis zu stellen.
- Bitten Sie, beiderseits (also bei Ihnen und bei den ehemaligen Besetzungen) die das Thema betreffenden negativen Gefühle und Energien herauszunehmen und aufzulösen.
- Bitten Sie, die das Thema betreffenden negativen Verbindungen zwischen Ihnen und den anderen Wesen beiderseits dicht am Körper abzutrennen und die numehr losen Stücke aufzulösen.
- Bitten Sie, beiderseits die durch die Entnahmen entstandenen Energielöcher mit göttlichem Licht aufzufüllen.
- Bitten Sie, beidseits die bei der Lösung und Abtrennung entstandenen Wunden zu heilen.
- Bitten Sie, die ehemaligen Besetzungswesen in Licht einzuhüllen. Bitten Sie, sie ins Licht zu bringen.
- Bitten Sie nun, selber in Licht eingehüllt zu werden.
- Sie können fragen, ob Sie noch eine Nachbehandlung brauchen, und bei Bestätigung darum bitten.
- Bedanken Sie sich (beim Schöpfer, bei den helfenden Lichtwesen, bei Ihrem höheren Selbst, bei allen anderen Wesen, auch den derzeit negativen, mit denen Sie arbeiten durften).
- Verlassen Sie den Platz der Begegnung und kommen Sie in der Ihnen genehmen Weise herunter.
- Sie sind wieder wach im Hier und Jetzt auf Ihrem Sitzplatz.
- Vergewissern Sie sich mit dem Pendel, ob Sie das gewünschte Ergebnis tatsächlich erreicht haben, und korrigieren Sie etwaige Fehler!

Um eintönige Wiederholungen zu vermeiden, werden die angegebenen Lösungstexte, wo es möglich ist, künftig knapper ausfallen. Halten Sie bitte die gelernten Abläufe ein, auch wenn Teile davon nicht mehr angeführt sind! Üben Sie bitte den vollständigen Lösungstext nach dem Vorbild »Besetzungen« in sinngemäßer Abwandlung bei allen weiteren Verhängnissen!

Magische Bindungen, aktiv (MBA)

Durch die Hilfe bestimmter negativer Wesen, durch Techniken der Einflussnahme auf Elementarkräfte, selten auch aufgrund eigener Geisteskraft haben Magier(innen) die Macht, nach ihrem Willen Bindungen wie Bann, Fluch, Liebeszauber, Unterwerfung, Dienstbarkeit zu bewirken, die über viele Leben hinweg erhalten bleiben.

Menschen mit diesen Fähigkeiten waren und sind häufiger, als man denkt, auch wenn sie sich ihrer Kräfte als Folge ihrer Erziehung in unserer heutigen materialistischen Gesellschaft meist nicht mehr bewusst sind. Viele von denen, die ihre Fähigkeiten wiederentdeckt haben, wirken heimlich und bleiben unerkannt, zumal der Durchschnittsbürger Magie für ein Produkt der Fantasie und des Aberglaubens und somit für unmöglich hält.

Wer so weit geht, seine Dienste öffentlich in Annoncen anzubieten – bis hin zur Schädigung von missliebigen Personen –, kann das weitgehend unbehelligt tun. Schließlich handelt es sich dabei vermeintlich ohnehin nur um Hirngespinste, bestenfalls harmlose Jahrmarktunterhaltung, und das Strafgesetzbuch kennt dazu keinen Passus. Außer es lässt sich nachweisen, dass um namhafte Geldbeträge betrogen wurde – das ist aber bloß die finanzielle, nicht die spirituelle Seite des Problems.

Magie ist heute und war in der Vergangenheit keinesfalls harmlos, im Gegenteil, viel Leid wurde dadurch in die Welt gesetzt. Magie war auch keineswegs selten und so findet sich besonders bei geistig entwickelten Menschen mit wechselhafter spiritueller Vergangenheit eine relativ hohe Anzahl sowohl getätigter wie auch erlittener magischer Bindungen.

»Aktiv« bedeutet hier, dass die von Ihnen getätigten magischen Bindungen im Rahmen des nach dem göttlichen Plan derzeit Erlaubten gelöst und Sie als ehemaliger Magier selbst behandelt werden. Sie haben sich nämlich durch Ihr Tun an Ihre Opfer gebunden. Es ist also notwendig, dass einerseits für Sie, andererseits für Ihre Opfer gelöst wird.

Magisch gebundene Wesen können auch als Besetzung auftreten, in diesem Fall beides lösen!

- Pendeln: Anzahl der aktiven magischen Bindungen, die heute gelöst werden dürfen.
- Bitten Sie um einen Lichtkreis für Sie auf der entsprechenden Ebene der Begegnung mit dem höheren Selbst.
- Bitten Sie um einen zweiten Lichtkreis, der den ersten berührt.
- Fragen Sie das höhere Selbst, ob die angestrebten Lösungen jetzt gemacht werden dürfen.
- Bitten Sie, die vorhin bestimmte Anzahl von Wesen, die Sie magisch gebunden haben, in den zweiten Lichtkreis zu bringen.
- Fragen Sie, ob Sie für die Erlaubnis zur Lösung noch Unterricht brauchen.
- Wenn ja, bitten Sie um den nötigen Unterricht.
- Bitten Sie um die Lösung der magischen Bindungen.
- Bitten Sie, beiderseits die negativen Gefühle und Energien herauszunehmen und aufzulösen.
- Bitten Sie, die negativen Verbindungen beiderseits dicht am Körper abzutrennen und die numehr losen Stücke aufzulösen.
- Bitten Sie, beiderseits die Energielöcher mit göttlichem Licht aufzufüllen.
- Bitten Sie, beiderseits die Wunden zu heilen.
- Bitten Sie, die Partnerwesen in Licht einzuhüllen.
- Bitten Sie, die nicht Inkarnierten ins Licht zu bringen.
- Bitten Sie die Inkarnierten, an ihre Plätze zurückzugehen (zu bringen).
- Bitten Sie nun, selber in Licht eingehüllt zu werden.
- Brauchen Sie noch eine Nachbehandlung?
- Wenn ja, bitten Sie darum.
- Bedanken Sie sich.
- Verlassen Sie den Platz der Begegnung und kommen Sie herunter.
- Sie sind wieder wach im Hier und Jetzt auf Ihrem Sitzplatz.

- Vergewissern Sie sich mit dem Pendel, ob Sie das gewünschte Ergebnis tatsächlich erreicht haben, und korrigieren Sie etwaige Fehler!

Magische Bindungen, passiv (MBP)

In einer ähnlichen Häufigkeit wie Täter war man auch Opfer magischer Bindungen. Fehlt dem Täter die nötige Entwicklung und Einsicht, kann mit Erlaubnis allein für das Opfer, also in diesem Fall für Sie, gelöst werden. Der Täter muss dann seine Erfahrungen anderwärtig machen. Sie sind in dem Ausmaß, das zu lösen erlaubt war, frei.

Auch während Ihres jetzigen Lebens können Sie von Magiern, menschlichen und anderen, erneut gebunden werden, solange Ihre Seele nicht gelernt hat, solche Versuche abzuwehren. Diesen Tätern fehlt naturgemäß in den allermeisten Fällen die Einsicht, aber Sie haben eine gute Möglichkeit, sich mittels Lösung aus den oft recht unangenehmen Beeinträchtigungen zu befreien.

Halten Sie bitte die gelernten Lösungsabläufe ein, auch wenn Teile davon nicht mehr angeführt sind! Üben Sie den vollständigen Lösungstext nach dem Vorbild »Besetzungen« in sinngemäßer Abwandlung bei allen weiteren Verhängnissen!

- Pendeln.
- Lichtkreis für Sie.
- Einen zweiten Lichtkreis.
- Dürfen die Lösungen jetzt gemacht werden?
- Die Magier in den zweiten Lichtkreis
- Fragen Sie, für wen gelöst werden kann. Darf auch für jemanden von den Magiern gelöst werden?
- Fragen Sie, ob Sie / die Partner (wenn auch für jemand von ihnen gelöst werden darf) noch Unterricht brauchen.
- Wenn ja, bitten Sie um den nötigen Unterricht.
- Bitten Sie um die Lösung der magischen Bindungen für Sie und für jene Partner, für die gelöst werden darf.
- Bitten Sie, bei Ihnen und bei den Partnern, für die gelöst werden

durfte, die negativen Gefühle und Energien herauszunehmen und aufzulösen.

- Bitten Sie, bei Ihnen und bei den Partnern, für die gelöst werden durfte, die negativen Verbindungen beiderseits dicht am Körper, zwischen Ihnen und den Partnern, bei denen nicht gelöst werden durfte, an Ihrem Körper und in der Mitte abzutrennen und die nunmehr losen Stücke aufzulösen.
- Bitten Sie, beiderseits (dort, wo gelöst werden durfte) die Energielöcher mit göttlichem Licht aufzufüllen.
  Bitten Sie, beiderseits (dort, wo gelöst werden durfte) die Wunden zu heilen.
- Bitten Sie, die Partnerwesen in Licht einzuhüllen.
- Bitten Sie, die nicht Inkarnierten ins Licht zu bringen.
- Bitten Sie die Inkarnierten, an ihre Plätze zurückzugehen (zu bringen).
- Bitten Sie nun, selber in Licht eingehüllt zu werden.
- Brauchen Sie noch eine Nachbehandlung?
- Wenn ja, bitten Sie darum.
- Bedanken Sie sich.
- Verlassen Sie den Platz der Begegnung und kommen Sie herunter.
- Sie sind wieder wach im Hier und Jetzt auf Ihrem Sitzplatz.
- Vergewissern Sie sich mit dem Pendel, ob Sie das gewünschte Ergebnis tatsächlich erreicht haben, und korrigieren Sie etwaige Fehler!

Ausgesendete negative Gedankenformen (ANG)

Von Ihnen als Magier wurden in früheren, insbesondere auch in feinstofflichen Inkarnationen Gedankenformen (eine Art unbeseelter, künstlich geschaffener Wesen) erzeugt und ausgesendet, um Schaden zuzufügen.

Auch nachdem sie am Ziel gewirkt haben, bleiben diese Formen im Kosmos erhalten und kehren zum Erzeuger zurück, wenn er die entsprechende Entwicklungsstufe erreicht hat, um sich mit diesem Teil seiner Vergangenheit zu konfrontieren. Hier können sie sehr unangenehm wirken, denn als Erzeuger hat man durch die Schwingungsähnlichkeit keine gute Abwehr und die Gedankenformen dringen leicht in die eigene Aura ein.

- Pendeln.
- Lichtkreis für Sie.
- Dürfen die Lösungen jetzt gemacht werden?
- Einen zweiten Lichtkreis.
- Die Gedankenformen in den zweiten Lichtkreis.
- Brauchen Sie noch Unterricht.
- Wenn ja, bitten Sie um den nötigen Unterricht.
- Bitten Sie um die Auflösung der Gedankenformen.
- Bitten Sie, bei Ihnen die negativen Gefühle und Energien herauszunehmen und aufzulösen.
- Bitten Sie, die Energielöcher mit göttlichem Licht aufzufüllen.
- Bitten Sie, die Wunden zu heilen.
- Bitten Sie, in Licht eingehüllt zu werden.
- Brauchen Sie noch eine Nachbehandlung?
- Wenn ja, bitten Sie darum.
- Bedanken Sie sich.
- Verlassen Sie den Platz der Begegnung und kommen Sie herunter.
- Sie sind wieder wach im Hier und Jetzt auf Ihrem Sitzplatz.
- Vergewissern Sie sich mit dem Pendel, ob Sie das gewünschte Ergebnis tatsächlich erreicht haben und korrigieren Sie etwaige Fehler!

Spirituelle Verletzungen (SPV)

SPV sind Verletzungen in den spirituellen Körpern, die durch die Einwirkung negativen Geistes und negativer Energie verursacht wurden. Häufig besteht noch das spirituelle Urtrauma, das vom ersten und tiefen Sturz in die Finsternis herrührt. Es existieren jedoch auch Verletzungen aus anderen, später erfolgten spirituellen Stürzen.

- Die Lösung folgt dem einfachen Schema.
- Da die Heilungen direkt in Ihnen stattfinden, brauchen Sie keine weiteren Lichtkreise.
- Unterstützen Sie die Heilung mit der göttlichen Flamme.

Seelische Verletzungen (SEV)

Eine seelische Verletzung ist eine durch negative Energie verursachte Verletzung des Seelenkörpers. Ist die verletzende Energie sehr stark, so wirkt sie nicht nur im Emotional- und Mentalkörper, die die Seele umgeben, sondern dringt bis in die Tiefen seelischer Bereiche vor und hinterlässt hier oft tiefe Wunden, die normalerweise nur sehr langsam heilen. Diese behindern die Seele bei der Weiterentwicklung, da Ereignisse, die als Lernaufgaben dienen sollen, schwerer verkraftbar werden und aufgrund verletzten Reagierens nicht als solche erkannt werden können.

- Die Lösung folgt dem einfachen Schema. Sie brauchen keine weiteren Lichtkreise.
- Bitten Sie, auch eventuell zugehörige mentale Verletzungen zu heilen, den Mentalkörper zu reinigen.
- Bitten Sie, auch eventuell zugehörige emotionale Verletzungen zu heilen, den Emotionalkörper zu reinigen.

Mentale Verletzungen (MEV), emotionale Verletzungen (EMV)

Ist ein Wesen starken, auf den Mentalbereich abzielenden negativen Handlungen bzw. Energien ausgesetzt, kann es zu Verletzungen des Mentalkörpers kommen, z. B. durch wiederholte Unterdrückung einer bestimmten Mentalqualität wie logisches Denken oder Kreativität, verunsichernde, abwertende Kommentare, insbesondere, wenn sie von Personen mit hoher Mentalkraft abgegeben werden, Erzeugung mentaler Konflikte, aber auch absichtlich schädigende direkte Einwirkung mit trainierter Mentalkraft.

Emotionale Verletzungen entstehen durch negative Handlungen bzw. Energien, die auf den Emotionalbereich gerichtet sind. Dadurch kann es zu Verletzungen des Emotionalkörpers kommen. Nicht gemeint sind jene Gefühlslagen, in denen man sich vorübergehend beleidigt, »verletzt« fühlt. Mentale und emotionale Verletzungen gehen oft Hand in Hand.

- Die Lösung folgt dem einfachen Schema. Sie brauchen keine weiteren Lichtkreise.

Ätherische Verletzungen (ÄTV)

Der ätherische Körper umgibt den feststofflichen Körper und ist analog zu dessen Struktur angelegt. Ätherische Verletzungen sind demnach Defekte in den feinstofflichen Strukturen der Organe und Zellen.

Verletzungen des ätherischen Körpers können einerseits eine alte Folge des Sturzes in die Dunkelheit sein.

Andererseits kann bei den immer wieder auftretenden, fallweise heftigen Konfrontationen mit negativen Mächten deren zerstörerische Wirkung auch auf solche Schichten zielen, die dem physischen Körper nahe sind. Dadurch wird der Ätherkörper in Mitleidenschaft gezogen. Die Störungen sind deutlich fühlbar, aber schwer zu beschreiben. Durch den Unterricht des spirituellen Lehrers ist die Seele jedenfalls in der Lage, ätherische Verletzungen zu identifizieren.

- Die Lösung folgt dem einfachen Schema. Sie brauchen keine weiteren Lichtkreise.

Reste mechanischer Verletzungen (RMV)

Alle dem Karma unterworfenen Wesen haben in einzelnen feststofflichen Inkarnationen schwere körperliche Verletzungen durch Waffengewalt bzw. Unfälle erlitten. Diese hinterlassen Spuren in den feinstofflichen Körpern, die in andere Inkarnationen mitgenommen werden. Vor allem, wenn sich mehrere solcher Verletzungsfolgen aus verschiedenen vergangenen Leben auf einen Körperteil konzentrieren, können sie in Ihrem jetzigen Leben an dieser Stelle wirksam werden.

- Die Lösung folgt dem einfachen Schema. Sie brauchen keine weiteren Lichtkreise.

Mentale Muster (MMU)

Durch wiederholte leidvolle Erfahrungen ähnlicher Art aus mehreren früheren Leben prägen sich in den Mentalkörper Denk- und Reaktionsweisen als Spuren ein. Sie sind scheinbar die richtige und bewährte, in Wahrheit aber eine inadäquate Antwort auf Problemstellungen. Durch fortgesetzte

Wiederholung solcher Reiz-Reaktionsabläufe werden diese Spuren immer tiefer und lassen keine Abweichung im Verhalten mehr zu. Für Hellsichtige sehen sie wie in den Mentalkörper geritzte Linien aus.

Auch in Ihrer jetzigen Inkarnation erleben Sie die Auswirkungen. In Erlebnissituationen, die denen aus früheren Leben ähnlich sind, treten bei Vorliegen mentaler Muster die jeweiligen Gedanken und Reaktionen unangemessen auf. Sie laufen ab, indem sie ihren alten Spuren folgen, und behindern damit den Entwicklungsprozess.

Durch die intensive negative Gedankenaktivität setzt die Person zudem Gedankenformen frei, die bestehen bleiben und im Anschluss an die Lösung des mentalen Musters aufgelöst werden müssen.

- Die Lösung folgt dem einfachen Schema. Sie brauchen keine weiteren Lichtkreise. Es kann allerdings etwas dauern, bis die Muster völlig gelöscht sind. Haben Sie daher Geduld und beobachten Sie den Vorgang möglichst genau.
- Nach der Löschung der Muster bitten Sie auch um Auflösung der durch die Muster entstandenen negativen Gedankenformen.

Innere Barrieren (IBA)

IBA sind selbst geschaffene innere Schutzwälle, die früher dienlich waren, heute aber hinderlich sind. Widersteht eine Barriere der kompletten Lösung, sollte man prüfen, ob ein mentales Muster davor steht.

- Die Lösung folgt dem einfachen Schema. Sie brauchen keine weiteren Lichtkreise.

Belastungen durch fremde(n) negative(n) Willen bzw. Emotion (BWE)

Auch ohne bewusst gesetzte magische Handlungen können Wesen durch negatives Wollen oder/und negative Emotionen anderen Wesen Unannehmlichkeiten bereiten. Durch auf den anderen gerichtete Gedanken bzw. Gefühle (Hass, Neid, Missgunst, Geringschätzung) entstehen Verbindungsschnüre, über die negative Energie einfließt.

- Lichtkreis für Sie.
- Einen zweiten Lichtkreis.
- Dürfen die Lösungen jetzt gemacht werden?
- Die Sie belastenden Wesen in den zweiten Lichtkreis.
- Fragen Sie, für wen gelöst werden kann. Darf auch für jemanden von den belastenden Wesen gelöst werden?
- Fragen Sie, ob Sie / die Partner (wenn für diese gelöst werden darf) noch Unterricht brauchen.
- Wenn ja, bitten Sie um den nötigen Unterricht.
- Bitten Sie, bei Ihnen und bei den Partnern, für die gelöst werden darf, die negativen Verbindungsstücke beiderseits dicht am Körper, jedoch bei denen, für die nicht gelöst werden darf, in der Mitte abzutrennen und die numehr losen Stücke aufzulösen.
- Bitten Sie, alle Ihnen übertragenen Belastungen herauszunehmen und aufzulösen.
- Bitten Sie, bei Ihnen und bei den Partnern, für die gelöst werden durfte, die negativen Gefühle und Energien herauszunehmen und aufzulösen.
- Bitten Sie, beiderseits (dort, wo gelöst werden durfte) die Energielöcher mit göttlichem Licht aufzufüllen.
- Bitten Sie, beiderseits (dort, wo gelöst werden durfte) die Wunden zu heilen.
- Bitten Sie, die Partnerwesen in Licht einzuhüllen.
- Bitten Sie, die nicht Inkarnierten ins Licht zu bringen.
- Bitten Sie die Inkarnierten, an ihre Plätze zurück zu gehen (zu bringen).
- Bitten Sie nun, selber in Licht eingehüllt zu werden.
- Brauchen Sie noch eine Nachbehandlung?
- Wenn ja, bitten Sie darum.
- Bedanken Sie sich.
- Verlassen Sie den Platz der Begegnung und kommen Sie herunter.
- Sie sind wieder wach im Hier und Jetzt auf Ihrem Sitzplatz.
- Machen Sie die Nachkontrolle.

Mentale Beeinflussungen (MBE)

Von Wesen mit hoher Mentalkraft und bösen Absichten (mental trainierte Menschen, feinstoffliche Wesen, »Außerirdische« verschiedenster Herkunft) kann der Mentalbereich anderer Wesen störend beeinflusst werden.

- Die Lösung folgt dem einfachen Schema. Sie brauchen keine weiteren Lichtkreise.
- Lässt die Sachlage vermuten, dass die Wesen gegen Ihren Willen und ohne Ihr Verschulden weiterhin mentalen Einfluss nehmen würden, können Sie feststellen, ob ein spezieller und zeitlich befristeter Schutzschild erlaubt ist, und darum bitten.

Subliminale Botschaften (SLB)

Obwohl offiziell verboten, könnte es passieren, dass über gewisse Medien Botschaften ausgesendet werden, die wegen der Kürze ihrer Einblendung oder anderer Versteckmechanismen unterhalb der Grenze Ihrer bewussten Wahrnehmung liegen, im Unterbewusstsein jedoch umso mächtiger wirken. Durch die Hilfe der Lichtwesen und die Anwendung des einfachen Lösungsschemas sind Sie auch für diesen Fall gerüstet.

Gekippte Wesensanteile (GWE)

Diese Wesensanteile sind nicht einzelne Auraschichten oder Körper, auch nicht spezielle Charaktereigenschaften, sondern Teile, die wie ein einzelnes Tortenstück aus den gleichen Schichten aufgebaut sind, aus denen die ganze Torte besteht (ein Seelenanteil mit den zugehörigen Anteilen der Energiekörper). Mehrere solcher Teile können ins Negative gekippt sein.

Im Alltag nimmt man das im Allgemeinen nicht gesondert wahr, da man sich kennt und an seine Eigenschaften gewöhnt ist. An einem bestimmten Punkt der spirituellen Entwicklung aber kann diese Situation nicht mehr aufrecht bleiben und die störenden Qualitäten treten pointiert hervor. Das kann dann in Form einer starken, unbeherrschbaren Emotion in Erscheinung treten.

Eine Behandlung der Emotionalebene führt in diesem Fall aber zu keinem brauchbaren Ergebnis. Die gekippten, also ins Negative gestürzten Wesensanteile müssen aus Ihrer Negativqualität wieder ins Licht transformiert werden.

Es ist nicht anzunehmen, dass angesichts Ihrer heutigen Bestrebungen, zum Licht zu kommen, erneut Wesensanteile kippen. Allein durch die Angriffe negativer Wesen, die nun einmal unvermeidlich sind, passiert das nicht. Daher erübrigt sich in diesem Fall die Frage nach Unterricht.

- Pendeln.
- Lichtkreis für Sie.
- Dürfen die Lösungen jetzt gemacht werden?
- Bitten Sie, an Ihren Lichtkreis einen Halbkreis aus Licht anzufügen.
- Bitten Sie, die gekippten Wesensanteile in den Halbkreis aus Licht hinauszustellen.
- Bitten Sie um Transformationsenergie, und leiten Sie diese in die hinausgestellten Anteile ein, wie es unter »Einfache Transformationsmaßnahmen« beschrieben ist.
- Beobachten Sie den Fortgang und stellen Sie den Abschluss fest.
- Bitten Sie, die Wesensanteile zurückzustellen.
- Bitten Sie, in Licht eingehüllt zu werden.
- Bedanken Sie sich.
- Verlassen Sie den Platz der Begegnung und kommen Sie herunter.
- Sie sind wieder wach im Hier und Jetzt auf Ihrem Sitzplatz.
- Machen Sie die Nachkontrolle.

Kundalini (KUN)

Diese im untersten Bereich der Wirbelsäule gelagerte Kraft ist bei spirituell interessierten Menschen weithin bekannt. Offenbar hat sie auch im unerweckten Zustand eine Funktion und kann beim Kontakt mit negativen Kräften verschmutzt werden. Diese Verschmutzung – besser den Anteil an verbliebener Lichtqualität – kann man in Prozent messen. Nach der Reinigung sollte die Lichtqualität 100 % betragen, kann aber im Alltag wieder um einige Prozent absinken. Erneute Verschmutzungen von 30, 40, 50 % deuten auf zwischenzeitige schwere Belastungen durch negative Wesen und Energien hin.

Die Lösung geschieht vornehmlich als Transformation. Da es immer wieder zu neuen Verschmutzungen kommen kann, empfiehlt es sich, um Unterricht zu bitten.

- Pendeln (Feststellen des Anteils an Lichtqualität in Prozent).
- Lichtkreis für Sie.
- Dürfen die Lösungen jetzt gemacht werden?
- Brauchen Sie noch Unterricht.
- Wenn ja, bitten Sie um den nötigen Unterricht.
- Bitten Sie, an Ihren Lichtkreis einen Halbkreis aus Licht anzufügen.
- Bitten Sie, Ihre Kundalini in den Halbkreis aus Licht hinauszustellen.
- Bitten Sie um Transformationsenergie, und leiten Sie diese in die Kundalini ein, wie es unter »Einfache Transformationsmaßnahmen« beschrieben ist.
- Beobachten Sie den Fortgang und stellen Sie den Abschluss fest.
- Bitten Sie, Ihre Kundalini zurückzustellen.
- Bitten Sie, in Licht eingehüllt zu werden.
- Bedanken Sie sich.
- Verlassen Sie den Platz der Begegnung und kommen Sie herunter.
- Sie sind wieder wach im Hier und Jetzt auf Ihrem Sitzplatz.
- Nachkontrolle (Feststellen des Anteils an Lichtqualität in Prozent).

Vernetzungstraumata (VTR)

Der feststoffliche Körper mit seinem ätherischen Äquivalent, der Emotionalkörper und der Mentalkörper sind nach unserer Wahrnehmung durch eine feine, netzartige Struktur miteinander verbunden. Durch die Art dieser Vernetzung und ihren Zustand werden die charakterlichen Eigenschaften mit beeinflusst.

Nach starken unangenehmen Erlebnissen können Verletzungen und

Blockaden in der Vernetzung der Körper entstehen. Damit wird die Entwicklung der Person behindert, da wie immer in solchen Fällen die adäquate Reaktion auf das Erleben von Entwicklungsreizen gestört und erschwert ist.

- Die Lösung folgt dem einfachen Schema. Sie brauchen keine weiteren Lichtkreise.
- Bitten Sie, im Anschluss an die Lösung den physischen Körper mit seinem ätherischen Negativabbild, den Emotionalkörper und den Mentalkörper zu reinigen.

Krankheitswesen (KHW)

KHW sind eine degenerierte Form von Wesenheiten, die sich im Universum aufhalten, bei Eindringen in die Aura Schwächung hervorrufen und bei Vorliegen weiterer Dispositionen das Ausbrechen einer Krankheit begünstigen. Krankheiten sind selbstverständlich vorerst medizinisch abzuklären und zu behandeln.

- Die Lösung folgt dem Schema mit zwei Lichtkreisen.
- Bitten Sie, speziell die Krankheitsenergien herauszunehmen und aufzulösen.
- Die Krankheitswesen können ohne weitere Maßnahmen ins Licht gebracht werden.

DIE VERHÄNGNISLISTE 1

BES / G									
MBA									
MBP									
ANG									
SPV									
SEV									
MEV									
EMV									
ÄTV									
RMV									
MMU									
IBA									
BWE									
MBE									
SLB									
GWE									
KUN									
VTR									
KHW									

Stufe 2 Die Verhängnisse und ihre Lösungen

Anbindungen an negativ-spirituelle Wesen (ANW)

Als Anbindung bezeichnen wir das Ergebnis einer Einweihung, wie sie im Rahmen einer priesterlichen Schulung in Religionen, die eine Reihe von Göttern oder dienstbaren Geistern kennen, durchgeführt wurde und wird.

Diese Götter und Geister sind nach dem jeweiligen Glauben für bestimmte Hilfestellungen an den Menschen zuständig (Regen, Fruchtbarkeit, Abwehr der Feinde etc.), fordern aber auch entsprechende Gegenleistungen bis hin zu blutigen Opfern. Sie sind meist feinstoffliche, mit Fremdenergie aufgeblasene, überwiegend negative Geist-Seele-Wesen. Als Mittler zwischen dem Volk und der Gottheit fungieren Priester, die aufgrund des an ihnen durchgeführten Einweihungsrituals an dieses Wesen mittels Energieschnüren in einer ähnlichen Weise angebunden sind, wie Marionetten an ihren Fäden an der Hand des Puppenspielers hängen. Eine bildliche Merkhilfe zur Unterscheidung von Anbindung und Verbindung: Die Anbindung verläuft vertikal – der Priester, also z. B. Sie, ist unten, die Gottheit oben. Die Verbindung verläuft horizontal – der eine Partner, Sie, ist auf der einen, das andere Wesen auf der anderen Seite.

Diese Anbindungen bleiben über viele Leben hinweg erhalten, bis die Voraussetzungen geschaffen sind, sie aufzulösen. Die meisten – es können hunderte bis einige tausend sein – schlafen lange Zeit. Einige werden aus Anlass der aktuellen Lebensthemen aktiv und in der Aura wahrnehmbar. Übel wollende Menschen können aus ihnen – wenn auch meist unbewusst – Macht beziehen. Außerdem sind sie eine Quelle des destruktiven Einflusses auf deren Entscheidungsfindung.

Für jene, die zum Licht streben, werden die aktiven Anbindungen zu einer Belastung, weil sich die »Gottheiten« mangels äußerer Wirkmöglichkeiten und in Rebellion gegen die Erkenntnisse und Fortschritte der Suchenden gegen sie, ihre Priester, wenden. Die Befreiung von diesen alten, falschen Priesterschaften gehört zu den allerwichtigsten Schritten der Lösungsarbeit.

- Die Lösung folgt dem einfachen Schema. Sie brauchen keine weiteren Lichtkreise.
- Die Wesen, an die Sie angebunden sind, fungieren für gewöhnlich noch für eine Anzahl anderer Priester als Gottheit. Sie können deshalb nicht behandelt werden, nur für Sie selbst wird gelöst. Daher müssen diese Wesen auch nicht auf den Platz der Begegnung gebracht werden.
- Wegen der Anbindungen bestehen meist unbewusste Schuldgefühle, die bei der Reinigung besonders zu berücksichtigen sind.
- Nicht vergessen: Dürfen die Lösungen gemacht werden? Brauchen Sie noch Unterricht?

Anbindungen an negative Quellen (ANQ)

ANQ sind freiwillig gewählte Anschlüsse an negative, im Universum befindliche Kraftquellen, um sich dieser Kraft zur Durchsetzung willentlicher Maßnahmen zu bedienen. Diese Anbindungen bleiben ebenfalls über die Leben erhalten und können auch unbewusst genutzt werden.

- Lösung: Siehe »Anbindungen an negativ-spirituelle Wesen.«

Verbindungen zu gemischt positiv-negativen Wesen (VNW/G)

In früheren Leben haben sich viele Wesen für einzelne negative Handlungen Verbündete gesucht und durch die gemeinsamen Taten bleibende Verbindungen zueinander geschaffen.

Eine besonders häufige Sonderform davon ist die Verbindung zu negativen spirituellen Meistern (gemischt-positiv/negative Wesen, bei denen das Negative derzeit überwiegt), deren Schüler man war. Diese Meister lassen ihre Schüler für gewöhnlich nicht mehr freiwillig los, und die verbliebenen Verbindungsschnüre (negativen Chords) geben ihnen die Möglichkeit, manipulierenden bis beherrschenden Einfluss auszuüben. Dabei ist es gleichgültig, ob das »Meisterwesen« gerade inkarniert ist oder nicht. Seine unbewussten Anteile halten den Kontakt und merken auch, wenn Sie diese Verbindungen nun lösen wollen. Oft verstärkt es dann den Druck, um zu verunsichern und die bevorstehende Lösung zu hintertreiben.

Manche dieser Wesen haben in der Zwischenzeit die Chancen genützt und sich weiterentwickelt. Daher ist es sinnvoll nachzufragen, ob eventuell auch für jemand von den Verbindungswesen gelöst werden darf. Hier haben Sie Gelegenheit, das Schema mit zwei Lichtkreisen zu wiederholen und zu üben. Sie werden es später noch oft brauchen.

- Pendeln.
- Lichtkreis für Sie.
- Einen zweiten Lichtkreis.
- Den Verbindungspartner hinein.
- Dürfen die Lösungen jetzt gemacht werden?
- Fragen Sie, für wen gelöst werden kann. Darf auch für jemanden von den Verbindungspartnern gelöst werden?
- Fragen Sie, ob Sie / die Partner (wenn auch für diese gelöst werden darf) noch Unterricht brauchen.
- Wenn ja, bitten Sie um den nötigen Unterricht.
- Bitten Sie, die Verbindungen jetzt aufzulösen.
- Bitten Sie, bei Ihnen und bei den Partnern, für die gelöst werden durfte, die negativen Verbindungstücke beiderseits dicht am Körper, jedoch bei denen, für die nicht gelöst werden durfte, in der Mitte abzutrennen und die numehr losen Stücke aufzulösen.
- Bitten Sie, bei Ihnen und bei den Partnern, für die gelöst werden durfte, die negativen Gefühle und Energien herauszunehmen und aufzulösen.
- Bitten Sie, beiderseits (dort, wo gelöst werden durfte) die Energielöcher mit göttlichem Licht aufzufüllen.
- Bitten Sie, beiderseits (dort, wo gelöst werden durfte) die Wunden zu heilen.

- Bitten Sie, die Partnerwesen in Licht einzuhüllen.
- Bitten Sie, die nicht Inkarnierten ins Licht zu bringen.
- Bitten Sie die Inkarnierten, an ihre Plätze zurückzugehen (zu bringen).
- Bitten Sie nun, selber in Licht eingehüllt zu werden.
- Brauchen Sie noch eine Nachbehandlung?
- Wenn ja, bitten Sie darum.
- Bedanken Sie sich.
- Verlassen Sie den Platz der Begegnung und kommen Sie herunter.
- Sie sind wieder wach im Hier und Jetzt auf Ihrem Sitzplatz.
- Machen Sie die Nachkontrolle.

Verbindungen zu negativen Quellen (VNQ)

Bei negativen Zuständen einer Person entsteht Resonanz zu im Universum gelagerten Quellen ähnlich gearteter negativer Energie. Ein gutes Beispiel sind bestimmte Formen der Depression – medizinisch abklären! –, aber es gibt noch viele andere negative Zustände, die nicht so klar zum Ausdruck kommen und trotzdem diese Art Resonanz erzeugen. Treten diese Zustände häufiger auf, festigt sich eine Verbindung zur entsprechenden Quelle, über die zusätzlich Energie der jeweiligen destruktiven Qualität in die Person einströmt.

Bei der Lösung werden die einem Zustand zugehörigen Gehirnwellenmuster gelöscht. Die dadurch gegebene Veränderung ersetzt in diesem Fall den Unterricht.

- Pendeln.
- Lichtkreis für Sie.
- Dürfen die Lösungen jetzt gemacht werden?
- Bitten Sie, die Verbindungen zu diesen Quellen aufzulösen.
- Bitten Sie, die Verbindungsstücke an Ihrem Körper und in der Mitte zwischen Ihnen und der negativen Quelle abzutrennen und die nunmehr losen Stücke aufzulösen.
- Bitten Sie, die zugehörigen Gehirnwellenmuster herauszunehmen und aufzulösen.

- Bitten Sie, die negativen Gefühle und Energien herauszunehmen und aufzulösen.
- Bitten Sie, die Energielöcher mit göttlichem Licht aufzufüllen. Bitten Sie, die Wunden zu heilen.
- Bitten Sie, in Licht eingehüllt zu werden.
- Brauchen Sie noch eine Nachbehandlung?
- Wenn ja, bitten Sie darum.
- Bedanken Sie sich.
- Verlassen Sie den Platz der Begegnung und kommen Sie herunter.
- Sie sind wieder wach im Hier und Jetzt auf Ihrem Sitzplatz.
- Machen Sie die Nachkontrolle.

Karmische Verbindungen, aktiv (KVA)

Der Begriff »Karma« ist weithin bekannt und bezeichnet das universelle Gesetz von Ursache und Wirkung. Eine dieser Wirkungen ist, dass bei Handlungen, die anderen Wesen Schaden oder/und schweres Leid zufügen, zwischen Täter und Opfer eine Verbindung entsteht, die für den Täter im Allgemeinen durch Erleiden, durch tätiges Wiedergutmachen bzw. durch Erkenntnis gelöst wird. Auch das Opfer ist bis zur Lösung gebunden, muss also mit dem Täter in späteren Leben wieder zusammentreffen. »Aktiv« bedeutet »aus der Sicht des Täters«.

- Die Lösung folgt dem Schema mit zwei Lichtkreisen.
- Unterricht braucht nur der Täter (also Sie). Für die Opfer darf in jedem Fall gelöst werden.

Berücksichtigen Sie, dass das Opfer geschädigt wurde und von negativen Gefühlen erfüllt ist, die sorgfältig entfernt werden sollen. Es ist empfehlenswert, insbesondere wenn es sich bei den Opfern um Personen handelt, mit denen man im Leben Probleme hat, an die eigentliche Lösung Verzeihungsarbeit anzuschließen. Gehen Sie dabei wie folgt vor:

- Führen Sie die eigentliche Lösung bis zu dem Punkt durch, an dem die Wunden geheilt wurden.
- Fragen Sie den Partner: Verstehst du, warum dir das von mir zustoßen musste?

- Wenn nein: Bitten Sie um Unterricht.
- Fragen Sie den Partner: Verstehst du jetzt, warum dir das zustoßen musste?
- Wenn ja: Kannst du also das, was dir zugestoßen ist, verzeihen?
- Wenn ja: Bitten Sie den Partner, Sie zu umarmen. Wie geht das?
- Wenn nicht gut: keine wirkliche Verzeihung. Bitten Sie Lichtwesen um weiteren Unterricht für den Partner, um weitere Heilung aller Verletzungen und darum, die Fähigkeit zu verzeihen zu stärken.
- Wenn gut: Schließen Sie gemäß dem Schema ab.

Karmische Verbindungen, passiv (KVP)

Die karmischen Verbindungen aus der Sicht der Opfer. Fehlt dem Täter die nötige Entwicklung und Einsicht, kann mit Erlaubnis allein für das Opfer gelöst werden. Der Täter behält seinen Teil der Verbindung und muss ihn anders lösen.

Da Ihnen als Partner Täter gegenüberstehen, müssen Sie fragen, ob auch für jemand von ihnen gelöst werden darf (wie bei den negativen Verbindungen), und dann sinngemäß weiter vorgehen. Nicht vergessen: Unterricht für die Täter, wenn gelöst werden darf. Sie können Sich hier selbst prüfen, ob Sie verzeihen wollen:

- Führen Sie die eigentliche Lösung bis zu dem Punkt durch, an dem die Wunden geheilt wurden.
- Fragen Sie sich (auf der Ebene des höheren Selbst), ob Sie verstehen, warum Ihnen das zustoßen musste.
- Wenn nein: Bitten Sie um Unterricht.
- Fragen Sie sich, ob Sie verstehen, warum Ihnen das zustoßen musste.
- Wenn ja: Können Sie also das, was Ihnen zugestoßen ist, verzeihen?

Wenn für den Partner gelöst wurde:

- Wenn ja: Umarmen Sie den Partner. Wie geht das?
- Wenn nicht gut: keine wirkliche Verzeihung. Bitten Sie Lichtwesen um weiteren Unterricht für Sie, um weitere Heilung aller Verletzungen und darum, die Fähigkeit zu verzeihen zu stärken.

- Wenn gut: Schließen Sie gemäß dem Schema ab.

Wenn für den Partner nicht gelöst wurde:

- Wenn ja: Teilen Sie dem Partner mit, dass Sie ihm verzeihen.
- Schließen Sie gemäß dem Schema ab.

Tore zu anderen Dimensionen (TAD)

In den Energiezentren einer Person können als künstlich geschaffene Strukturen Tore oder Löcher bestehen, die das Übergreifen von Energien und Wesen einer anderen Dimension ermöglichen. Solche Tore sind im göttlichen Plan nicht vorgesehen und somit negativ. Sie sollen im jeweils erlaubten Ausmaß geschlossen werden.

- Die Lösung folgt dem einfachen Schema. Sie brauchen keine weiteren Lichtkreise.

Einflüsse aus anderen Dimensionen (EAD)

Auch ohne Tore können Signale oder telepathische Beeinflussungen aus anderen Dimensionen wirksam werden, vor allem dann, wenn dortige Wesen an einer Einflussnahme auf die Person besonderes Interesse haben (z. B. wenn die Person in einer früheren Inkarnation selbst ein Wesen jener Dimension war und die dortigen Wesen sie noch als eine der ihren betrachten). Da die Person hier aber andere Lebensaufgaben hat, sind solche Einflüsse kaum förderlich.

- Die Lösung folgt dem einfachen Schema. Sie brauchen keine weiteren Lichtkreise.

Gesetzte Manipulationen in den Energiekörpern (GMA)

Die Strukturen der Energiekörper, von den groben bis zu den feinsten, können fallweise von negativ-spirituellen Wesen manipulativ verändert werden. Als plastisches Beispiel auf den feststofflichen Bereich umgelegt, würde das wohl so aussehen, als wären fremde Gegenstände in den Körper montiert, falsche Bahnen gelegt und Gliedmaßen an falschen Stellen angewachsen.

Diese Manipulationen be- oder verhindern die korrekten Funktionen der Energiekörper, schwächen damit die Widerstandskraft gegen negative Wesen und behindern eine gute Wahrnehmung und die Zusammenarbeit mit dem Licht.

- Die Lösung folgt dem einfachen Schema. Sie brauchen keine weiteren Lichtkreise.

Programme

Was wir in der Folge Programme nennen, sind von negativen Wesen eingesetzte, dem satanischen Prinzip folgende Informationsblöcke. Sie sind auf allen Seinsebenen bis hinunter zur Emotionalebene zu finden. In hellsichtiger Wahrnehmung sehen sie etwa wie ein elektronischer Bauteil (Chip) aus, und bei entsprechender Begabung kann man auch ihren Inhalt – die negative Botschaft – ablesen. Der Beginn ihrer Wirkung wird programmiert: Sie können Jahre oder Jahrzehnte ruhen, in einer bestimmten Situation oder zu einer bestimmten Zeit lösen sie sich dann aus und beeinflussen das Verhalten der befallenen Person gegen deren eigentliche Absicht zugunsten der Programmierer.

Besonders Personen, bei deren Geburt oder in deren ersten Lebensjahren für die geistige Welt bereits absehbar ist, dass sie sich entwickeln und für das göttliche Prinzip wirken wollen und werden, können schon als Kleinkinder mit Programmen versehen werden, die erst viel später im Erwachsenenalter ihre Wirkung entfalten. Wir gehen aber davon aus, dass diese Programme für die Kinder keine wissenschaftlich fassbaren, also gesundheitlich relevanten Auswirkungen haben. Es braucht daher niemand um das Wohl seiner Kinder Sorge zu haben.

Programme werden aber oft auch kurzfristig gesetzt. Daher sollten spirituell aktive Personen von Zeit zu Zeit überprüfen, ob sich nicht neue Programme eingeschlichen haben. Mit steigender Erfahrung der Seele nimmt die Bereitschaft, Programme anzunehmen, ab. Dennoch sollte man, besonders in Zusammenhang mit bedeutenden Ereignissen, die Möglichkeit nicht ganz ausschließen.

Die letztlich hinter allen Programmen stehende negative Absicht ist die gleiche wie bei vielen anderen Verhängnissen: das nach Entwicklung strebende Wesen oder/und auch andere, die von jenem Wesen betroffen sind, in ihrer Entwicklung zu behindern oder fehlzuleiten.

Spirituelle Programme (SpPR)

Als spirituelle Programme bezeichnen wir solche, die in die spirituellen Ebenen eines Wesens gesetzt wurden. Sie beeinflussen spirituelle Handlungen.

Seelische Programme (SPR)

Als seelische Programme bezeichnen wir solche, die auf der Seelenebene eines Wesens gesetzt wurden. Sie beeinflussen Einstellungen und Absichten, die von der Seele aus wirksam werden.

Mentale Programme (MPR)

Von Wesen mit hoher Mentalkraft und bösen Absichten (mental trainierte Menschen, feinstoffliche Wesen, »Außerirdische« verschiedenster Herkunft und Qualität) wurden und werden Programme in den Mentalbereich mancher Menschen eingepflanzt. Häufig ist das bei Personen der Fall, die ab einem bestimmten Punkt ihrer Entwicklung im Leben einer größeren Zahl anderer Menschen eine Rolle als Vorbild, besonders in spiritueller Hinsicht, einnehmen werden!

Emotionale Programme (EPR)

EPR sind auf der Emotionalebene eines Wesens gesetzte Programme. Wie negative Emotionen das Denken und Handeln beeinflussen können, hat wohl jeder von uns schon am eigenen Leib erfahren. Natürlich stammt nicht jede negative Emotion von einem Programm, in den meisten Menschen finden sich viele eigene Emotionen, die es aufzuarbeiten gilt!

- Die Lösung aller Programme folgt dem einfachen Schema. Sie brauchen keine weiteren Lichtkreise.
  Unterstützen Sie die Lösungsvorgänge mit der göttlichen Flamme.

Verlorene Seelenanteile (VSE)

Durch traumatische Erlebnisse oder durch Angriffe negativer Wesen können sich Seelenanteile ablösen, nicht zurückwollen, sich verirren, aber auch magisch gebunden und auf anderen Planeten oder in anderen Dimensionen festgehalten werden. Es kommt häufig vor, dass ca. 1 bis 3 Seelenanteile fehlen.

Die verlorenen Teile einer Seele sollen gesucht, aufgesucht und zurückgeholt werden. Dies ist den auf der ganzen Erde verbreiteten schamanischen Kulturen durchaus vertraut, und Rückholungen werden dort wie auch im modernen, wiederentdeckten Schamanismus mit – nach unserer Wahrnehmung – nicht immer gleichem Erfolg und gleicher Hilfe aus unterschiedlichen geistigen Welten durchgeführt.

Zum Suchen braucht es eine ausreichende Art von Wahrnehmung. Es genügt hier nicht, einfach Lichtwesen zu bitten, die Seelenanteile zurückzubringen. Wir müssen uns einen möglichst umfassenden Eindruck von der Sachlage verschaffen, um unsere Bitten der jeweiligen Situation angepasst stellen zu können und unsere Maßnahmen gezielt durchzuführen.

Wahrnehmungen können von Medium zu Medium nach Art und Intensität verschieden sein: Von klarem Sehen, Wahrnehmen der Energieabstrahlung bis zu aktivem, radarartigem Abtasten des Umfeldes und eventuellen anderen individuellen Wahrnehmungsformen reicht das Spektrum der Möglichkeiten.

Wer mit seinen Augen deutlich sieht, wird sich in jeder fremden Umgebung zurechtfinden. Aber auch Blinde können sich in einem Terrain, das ihnen seiner Struktur nach bekannt ist, gut orientieren und erfolgreiche Arbeit verrichten. Ziel all jener, deren Sensorium noch nicht so gut entwickelt ist, muss es also sein, nicht ob der überlegenen Wahrnehmung dafür besonders Begabter zu verzagen, sondern die eigenen Anlagen zu nutzen und das »Terrain« in Form einer Auflistung von

Möglichkeiten im Vorhinein besonders gut kennen zu lernen. Ausgangsort der Rückholung ist die entsprechende Ebene der Begegnung mit dem höheren Selbst. Nach der Installation der Lichtkreise besteht für gut Sichtige die Möglichkeit,

- 1. den Aufenthaltsort (in dieser oder einer anderen Dimension, auf unserer Erde, einem feststofflichen oder feinstofflichen Planeten, freischwebend in einer feinstofflichen Welt, ortsgebunden unter Wasser, in der Erde, einem Felsen, einem Altar, einem Grab, einem Raumschiff) und
- 2. die Befindlichkeit (festhängend durch eigene Überzeugungen, magische Bindung, von Wächtern festgehalten, in Dienstbarkeit, erstarrt in einem gestürzten und satanischen Bereich, verwirrt, ängstlich, schlafend, voll negativer Energie)

  des Seelenanteils zu erkunden. Unbedingt nötig ist es nicht, es hilft aber bei den nachfolgenden Schritten. Außerdem befriedigt es den Wissensdurst.

Weniger gut Sichtigen ist es zu ihrer Orientierung hilfreich, die vorgenannten Beispiele als Möglichkeiten im Bewusstsein zu haben.

- Um die Rückholung durchzuführen, bitten wir ein Lichtwesen, uns zum Ort des Seelenanteils zu führen, und lassen uns vertrauensvoll führen. Wir nehmen die Ankunft bei dem Seelenanteil wahr bzw. gehen das letzte Stück (gut geschützt!) allein, wenn das Lichtwesen in einen besonders negativen Bereich nicht mitgehen kann.
- Wir nehmen wahr, ob der Seelenanteil leicht aus seinem Ort zu lösen ist oder ob wir mit Licht(heil)energie eine magische Bindung wegschmelzen oder hindernde Wesen beiseite schieben / deaktivieren müssen.
- Wir befreien den Seelenanteil, bitten das Lichtwesen, ihn mit uns gemeinsam zum Platz zurückzubringen, und gehen weiter gemäß den Lösungsschritten vor.

Insbesondere berücksichtigen wir den Unterschied zwischen dem Seelenanteil auf seiner in der Vergangenheit stehen gebliebenen Entwicklungsstufe plus seinen individuellen Belastungen einerseits und der Seele des in der Zwischenzeit weiterentwickelten Eigners andererseits (Unterricht, Reinigung, Heilung, Angleichung von Schwingungs-

und Entwicklungszustand), denn die schließliche Integration soll für den Eigner eine angenehme Erfahrung sein und ihn nicht mit überflüssigen Negativqualitäten seiner Vergangenheit belasten.

- Pendeln.
- Lichtkreis für Sie.
- Dürfen die Lösungen jetzt gemacht werden?
- Bitten Sie um so viele Lichtkreise wie Seelenanteile geholt werden dürfen. Sie sollen den ersten berühren.
- Wenn Sie es können, verschaffen Sie sich ein Bild davon, wo sich die Seelenanteile aufhalten und in welchem Zustand sie sind.
- Bitten Sie Lichtwesen, auf den Platz zu kommen.
- Bitten Sie die gekommenen Lichtwesen, gemeinsam mit Ihnen den ersten Seelenanteil aufzusuchen.
- Befreien Sie bei Bedarf den Seelenanteil mithilfe von Lichtenergie.
- Bitten Sie die Lichtwesen, gemeinsam mit Ihnen den Seelenanteil zu nehmen und auf den Platz der Begegnung mit Ihrem höheren Selbst zurückzubringen.
- Bitten Sie, den Seelenanteil in den zweiten Lichtkreis zu stellen.
- Holen Sie in gleicher Weise die weiteren Seelenanteile.
- Bitten Sie, die Seelenanteile zu reinigen, zu unterrichten und zu heilen.
- Bitten Sie, die Seelenanteile auf Ihren (des Eigners) jetzigen Entwicklungsstand und Schwingungszustand einzustimmen.
- Fragen Sie: Kann jetzt integriert werden?
- Bitten Sie, Ihnen die Seelenanteile zu integrieren (Fühlen Sie in sich einen Widerstand, einen Seelenanteil anzunehmen: Bitten Sie um Unterricht.)
- Brauchen Sie noch eine Nachbehandlung?
- Wenn ja, bitten Sie darum.
- Bedanken Sie sich.
- Verlassen Sie den Platz der Begegnung und kommen Sie herunter.
- Sie sind wieder wach im Hier und Jetzt auf Ihrem Sitzplatz.
- Machen Sie die Nachkontrolle.

Fremde Seelenanteile (FSE)

Immer wieder haben sich Wesen in der Vergangenheit unrechtmäßig Teile fremder Seelen angeeignet. Einerseits wollte man sich die Kraft des anderen einverleiben, andererseits Gegner durch Seelenraub schädigen. Das kann von einer verärgerten zauberkundigen Person im Rahmen eines dörflichen Streits genauso gemacht worden sein wie von mächtigen feinstofflichen Magiern.

Auch durch Opferungen wurden Seelenanteile in die verehrte (negative) Gottheit eingebracht und von dieser nicht mehr freigegeben.

Schließlich haben fallweise auch Verliebte in Unwissenheit über die tatsächlichen Vorgänge bei ihrem Tun dem angebeteten Partner »ihre Seele geschenkt«. Die Erkenntnis der Seele über den entstandenen Schaden war zu spät gekommen, die durch die Macht des Wortes in Gang gesetzten Abläufe waren ohne die Hilfe von Lichtwesen nicht mehr rückgängig zu machen.

Viele der derart geschaffenen Bindungen sind nach wie vor aufrecht. Die unvollständigen Seelen konnten zwar inkarnieren, sind aber entsprechend beeinträchtigt. Und auch jene Personen, die die fremden Seelenanteile in ihrem Sein beherbergen, sind durch deren Anwesenheit gestört.

Wie leicht so etwas auch im Alltag passieren kann, zeigt ein relativ harmloses Ereignis: Die Mutter einer besonders anhänglichen kleinen Tochter musste verreisen. Die Tochter versprach zum Abschied, auch während der Abwesenheit der Mutter bei ihr zu sein. Während der Reise stellte die in Lösungsarbeit ausgebildete Mutter plötzlich einen fremden Seelenanteil bei sich fest. Die Überprüfung ergab, dass es ein Teil der Tochter war. Das konnte in diesem Fall glücklicherweise schnell repariert werden. Es gibt aber andere und bessere Möglichkeiten, einem geliebten Wesen trotz räumlicher Entfernung nahe zu sein.

Und noch eine Begebenheit: Eine Dame, die häufige Besuche in Kosmetiksalons und das damit verbundene Service gewöhnt war, hatte einige fremde Seelenanteile in sich, die sich störend auf ihr Wohlbefinden auswirkten. Außerdem war eines ihrer Probleme ein sehr gespanntes Verhältnis zu ihrem ehemaligen Partner, der nicht von ihr lassen konnte. Die Nachforschung ergab, dass ein fremder Seelenanteil in ihr von diesem Mann stammte. Die Seelenanteile durften, ja sollten dringend an ihre Eigner zurückgegeben werden. Die Frau war auch gern bereit, sich die störenden Teile entfernen zu lassen – nicht jedoch den, der ihrem ehemaligen Mann gehörte. Sie bestand darauf, ihn zu behalten, um dem Mann – wie sie sagte – eins auszuwischen. Ihre Entscheidung als Wesen war zu respektieren. Sie glaubte aber einen gewissen Unmut zu erkennen, brachte ihr Unverständnis darüber zum Ausdruck und kam einer Ablehnung künftiger Lösungssitzungen zuvor, indem sie sich nie mehr blicken ließ.

Bei der Lösung dürfen meist mehrere fremde Seelenanteile im Rahmen einer Behandlung zurückgegeben werden. Sie können die gleichen, aber auch verschiedene Eigner haben. Sie brauchen also Platz für z. B. sieben Seelenanteile und drei Wesen, die deren Eigner sind. Das soll bei der Erstellung der Lichtkreise berücksichtigt werden.

- Pendeln.
- Lichtkreis für Sie.
- Dürfen die Lösungen jetzt gemacht werden?
- Bitten Sie nun um so viele weitere Lichtkreise, wie eigentliche Eigner der Seelenanteile untergebracht werden müssen. Sie sollen den Ihren berühren.
- Die Eigner der Seelenanteile hinein.
- Weiters brauchen Sie so viele Lichtkreise, wie Seelenanteile zurückgegeben werden dürfen.
- Bitten Sie, die Seelenanteile in Licht einzuhüllen und zu unterrichten.
- Bitten Sie, die Seelenanteile herauszuheben und in die für sie vorbereiteten Lichtkreise zu stellen.
- Bitten Sie, die Seelenanteile zu reinigen und zu heilen.
- Bitten Sie, die Seelenanteile auf den Entwicklungsstand und Schwingungszustand ihrer Eigner einzustimmen.
- Fragen Sie: Kann jetzt integriert werden?
- Bitten Sie, die Seelenanteile zu integrieren. (Weigert sich ein Eigner, einen Seelenanteil anzunehmen: Bitten Sie um Unterricht.)

- Brauchen Sie oder/und jemand von den Eignern noch eine Nachbe-
- handlung?
- Wenn ja, bitten Sie darum.
- Bitten Sie, die Partnerwesen in Licht einzuhüllen.
- Bitten Sie, die nicht Inkarnierten ins Licht zu bringen.
- Bitten Sie die Inkarnierten, an ihre Plätze zurückzugehen (zu bringen).
- Bitten Sie nun, selber in Licht eingehüllt zu werden.
- Bedanken Sie sich.
- Verlassen Sie den Platz der Begegnung und kommen Sie herunter.
- Sie sind wieder wach im Hier und Jetzt auf Ihrem Sitzplatz.
- Machen Sie die Nachkontrolle.

Abgespaltener Geist (AGE)

Als die Person ein Geistwesen war, konnte ein Angriff einer negativen Macht stattfinden und wie ein schwarzer Keil einen Teil des Geistes abspalten, der dabei in seine Negativqualität gekippt wurde. Nach wie vor besteht dessen Verbindung zum Eigner, der in diesem Zustand unzählige Leben absolviert hat und dabei ständig (meist unbewusst) von diesem satanischen Teil seiner selbst bedroht und bedrängt wurde und (wieder meist unbewusst) viel Kraft seiner höchsten spirituellen Ebenen aufwenden musste, um sich seinen abgespaltenen Geist »vom Leib zu halten«.

Die Durchführung einer Lösung erfordert sorgfältiges und verantwortungsbewusstes Vorgehen und darf keinesfalls leichtfertig angegangen werden. Der abgespaltene Geist wird von großen Lichtwesen transformiert. Sie selbst leisten dazu unter Führung dieser Lichtwesen Ihren Beitrag.

Wegen der im Allgemeinen nötigen Wartezeit zwischen dem Beginn der Transformation und der Integration mit nachfolgendem Abschluss, während der die Beteiligten nicht komplett sind und daher keine andere spirituelle Tätigkeit ausführen sollen, empfiehlt sich diese Lösung als letzte spirituelle Tätigkeit am Abend.

- Pendeln.
- Lichtkreis für Sie.
- Dürfen die Lösungen jetzt gemacht werden?
- Bitten Sie ein Lichtwesen, zu Ihnen auf den Platz der Begegnung zu kommen.
- Bitten Sie das Lichtwesen, gemeinsam mit Ihnen zum Ort des abgespaltenen Geistes zu gehen.
- Bitten Sie Ihren Schöpfer, die großen Lichtwesen zu entsenden, die die Transformation durchführen.
- Bitten Sie die großen Lichtwesen, ihren Platz einzunehmen.
- Bitten Sie die großen Lichtwesen, Ihnen Ihren Platz anzuweisen.
- Nehmen Sie Ihren Platz ein.
- Bitten Sie die großen Lichtwesen, mit der Transformation zu beginnen.
- Bitten Sie das begleitende Lichtwesen, mit jenen Persönlichkeitsteilen von Ihnen, die wieder hinunterdürfen, auf den Platz des höheren Selbst zurückzugehen.
- Fragen Sie Ihr höheres Selbst, wie lange die Transformation dauern wird (erfahrungsgemäß mehrere Stunden).
- Bitten Sie nun, in Licht eingehüllt zu werden.
- Bedanken Sie sich.
- Verlassen Sie den Platz der Begegnung und kommen Sie herunter.
- Sie sind wieder wach im Hier und Jetzt auf Ihrem Sitzplatz.

Gehen Sie jetzt schlafen, und stellen Sie Ihren Wecker so ein, dass Ihnen vor Ihren morgendlichen Aktivitäten ausreichend Zeit für den Abschluss der Transformation bleibt!

Am nächsten Morgen arbeiten Sie weiter:

- Lichtkreis für Sie.
- Bitten Sie ein Lichtwesen, zu Ihnen auf den Platz der Begegnung zu kommen.
- Bitten Sie das Lichtwesen, gemeinsam mit Ihnen zum Ort des abgespaltenen Geistes zu gehen.
- Bitten Sie die großen Lichtwesen, den nun transformierten Geistteil in Ihren Geist zu integrieren.

- Danken Sie Ihrem Schöpfer und den Lichtwesen.
- Bitten Sie das begleitende Lichtwesen, mit allen Ihren Persönlichkeitsteilen an den Platz der Begegnung mit Ihrem höheren Selbst zurückzukehren. Achten Sie besonders darauf, komplett herunterzukommen!
- Danken Sie dem begleitenden Lichtwesen.
- Brauchen Sie noch eine Nachbehandlung?
- Wenn ja, bitten Sie darum.
- Bedanken Sie sich.
- Verlassen Sie den Platz der Begegnung und kommen Sie herunter.
- Sie sind wieder wach im Hier und Jetzt auf Ihrem Sitzplatz.
- Machen Sie die Nachkontrolle.
- Kontrollieren Sie auch, ob nicht etwa während der Rückkehr auf dem Weg zwischen dem Transformationsort und dem Platz der Begegnung Teile Ihrer Seele verloren gegangen sind. Wenn ja, komplettieren Sie sich am einfachsten in der Weise, als gingen Sie einen Weg zurück, um einen verlorenen Gegenstand zu suchen. Wer sich dabei unsicher fühlt, kann natürlich auch die einzelnen Schritte der Seelenanteilrückholung durchführen.

Abdunklung des Lichtkerns (ALK)

Unter »Lichtkern« verstehen wir unsere innersten lichten Bereiche, die ganz mit dem Göttlichen verbunden sind. Durch unseren Sturz in die Finsternis und die damit verbundene Konfrontation mit negativen Energien sowie in der Folge durch absichtliche negative Handlungen in vielen früheren Leben wurde unser Lichtkern immer mehr vom Göttlichen abgetrennt. Dabei bildete sich um ihn eine Zone der Abdunklung, die je nach der persönlichen spirituellen Situation verschieden stark ausgeprägt sein kann.

- Die Lösung folgt dem einfachen Schema. Sie brauchen keine weiteren Lichtkreise.

Alterswesen (ALWE), Entzündungswesen (EZWE), Fäulniswesen (FÄWE), Gärungswesen (GÄWE)

Diese Gruppe von Wesen sind degenerierte, durch satanische Einflüsse verbildete, dem Erdkreis zugehörige Wesenheiten. In ihrem Aufbau ähnlich den Naturwesen, die ja in ihrer lichten Form fördernde Wirkung auf das Leben haben, bewirken sie im Gegenteil Abbau und Zerfall. Man könnte argumentieren, dass Abbau und Zerfall im Kreislauf der Natur einen wichtigen Stellenwert haben. Dem ist nach unserer Ansicht entgegenzuhalten, dass die gegenwärtige Natur ein satanisch verbildetes System ist, das zu einem großen Teil satanisch verbildete Wesen enthält. Die gestürzten entscheidungsbefähigten Wesen haben ganze Systeme, die wir heute als Natur bezeichnen, im Sturz mit sich gerissen. Abbau und Zerfall sind wohl im derzeitigen Kreislauf der Natur wichtig, in der ursprünglichen lichten Schöpfung aber nicht notwendig.

Störend werden diese Wesen für uns, wenn sie über ihre derzeitige Rolle in der Natur hinaus an Menschen und deren Gütern wirksam werden. Alterswesen beeinflussen im Menschen die Art, wie man sich selber wahrnimmt: Obwohl in der Blüte seiner Jahre, denkt man, man sei eigentlich schon recht alt, und fühlt sich auch dementsprechend (von medizinischen und dort abzuklärenden Ursachen abgesehen). Das kann das Verhalten beeinflussen, man wird träge und mutlos und somit gehindert, sein volles Potenzial zu leben. Aber auch in Dingen, z. B. in Häusern, können sich Alterswesen aufhalten. Dort fördern sie den Aufenthalt von Fäulniswesen, das Wachstum von Schimmelpilzen, generell die Auflösung der Strukturen.

Entzündungswesen halten sich gerne in entzündlich veränderten körperlichen Bereichen auf und steigern dort zusätzlich die Beschwerden. Die körperlichen Symptome müssen wie immer in solchen Fällen medizinisch abgeklärt werden. Bei chronischen Entzündungen ist es aber sehr nützlich, an die Anwesenheit von Entzündungswesen zu denken und entsprechende Maßnahmen zu ergreifen.

Amethyst & Bergkristall aus Brasilien

Fäulnis- und Gärungswesen haben ihren Platz in der derzeitigen Natur bzw. in der Lebensmitteltechnik. In unseren Körpern aber haben sie nichts verloren und sollten – neben einer allfälligen medizinischen Behandlung – entfernt werden.

- Die Lösung folgt dem Schema mit zwei Lichtkreisen.
- Denken Sie an Ihren Unterricht! Je besser Sie ihn annehmen, desto weniger können Sie künftig von negativen Wesen beeinträchtigt werden!
- Die Wesen können ohne weitere Maßnahmen ins Licht gebracht werden.

Negative persönliche Chords (PECO)

Dies sind negative Energieverbindungen zwischen zwei Wesen, die durch intensiven Kontakt nichtlichter Art entstanden sind. Wenn diesen Chords keine weiteren Verhängnisse zugrunde liegen, können sie für die Person, die diesen Kontakt nicht wünscht, aufgelöst werden. Im Prinzip entstehen derartige Chords im persönlichen Umgang miteinander ständig und lösen sich auch wieder. Nach besonders mit negativer Energie geladenen Kontakten aber können sie längere Zeit bestehen und wirken sich dann unter Umständen störend oder behindernd aus.

- Die Lösung folgt dem Schema mit zwei Lichtkreisen.
- Es soll gefragt werden, ob auch für die Partner gelöst werden darf. Diese sind dann entsprechend zu behandeln.

Seelenverflechtungen (SVFL)

Seelenverflechtungen entstehen, wenn beide beteiligte Seelen in Teilbereichen willentlich ihre Individualität aufgeben und sich vermischen, um daraus vermeintliche Vorteile zu ziehen. Häufige Motive sind das Bestreben unreiner Geistwesen, zusammen mächtiger zu sein, die Bekräftigung einer irdischen Liebesverbindung oder der Versuch, eine Persönlichkeitsschwäche zu kompensieren.

- Die Lösung folgt dem Schema mit zwei Lichtkreisen.
- Die Seelenverflechtungen sind dann auch für den anderen gelöst.

Künstliche Verbindungen im Überbewusstsein (KÜVÜ)

Es sind willentlich eingegangene Verbindungen auf spirituellen Ebenen, um spirituelle Ziele vermeintlich besser erreichen zu können, eine Einheit gegen spirituelle Angriffe zu bilden bzw. vermeintliche spirituelle Gegner mit vereinten Kräften zu vernichten.

- Die Lösung folgt dem Schema mit zwei Lichtkreisen.
- Die Verbindungen sind dann auch für den anderen gelöst.

Anbindungen an die Person als ehemalige Gottheit (GOAW)

Die priesterliche Anbindung an negative Wesen, so genannte negative »Gottheiten«, ist Ihnen bereits bekannt. Es ist völlig normal, dass jene feinstofflichen Gottheiten, Geist-Seele-Wesen wie wir auch, zeitweilig in feststofflicher Form inkarnieren. Es sind dies dann für gewöhnlich spirituell kraftvolle Personen, von denen einige, angeregt durch ihre Lebensumstände, Licht und Befreiung suchen bzw. schon mehrere Leben auf dem lichten Weg sind und darauf fortschreiten. Auch bei vielen von Ihnen ist es durchaus wahrscheinlich, dass Sie diese Rolle einer feinstofflichen Gottheit gespielt haben. Es wurde Ihnen geopfert, und Sie haben dafür Energien für das vordergründige Wohlergehen der Gruppe, des Stammes, eines Volkes (Regen, Fruchtbarkeit, Abwehr der Feinde etc.) in Bewegung gebracht.

Heute haben Sie kein Interesse mehr an solchem Tun und erkennen dessen satanische Qualität. Dennoch sind Ihre Priester noch an Sie angebunden und Ihre sowie auch deren spirituelle Entwicklung ist dadurch behindert.

- Die Lösung folgt dem Schema mit zwei Lichtkreisen.
- Die Anbindungen sind dann auch für die anderen gelöst.

DIE VERHÄNGNISLISTE 2

		ANW	ANQ	VNW / G	VNQ	KVA	KVP	TAD	EAD	GMA	SpPR	SPR	MPR	EPR	VSE	FSE	AGE	ALK	ALWE	EZWE	FÄWE	GÄWE	PECO	SVFL	KÜVÜ	GOAW

STUFE 3
VÖLLIG NEGATIVE WESEN

Es existiert eine Vielzahl von starken negativen und unter Umständen auch gefährlichen Geistwesen. Es gibt im Kosmos eine große Zahl verschiedenster gestürzter Wesen, von denen uns nur ein Teil bekannt ist und die sich nicht alle leicht in Gruppen einteilen lassen. Dennoch fassen wir für unsere Tätigkeit ähnlich geartete Wesen zu Kategorien zusammen und benennen diese, wobei klar ist, dass unter informierten Menschen durchaus für die gleichen Wesen verschiedene Bezeichnungen in Gebrauch sein können.

Teufel

Wir kennen Wesen, die aus göttlicher »Substanz« sind und – im Allgemeinen ohne eigene Entscheidungsbefähigung (im Unterschied zu entscheidungsbefähigten Geist-Seele-Wesen wie z. B. Menschen) – gemäß dem göttlichen Plan wirken, vermenschlichend ausgedrückt: die Aufträge unseres Schöpfers erfüllen. Diese Wesen sind den Religionen bekannt und werden in unserem Kulturkreis Engel genannt.

Es gibt offenbar einen Mechanismus, nach dem viele Engel den Belastungen durch satanisches Wirken (sehr wahrscheinlich unter Mitwirkung und Hauptverantwortung entscheidungsbefähigter Wesen wie uns selber) ab einer gewissen Grenze nicht mehr Widerstand leisten konnten und in eine Negativqualität gekippt sind, ähnlich wie ein See, der eine Zeit lang Verschmutzung erträgt, bei fortgesetzter Belastung durch Abwässer aber plötzlich stirbt (kippt).

Nach wie vor folgen diese Wesen dem gleichen Prinzip des Erfüllens von Aufträgen, ohne persönliche Entscheidungen zu treffen, nur eben im negativen Sinn. Diese Wesen bezeichnen wir in unserem System der Lösungsarbeit als Teufel.

Es ist Menschen durch die Anwendung von Transformationstechniken und mithilfe von Lichtwesen möglich mitzuwirken, dass die Teufel, nach einer Periode des Übergangs, wieder ihre ursprüngliche Engelsqualität zurückerhalten.

Satan

Ein ins Negative gestürzter Teil des kosmischen Geistes, traditionell Satan genannt, existiert real und versucht mit wechselndem Erfolg, in der Schöpfung wirksam zu werden. Dass er existiert, wird auch in staatlich anerkannten Religionsgemeinschaften gelehrt. Wir sind mit dieser Aussage also in guter Gesellschaft. Satan besitzt die Macht, lichtlose Wesen zu schaffen; wir bezeichnen sie als Dämonen. Nach unserer Wahrnehmung hat der negative kosmische Geist Bewusstsein und Entscheidungsbefähigung. Er kann sich teilen wie das Wasser des Meeres, wobei die einzelnen Teile die Eigenschaften des Ganzen repräsentieren, jedoch auch individuelle Züge tragen.

Satanischer Geist ist wegen seiner sehr feinen Schwingung für die meisten Menschen nicht direkt wahrnehmbar, sondern nur an seinen destruktiven Auswirkungen zu erkennen. Seine Teile neigen dazu, ihre Einflusssphäre rasch und schleichend auszudehnen, in der Art, wie vergossene Tropfen aus einem Kübel voll Wasser, das aus dem Meer geschöpft wurde, in den Ritzen des Bodens versickern. Seine Energie ist höchst »anhänglich«, so wie Wasser an der eingetauchten und wieder herausgezogenen Hand haften bleibt. Oder als hätte man seine Hand in einen Behälter mit Schmierfett getaucht. Wer würde hier annehmen, seine Hand in reinem Zustand wieder herausziehen zu können?

Im Gegensatz dazu sind Teufel »kompakte« Wesen mit klaren Abgrenzungen.

Dämonen

Dämonen sind ihrer Herkunft gemäß lichtlose Existenzen ohne göttlichen Kern, die Aufträge ausführen. Es gibt wohl mehrere verschiedene Erscheinungsformen, aber das ist für unsere Tätigkeit nicht von Belang. Allen gemeinsam ist, dass sie Schöpfungen Satans sind. Eine Art von Dämonen dürfte dadurch entstehen, dass in die tiefste Finsternis gestürzte entscheidungsbefähigte Wesen dabei – bildlich gesprochen – einen Negativabdruck hinterlassen, dessen Form von Satan ausgefüllt wird. Es gibt aber wahrscheinlich noch andere, uns bislang unbekannte Mechanismen ihrer Entstehung. Wir erkennen Dämonen an ihrer speziellen Eigenart und sind in der Lage, sie mithilfe von Lichtwesen zu transformieren und ins Licht zu bringen. Eine andere Ansicht ist, dass sie, da sie keinen göttlichen Kern und somit keinen Bestand haben, einfach aufgelöst werden können. Die Übernahme ins göttliche Licht ist aber wohl der sicherste Weg.

Reinigung und Schutz bei der Transformation negativer Wesen

Es sind die persönlichen Routinen der Reinigung und des Schützens vor der Transformationssitzung anzuwenden. Über die Reinheit des Raumes und die Freiheit der Person von negativen Einflüssen und Anhaftungen hinausgehend, sind die Aufrichtigkeit der Absicht, das Loslassen negativer Emotionen, universelle Liebe und Mitgefühl, auch und vor allem mit den zu transformierenden Wesen, die »Reinheit des Herzens« von großer Wichtigkeit.

Unmittelbar vor jeder Transformation ist der Raum mit Lichtsäulen in der Mitte, an den vier Wänden, der Decke, dem Fußboden und in den Ecken abzusichern und außen mit einem Spiegel zu versehen, der als komplette Hülle den Raum umschließt und auftreffende Negativa durch ihre eigene Dynamik abprallen lässt. Zusätzlich können Fenster und Türen mit einem Energieschirm geschlossen werden (und in ihrer feststofflichen Form natürlich bei Bedarf offen bleiben). Selbst soll man sich in Licht einhüllen und ebenfalls einen Spiegel bauen, insbesondere im Umgang mit Satan. Hier ist es auch hilfreich, sich ganz in einen goldenen Helm und eine goldene Rüstung zu kleiden (natürlich nur bildlich-energetisch!). Das ist besonders wichtig bei der Entfernung von Übernahmen anderer Personen, um nicht selber befallen zu werden.

Wenn wir hier auch die Behandlung anderer Personen erwähnen, so nur deshalb, um die unbedingt nötigen Warnungen auszusprechen. Wir empfehlen Ihnen dringend, im Umgang mit dem negativen kosmischen Geist nicht über Selbstbehandlungen hinauszugehen und auch diese nur dann durchzuführen, wenn Sie gefestigt sind und sich in der Lösungspraxis sattelfest fühlen. Es könnte sonst schlimmer statt besser werden.

Bei der Entfernung von Satan aus anderen Personen oder Räumen ist der Heiler das alternative Ziel der Angriffe und Eindringungsversuche. Der beste Schutz ist es, hundertprozentig im Licht zu sein und diese Position insbesondere nach der Behandlung zu überprüfen und gegebenenfalls zu korrigieren. Es sei in Erinnerung gerufen, dass wir in einer Überlappungszone zwischen der lichten Welt und dem satanischen Einflussbereich leben und aktiv den reinen, lichten Bereich aufsuchen können/müssen. Außerdem sind nach Abschluss der Behandlungen, egal ob man sich selbst oder andere behandelt hat, der Raum, die gesamte Wohnung, wenn es im Eigentum des Behandlers ist, auch das Haus bzw. das Grundstück auf die Anwesenheit negativer Fremdwesen hin zu kontrollieren und wie bei Besetzungen vorzugehen. Das gilt für alle Räume, die der Behandler repräsentiert, unter Umständen auch für Fahrzeuge, sogar wenn sie entfernt geparkt sind.

Leichtfertigkeit nach den Behandlungen (»Bin froh, meine Ruhe zu haben, ist ohnehin alles in Ordnung«) belehrt bald eines Besseren. Satanisches Wirken kann als Gegenreaktion auch noch Stunden nach einer an sich erfolgreichen Lösung einsetzen.

ERWEITERTE TRANSFORMATIONSMASSNAHMEN

Die in der Folge beschriebenen Maßnahmen sind Vorschläge, die zumindest in den ersten Monaten, eventuell auch Jahren, genau befolgt werden sollen. Veränderungen und Vereinfachungen bei der Transformation ergeben sich mit der Zeit im Rahmen der persönlichen Weiterentwicklung und zunehmenden Erfahrung, weiters mit der Fähigkeit, einen besseren Lichtkanal zu schaffen und entsprechende Lichtwesen und Ebenen besser und bewusster zu kontaktieren.

Transformation von Teufeln

- Die Lösungsarbeit ist beendet, Sie sind geheilt und in Licht eingehüllt. Ihnen gegenüber befindet sich der Lichtzylinder mit den zu transformierenden Wesen. Der Zylinder ist gut zu tasten, der Aufenthalt der Wesen zu lokalisieren.

- Ähnlich wie beim Reinigen der Pendelfläche kann man nun die negativen Energien der Teufel durch Annähern und Schließen der leicht gekrümmten Handflächen in den Nullraum befördern und durch Öffnen der Hände einen Lichtkristall an die Stelle setzen. Weiters können wir einen Lichtbogen darüber stellen.
- Wir nehmen nun über die Handflächen Kontakt mit dem Lichtzylinder und dessen Insassen auf. Wie bei einer Mentalbehandlung teilen wir den Teufeln mit (sie sind für das Ausführen von Anweisungen konstruiert): »Ihr seid nun alle völlig in göttliches Licht eingehüllt. Ihr erkennt nun euren lichten Kern, – ihr habt euren lichten Kern erkannt – das Licht eures Kerns breitet sich nun aus über euren gesamten Seinsbereich innerhalb des Lichtzylinders.« Wir können dabei beobachten, wie diese Wesen von sich aus lichter werden. Wir bitten um Transformationsenergie, lassen diese einfließen und stellen uns gleichzeitig vor, wie aus der teuflischen eine lichte Seinsqualität wird. Zusätzlich können wir bitten, in die Wesen göttlichen Geist zu legen.
- Bei einer erfolgreichen Transformation dehnen sich die Wesen aus und benötigen mehr Raum zwischen den Händen.
- Wenn die Wesen eine ausreichend lichte Qualität erreicht haben, beenden wir die Transformation. Offenbar verlieren Engel beim Sturz einen lichten Persönlichkeitsteil, der aber im Kosmos erhalten bleibt und bei seiner Rückkehr das transformierte Wesen erst komplett macht. Wir richten daher im Anschluss an die Einleitung der Transformationsenergie die Bitte an die originale Lichtqualität des Wesens, wieder einzufließen. Die direkte Bitte »einzufließen« ist augenscheinlich erfolgreicher als die Bitte an helfende Wesen, »einfließen zu lassen«.
- Dann setzen wir gemäß Lösungsschema fort.

Transformation von Satansteilen

Wir befinden uns im Ablauf der Lösungsarbeit und haben die entnommenen Satansstücke in ihren Lichtkreis gestellt, den Lichtkreis zu einem Zylinder hochgebaut, oben und unten verschlossen und verstärkt. Während wir uns weiter behandeln (reinigen, durchlichten), müssen wir Satan transformieren.

- Mit den Händen nehmen wir Kontakt auf und ertasten Lage und Bewegungen der Wesen. Einerseits müssen wir den Zylinder mit Inhalt stets auf Distanz halten, andererseits Versuche der Wesen, nach verschiedenen Richtungen auszufließen, verhindern. Unsere Hände und Energiezentren müssen licht und strahlend sein, sonst legt sich satanische Energie an und kriecht die Arme hinauf bzw. dringt in Chakras ein.
- Satan ist entscheidungsbefähigt und muss daher unterrichtet werden. Ein Zerquetschen der negativen Energie in den Nullraum muss unterbleiben, die Hände haben in der Zone innerhalb des Lichtzylinders nichts zu suchen. Wir können aber den Lichtbogen darübersetzen und die göttliche Flamme zu Hilfe nehmen. Innerhalb des satanischen Wirkungsbereichs würde jedes Lichtinstrument neutralisiert und somit wirkungslos.
- Wir bitten um Transformationsenergie und leiten sie ein. Dabei lassen wir unsere Hände führen und vereiteln zudem jeden Ausbruchsversuch.
- Bei einer erfolgreichen Transformation verringert sich der Druck zwischen den Händen, bis die Handflächen aneinander liegen.
- Ist die Transformation ausreichend fortgeschritten, bitten wir, die Wesen in Licht einzuhüllen und sie ins Licht zu bringen. Dabei umfassen wir sofort die neu entstandene Lichthülle. Wir beobachten sorgfältig den Fortschritt des Übergangs und folgen dem kleiner werdenden Raum zwischen unseren Händen, bis die Handflächen wieder komplett – wirklich komplett! – aneinander liegen. Dabei dürfen wir keinesfalls aus Ungeduld die Hände schneller zusammenführen als der Übertritt erfolgt; die Wesen würden überrinnen wie Wasser aus einem gequetschten Plastiksäckchen und den Heiler

sofort befallen – trotz Transformation ist noch genügend destruktives Potenzial vorhanden, lediglich der Übertritt ins Licht wurde ermöglicht.

- Wir wenden uns weiter unserer eigenen Behandlung zu.

Transformation von Dämonen

Dämonen zu transformieren kann schwierig oder leicht sein, je nachdem, in welchem Zustand wir uns befinden: schwer, wenn wir aufgrund des eigenen Entwicklungszustandes noch gezwungen sind, Mittel der Kraft einzusetzen – sie sind dann unheimlich zäh; leicht, wenn wir Zugang zu höheren Lichtqualitäten haben – sie schmelzen in der Liebesenergie förmlich dahin.

- Die Lösungsarbeit ist beendet, Sie sind geheilt und in Licht eingehüllt. Ihnen gegenüber befindet sich der Lichtzylinder mit den zu transformierenden Wesen. Der Zylinder ist gut zu tasten, der Aufenthalt der Wesen zu lokalisieren.
- Wir nehmen das geistige Werkzeug »Schwert« (unbedingt mit stumpfer = runder Spitze), trennen ringsum die Verbindungsschnüre der Dämonen zu ihrem Schöpfer Satan ab und nehmen ihnen damit Halt und Kraft. Wir legen das Schwert in die Ablage zurück.
- Wir setzen einen Lichtbogen über den Zylinder. Wir bitten um Transformationsenergie und lassen sie einfließen.
  Wir bitten, in die Wesen universelle Liebe einfließen zu lassen.
- Ist die Transformation ausreichend fortgeschritten, bitten wir, die Wesen in Licht einzuhüllen und sie ins Licht zu bringen. Wir beobachten dabei sorgfältig den Fortschritt des Übergangs und folgen dem kleiner werdenden Raum zwischen unseren Händen, bis die Handflächen komplett aneinander liegen.

Mediale Durchsage bezüglich ausreichender Schutzmassnahmen für Lichtarbeiter

Ganz vereinfacht dargestellt steht der Mensch zwischen zwei Dimensionen oder Reichen: dem Reich des Lichts und dem Reich der Dunkelheit und der Schatten. Die Lösungsarbeit ist wichtig, um die Verbindungen ins Reich der Dunkelheit zu lösen und sich immer mehr dem Reich des Lichts zuwenden zu können. Wenn die Verhängnisse gelöst sind und der Mensch dann sein Streben, seine Aufmerksamkeit, sein Sensorium, seine Sinne, seine Frequenz auf das Reich des Lichts einstellt, ist er aufnahmebereit für die Schwingungen des Lichts. Hilfe und Schutz sind da.

Die Ausrichtung auf das Licht und das Trachten, in der Schwingung der allumfassenden göttlichen Liebe zu bleiben, fördern die positiven Eigenschaften und die Erweiterung der Wahrnehmung und Sensitivität. Für jene von euch, die sich intensiv mit Lösungsarbeit beschäftigen wollen, ist es besonders wichtig, sich zur Regeneration und Erholung aus dem Reich der Dunkelheit, mit dem ihr euch konfrontieren müsst, wieder auszuklinken. Es ist ein wichtiger Bestandteil eurer Arbeit, sofort nach jeder Lösungsarbeit, wo eure Aufmerksamkeit tief in das Reich der Dunkelheit eindringt, wieder ganz bewusst auszusteigen und ganz bewusst in das Reich des Lichts und der allumfassenden Liebe zurückzukehren. Es muss bewusst die Verbindung zur satanischen Welt unterbrochen werden bzw. ein Ausklinken, Aussteigen stattfinden – aber nicht in die Normalität (Überlappung der Licht und Schattenwelt, die Grauzone), sondern in das lichte Universum.

Das wird anfangs noch einige Übung erfordern, aber es ist für euch und eure Regeneration und Gesundheit unbedingt notwendig. Das vollkommene Ausklinken ist jedoch erst dann möglich, wenn alle Anbindungen und Verbindungen gelöst sind. Die Dunkelheit hat nur bis zu einer gewissen Grenze Zugriff (Grauzone). Ein Mensch mit Verbindungen und Anbindungen an negative Kräfte steht in der Mitte zwischen Licht und Schatten, auch Menschen, die noch nicht bewusst geworden sind – diese Wesen sind Angriffen ausgesetzt, sie müssen noch durch Leid lernen. Erst wenn man aus der Überlappung der beiden Reiche hinüber ins Licht schreitet, und das ist eine ganz bewusste Aktion, die ihr schon fähig seid zu tun, dann ist man ganz im Licht und vollkommen geschützt.

Es sind vorerst einige Übungen notwendig, bis sich dieses Abwenden und Abtrennen von der Dunkelheit und das Hineingehen in das Licht und in diese höheren Schwingungen (und dort zu bleiben) automatisiert haben.

Dann können Lichtwesen euch noch besser helfen, heilen und Kontakt aufnehmen.

DIE VERHÄNGNISSE UND IHRE LÖSUNGEN

Der negative kosmische Geist

Der Umgang mit negativem kosmischen Geist verlangt Vorsicht, Wissen, Erfahrung, Kraft und eine bestimmte Stufe der Entwicklung spiritueller Fähigkeiten. Wir warnen ausdrücklich davor, Lösungsversuche ohne entsprechende spirituelle Reife und gründliche Vorbereitung durchzuführen.

Ihre Mitwirkung bei der Entnahme sollen Sie möglichst nur mit Ihrem Geist (Spirit) unter Heraushaltung der Seele durchführen. Bitten Sie Ihren spirituellen Lehrer in einer Meditation, Ihnen den Unterschied zwischen Geist und Seele zu zeigen und wie es sich anfühlt, wenn Sie damit Bewegungen durchführen.

Tore zu negativen Welten (TNW)

Der Übertritt von negativem kosmischen Geist in unsere Welt ist zum Glück normalerweise nicht so einfach. Allerdings ziehen Personen, die sehr in dieser Energie sind, durch negative Handlungen individualisierten negativen Geist (Satansteile) an und stützen seine Anwesenheit. Darüber hinaus kommt es leider vor, dass Menschen einzeln oder in Gruppen absichtlich und wissentlich durch das Praktizieren satanischer Rituale, manchmal auch unwissentlich durch gewisse Anrufungen Tore in die Trennbereiche der Welten reißen. Durch diese fällt es den negativen geistigen Individuen leichter, unsere Welt zu betreten und sich zu verteilen. Diese Tore können an bestimmten Plätzen auf der Erde oder im Kosmos sein, finden sich aber auch im Energiefeld von Menschen (und allen anderen Wesen, seien sie fest- oder feinstofflich, also auch Naturwesen, Tierseelen, Pflanzenwesen, Mineralwesen, Elementarwesen) und ermöglichen es damit, dass sich satanische Wesen in der Aura einnisten.

Die Auswirkungen können je nach Anzahl der Tore und der Befindlichkeit und Widerstandskraft der Betroffenen verschieden stark empfunden werden. Sie sind aber grundsätzlich destruktiv und nicht immer in ihrer vollen Präsenz als Lern- und Entwicklungsaufgabe notwendig und sinnvoll, denn wer sich dem göttlichen Licht zuwendet, darf durch Unterricht der Seele lernen und muss nicht mehr jenes Leid erfahren, das durch satanisches Wirken entsteht. Es ist also oft angezeigt, die Tore zu negativen Welten zu schließen.

Das braucht allerdings besondere Vorkehrungen. Diese Tore sind nämlich höchst »infektiös«, d. h. sie übertragen sich bei einem mangelhaften Lösungsversuch auf den Praktizierenden, und wenn mehrere Menschen versuchen, einander zu helfen, können sie die Tore richtiggehend im Kreis voneinander übernehmen – wie bei einem Ballspiel, nur nicht so lustig.

Einzige Abhilfe ist es, ganz im Licht zu sein – die Person und alle Räume, die sie repräsentiert. Alle im Besitz befindlichen Räume inklusive Fahrzeuge müssen mit ins Licht genommen werden. Sonst passiert es, dass das Arbeitszimmer frei ist, aber das auf der Straße unter Umständen kilometerweit entfernt geparkte Auto oder das Wochenendhaus beim nächsten Betreten eine unliebsame Überraschung bereitet. Auf sich allein gestellt, ist man selten in der Lage, ganz im Licht zu bleiben, insbesondere bei solch einer Konfrontation. Es empfiehlt sich daher, dass Sie um die Entsendung spezieller Lichtwesen bitten und diese ersuchen, Sie selbst und Ihre Räume ganz ins Licht zu bringen, im Licht zu halten und zu stützen.

Stellen Sie beim Pendeln auch gleich die Anzahl der eingedrungenen bzw. andrängenden Satansteile fest (Übernahmen, Besetzungen, Nähen)! Die Lösung an Ihnen selbst folgt dem Schema mit einem Lichtkreis. Wenn Sie Ihre Räume behandeln, verwenden Sie dafür einen zweiten Lichtkreis.

- Pendeln.
- Lichtkreis für Sie.
- Dürfen die Lösungen jetzt gemacht werden?
- Bitten Sie Lichtwesen auf den Platz, um Sie und die von Ihnen repräsentierten Räume ins Licht zu bringen, im Licht zu halten und zu stützen.
- Fragen Sie, ob Sie noch Unterricht brauchen.
- Wenn ja, bitten Sie um den nötigen Unterricht.
- Achten Sie nochmals darauf, ganz im Licht zu sein, wiederholen Sie eventuell die Bitte.
- Bitten Sie, die Tore zu den negativen Welten zu schließen.
- Entfernen Sie im Anschluss die eingedrungenen Wesen.

Übernahme durch negativen kosmischen Geist (ÜNG)

Unter »Übernahme« verstehen wir das Eindringen von Teilen negativen Geistes in die feinstoffliche Entsprechung des Gehirns. Die Betroffenen können dabei klinisch völlig gesund sein.

Wenn Sie für sich selbst lösen, brauchen Sie zwei Lichtkreise. Wenn Sie die Lösung für Ihre Räume durchführen, brauchen Sie dafür einen zweiten, für die herausgestellten Wesen einen dritten Lichtkreis. Eigens zu pendeln brauchen Sie nur dann, wenn keine Tore zu schließen waren. Sonst haben Sie die Anzahl der Wesen schon dort festgestellt.

- Pendeln.
- Extra Reinigung und Schutz des Arbeitsraumes, Spiegel um den Raum.
- Reinigung, Schutz und Spiegel für Sie selbst.
- Lichtkreis für Sie.
- Ein zweiter Lichtkreis, der Ihren berührt.
- Dürfen die Lösungen jetzt gemacht werden?
- Fragen Sie, ob Sie noch Unterricht brauchen.
- Wenn ja, bitten Sie um den nötigen Unterricht.
- Bitten Sie ein Lichtwesen, die Übernahmen zu zeigen.

- Bitten Sie, die negativen Wesen in Licht einzuhüllen; gleichzeitig hüllen Sie selber die negativen Wesen in Licht ein.
- Weichen Sie die Übernahme durch Einleiten hellgrüner Farbschwingung auf. (Niemals ohne vorheriges Aufweichen herausreißen!)
- Bitten Sie, die negativen Wesen herauszuheben; gleichzeitig heben Sie selber die negativen Wesen (vorsichtig!) heraus.
- Bitten Sie, die negativen Wesen in den anderen Lichtkreis zu stellen; gleichzeitig stellen Sie selber die negativen Wesen in den anderen Lichtkreis.
- Bitten Sie, den Lichtkreis zu einem Zylinder hochzubauen, oben und unten zu verschließen.
- Bitten Sie, Ihre Verbindungen zu den negativen Wesen an Ihrem Körper und in der Mitte zwischen Ihnen und den Wesen abzutrennen, die losen Verbindungsstücke aufzulösen.
- Bitten Sie, sofort mit Licht aufgefüllt zu werden.
- Bitten Sie, die negativen Wesen zu unterrichten.
- Bitten Sie um Transformationsenergie und setzen Sie die Methoden der Transformation ein (göttliche Flamme, Lichtbogen etc.). Halten Sie die Wesen dabei sorgfältig so lange wie nötig im Lichtzylinder.
- Während die Transformation abläuft, bitten Sie, aus Ihnen alle zugehörigen negativen Gefühle und Energien zu entfernen und aufzulösen.
- Bitten Sie, die Löcher mit Licht aufzufüllen.
- Bitten Sie, alle Ihre Energiebahnen und Chakras, Meridiane und Akupunkturpunkte zu reinigen und zu durchlichten.
- Bitten Sie, alle Ihre Auraschichten zu reinigen und zu durchlichten.
- Bitten Sie, Ihre Wunden zu heilen.
- Bitten Sie, Sie in Licht einzuhüllen.

Bei ausreichend fortgeschrittener Transformation:

- Bitten Sie, die Wesen in Licht einzuhüllen.
- Bitten Sie, die Wesen ins Licht zu bringen. Dabei gut weiter halten, den Fortschritt beobachten und erst nach komplettem Übertritt beenden.

Bei Bedarf setzen Sie mit der Lösung der Besetzungen fort, ansonsten schließen Sie in der bekannten Weise ab:

- Brauchen Sie noch eine Nachbehandlung?
- Wenn ja, bitten Sie darum.
- Bedanken Sie sich.
- Verlassen Sie den Platz der Begegnung und kommen Sie herunter.
- Sie sind wieder wach im Hier und Jetzt auf Ihrem Sitzplatz.
- Machen Sie die Nachkontrolle.

Besetzung durch negativen kosmischen Geist (BNG)

Als Besetzung bezeichnen wir das Eindringen in verschiedene Schichten bzw. Teile der spirituellen Gesamtpersönlichkeit (Aura, Chakren, Ebenen und Körper etc.).

- Für die Lösung gilt das Gleiche wie bei den Übernahmen, nur das Aufweichen durch grüne Farbschwingung unterbleibt.
- Bei Bedarf setzen Sie mit der Lösung der Nähen fort, ansonsten schließen Sie in der bekannten Weise ab.

Nähe von negativem kosmischen Geist (NNG)

In diesem Fall ist negativer Geist nicht eingedrungen, hält sich aber dauerhaft in der Nähe der spirituellen Persönlichkeit wirkend auf. Nähen können in Besetzungen übergehen, sowohl im Normalfall in belastenden persönlichen Situationen, insbesondere aber auch, wenn »Heiler« versuchen, mit eigenwilligen Methoden Satan zu vertreiben. Ohne das rechte Vorgehen und die Hilfe von Lichtwesen hat normalerweise der inkarnierte Mensch, es sei denn, er ist erleuchtet, der satanischen Qualität nichts ausreichend Wirksames entgegenzusetzen.

- Für die Lösung gilt das Gleiche wie bei den Übernahmen, nur das Aufweichen durch grüne Farbschwingung unterbleibt.
- Schließen Sie in der bekannten Weise ab.

Verbindungen zu negativ-spirituellen Wesen (VNW/S, VNW/D, VNW/T)

Die Lösung von Verbindungen ist Ihnen im Prinzip schon bekannt, allerdings waren im Text die Angaben zu völlig negativen Wesen weggelassen. Die Maßnahmen sollen für Satan – Dämonen – Teufel getrennt durchgeführt werden.

Über aus früheren Zeiten verbliebene Verbindungsschnüre (negative »Chords«) nehmen verschiedene Wesen manipulierenden bis beherrschenden Einfluss. Dies können z. B. negative »Meister« sein, gemischt-positiv/negative Wesen, bei denen das Negative derzeit überwiegt, deren Schüler man war und die diese Verbindung aufrecht erhalten, aber auch Satansteile, Dämonen bzw. Teufel, mit denen man früher zusammengearbeitet hat.

Satan, Dämonen und Teufel müssen transformiert werden. Die Transformation von Satan und Dämonen kann schwierig sein und sollte nur besonders erfahrenen Medien vorbehalten bleiben.

- Pendeln.
- Lichtkreis für Sie.
- Einen zweiten Lichtkreis.
- Den Verbindungspartner hinein.
- Bitten Sie, den Lichtkreis zu einem Zylinder hochzubauen, oben und unten zu verschließen.
- Dürfen die Lösungen jetzt gemacht werden?
- Fragen Sie, ob Sie noch Unterricht brauchen.
- Wenn ja, bitten Sie um den nötigen Unterricht.
- Bitten Sie, die Verbindungen jetzt aufzulösen.
- Bitten Sie, die negativen Verbindungsstücke dicht an Ihrem Körper und in der Mitte zwischen Ihnen und den ehemaligen Verbindungswesen abzutrennen und die nunmehr losen Stücke aufzulösen.
- Bitten Sie, bei Ihnen die negativen Gefühle und Energien herauszunehmen und aufzulösen.
- Bitten Sie, Ihre Energielöcher mit göttlichem Licht aufzufüllen.
- Bitten Sie, Ihre Wunden zu heilen.

- Bitten Sie, in Licht eingehüllt zu werden.
- Transformieren Sie die ehemaligen Verbindungswesen (bei Satan mit Unterricht).
  Bei ausreichend fortgeschrittener Transformation:
- Bitten Sie, die Wesen in Licht einzuhüllen.
- Bitten Sie, die Wesen ins Licht zu bringen. Dabei gut weiter halten, den Fortschritt beobachten und erst nach komplettem Übertritt beenden.
- Brauchen Sie noch eine Nachbehandlung?
- Wenn ja, bitten Sie darum.
- Bedanken Sie sich.
- Verlassen Sie den Platz der Begegnung und kommen Sie herunter.
- Sie sind wieder wach im Hier und Jetzt auf Ihrem Sitzplatz.
- Machen Sie die Nachkontrolle.

Besetzungen (BES/D, BES/T) durch negativ - spirituelle Wesen

Die Lösung von Besetzungen ist Ihnen im Prinzip bekannt, allerdings waren im Text die Angaben zu völlig negativen Wesen weggelassen. Die Maßnahmen sollen für Dämonen – Teufel getrennt durchgeführt werden.

Fremde beseelte Wesen (gemischt-positiv/negative Wesen wie z. B. verstorbene Menschen, aber auch »außerirdische« Wesen in den verschiedensten Seinsformen und Graden negativer Verschmutzung), Dämonen und Teufel können sich teils akut, teils langfristig über viele Leben hinweg in der Aura oder in anderen Seinsbereichen einer Person aufhalten. Manche sind unauffällig, manche ist man gewöhnt und hält sie für einen Teil der eigenen Persönlichkeit, manche verursachen akute oder chronische Beschwerden. Besetzungen können auch magisch gebunden sein. Dann muss man beide Lösungen durchführen.

Dämonen und Teufel müssen transformiert werden. Die Transformation von Dämonen kann schwierig sein und sollte nur besonders erfahrenen Medien vorbehalten bleiben.

Die Abläufe sind wie bei den Verbindungen, nur dass Sie Unterricht brauchen, bevor die Besetzungswesen aus Ihnen herausgehoben werden, da dies bereits ein Schritt der Befreiung ist.

Angesetzte Wesen (ANGW)

Das Bestreben der negativen Macht ist es, die Wesen in ihrer Entwicklung zum Licht zu behindern. Auch wenn keine anderen, konkret fassbaren Verhängnisse zu einer Annäherung negativer Wesen führen, können auf Menschen, ihre positiven Verbindungen und Projekte, Wesen verschiedener Art (alle uns bekannten negativen Existenzen) angesetzt werden. Das Ansetzen erfolgt ohne rituelle Handlung durch einen Auftrag des Auftraggebers, für den diese Wesen sozusagen freiwillig tätig sind. Auftraggeber können alle Wesen mit dunklen Absichten, auch Menschen, bis hin zum generellen kosmischen Satan sein. Satansstücke und große negative Wesen, die wir an anderer Stelle beschreiben, haben keinen Auftraggeber. Sie setzen sich gleichsam selber an.

Im Gegensatz zu rituell gebundenen Wesen können sich angesetzte im Rahmen ihres Auftrags frei bewegen und nur zu bestimmten Zeiten wirken, sodass sie unauffindbar sein können, wenn man nicht seine Aufmerksamkeit auf die spezielle Qualität ihrer Vorgangsweise richtet.

- Die Lösung folgt dem Schema mit zwei Lichtkreisen.
- Bitten Sie, die Aufträge der angesetzten Wesen zu löschen.
- Transformieren Sie die angesetzten Wesen (wo nötig).

Besetzungen im Körpergewebe (BKÖG)

In einigen Fällen dringen negative Wesen – eine Art dichter und »zäher« Teufel, aber auch Satansstücke – bis in die Materie, in die Körperzellen, vor. Dort sitzen sie dann in einer fast physischen Verbindung mit dem Körper und verursachen Beschwerden.

Die Vorgangsweise ist wie bei den anderen Besetzungen durch völlig negative Wesen. Die Entfernung kann allerdings schwieriger sein. Haben Sie Geduld und bleiben Sie dran!

- Die herausgestellten Wesen sind zu transformieren.

Der dämonische Doppelgänger (DDOG)

Beim Sturz in die Finsternis prägten sich die Schwingungen des Stürzenden in den satanischen Geist ein. Das satanische Bewusstsein formte daraus ein Wesen, das dem gestürzten Geist-Seele-Wesen ähnlich ist, und gab ihm den Auftrag, dem Gestürzten zu folgen, um ihn in der Dunkelheit zu halten. Dieser Doppelgänger ist somit die Sonderform eines angesetzten Wesens; ansonsten besteht zwischen ihm und dem Gestürzten keine spezielle Verbindung.

Der Doppelgänger beeinträchtigt nun die Person selber, wirkt aber auch über sie auf andere Menschen. Diese haben dann den Eindruck, von der Person käme besonders Negatives, z. B. wenn sie sich zu einem Thema sprachlich mitteilt. In Wirklichkeit nehmen die Menschen die negative Energie des Doppelgängers wahr, wodurch nicht nur gefühlsmäßige, sondern auch inhaltliche Missverständnisse gefördert werden. Die Person selber ist erstaunt und hilflos gegenüber einer Situation, die sie keinesfalls herbeiführen wollte.

Die Entfernung des dämonischen Doppelgängers ist üblicherweise im Laufe der Lösungsarbeit erst recht spät gestattet, sodass dieses einzelne Verhängnis, bei allem Verständnis für das Bedürfnis nach Lösung, nicht eigenwillig vorrangig behandelt werden darf. Wenn es allerdings einmal so weit ist, dann ist dies eine große Erleichterung und ein wesentlicher Entwicklungsschritt.

- Die Lösung folgt dem Schema mit zwei Lichtkreisen.
- Transformieren Sie den Dämon. Es können aber auch mehrere sein.

Schleier (SCHL)

Auf dem Weg der spirituellen Entwicklung erweitern sich das Bewusstsein und die spirituellen Ebenen und breiten sich in immer höhere Dimensionen aus. Dabei stößt man an immer feiner werdende Schichten satanischer Qualität, die sich wie Schleier sowohl um die Dimensionen der Person als auch um die Dimensionen unseres Universums legen. Das ist einer der Gründe, warum ein Entwicklungsschritt oft vorerst als Belastung, Verunsicherung bis hin zur Desorientierung in Zeit und

Raum, die so genannte Schwellenkrankheit, empfunden wird. Schleier müssen wie satanische Wesen behandelt werden; konfrontiert man sich mit ihnen, verhalten sie sich wie solche und könnten bei sorglosem Umgang zu Besetzungen oder sogar Übernahmen werden.

- Die Lösung folgt dem Schema mit zwei Lichtkreisen.
- Transformieren Sie die Schleier unter Beachtung aller beim Umgang mit Satansstücken nötigen Vorsichtsmaßnahmen.

Dünnstellen (DÜST)

Dünnstellen sind künstlich hervorgerufene Defekte in Grenzbereichen zu anderen Seinsebenen. Sie entstanden durch Eingriffe starker negativer Wesen oder durch die Anwendung magischer Praktiken. Die Lösung an Ihnen selbst folgt dem Schema mit einem Lichtkreis. Wenn Sie einen Ort behandeln, verwenden Sie dafür einen zweiten Lichtkreis.

- Pendeln.
- Lichtkreis für Sie.
- Dürfen die Lösungen jetzt gemacht werden?
- Fragen Sie, ob Sie noch Unterricht brauchen.
- Wenn ja, bitten Sie um den nötigen Unterricht.
- Bitten Sie, die Dünnstellen der Grenzbereiche zu reparieren.
- Bitten Sie, die Stellen zu versiegeln.
- Bitten Sie, die Stellen der Grenzbereiche ihrer Umgebung anzugleichen.
- Bitten Sie, die negativen Gefühle und Energien herauszunehmen und aufzulösen.
- Bitten Sie, die Energielöcher mit göttlichem Licht aufzufüllen.
- Bitten Sie, die Wunden zu heilen.
- Bitten Sie, in Licht eingehüllt zu werden.
- Brauchen Sie noch eine Nachbehandlung?
- Wenn ja, bitten Sie darum.
- Bedanken Sie sich.
- Verlassen Sie den Platz der Begegnung und kommen Sie herunter.
- Sie sind wieder wach im Hier und Jetzt auf Ihrem Sitzplatz.
- Machen Sie die Nachkontrolle.

Dimensionsüberschneidungen (DIÜS)

Dies sind künstlich herbeigeführte Überschneidungen verschiedener Seinsebenen. An solchen Orten können sich Wesen fremder Seinsebenen in unserem Wahrnehmungsfeld aufhalten, wobei ihre fremdartige negative Energie spürbar wird. Da solche Überschneidungen in unreiner Absicht hergestellt wurden, haben die Magier etc. dazu natürlich negative Bereiche angepeilt. Lichte Dimensionen hätten ihnen für ihre Absichten nicht genützt.

Da diese Wesen nicht unserer Seinsebene angehören, ist ihre Entfernung nicht möglich. Sie verschwinden allerdings mit der anderen Dimension, wenn die Überschneidungsbereiche getrennt werden.

- Die Lösung an Ihnen selbst folgt dem Schema mit einem Lichtkreis.
- Wenn Sie einen Ort behandeln, verwenden Sie dafür einen zweiten Lichtkreis.
- Bitten Sie, die Dimensionen zu trennen, die Überschneidungsstellen zu versiegeln, die Stellen ihrer Umgebung anzugleichen.

Magische Pforten (MAPF)

Magische Pforten sind von Magiern geschaffene Übertrittsstellen zwischen Seinsbereichen. Ein sinnbildliches Beispiel ist »Sesam, öffne dich«, der bekannte Spruch aus dem Märchen »Ali Baba ...«, der den vorher unauffälligen Felsen öffnet und den Eingang zur Räuberhöhle freigibt. Nichts weist auf das Vorhandensein einer solchen Pforte hin, bis das magische Wort gesprochen wird. Dann öffnet sich die Pforte, lässt Wesen des anderen Seinsbereichs durch und schließt sich sogleich wieder. Plötzlich und unerwartet sind dann nach einer kompletten Reinigung und unter sorgfältigem Schutz wieder negative Wesen da, und es ist nicht zu erkennen, woher sie gekommen sein mögen.

- Die Lösung an Ihnen selbst folgt dem Schema mit einem Lichtkreis. Wenn Sie den Ort behandeln, verwenden Sie einen zweiten Lichtkreis.
- Bitten Sie, die magischen Pforten zu schließen, das magische Wort aufzulösen, die Übertrittsstellen zu versiegeln, die Stellen ihrer Umgebung anzugleichen.

Energien aus einem Antiuniversum (ANTE)

Wie in Antimaterie die Atome andersherum drehen, »dreht« auch die Energie eines Antiuniversums unserer entgegengesetzt, sodass in Konfrontation mit unserer Energie ein Neutralisationseffekt entsteht. In der Praxis ist diese Konfrontation gar nicht so selten: Magier beider Seiten haben sich die jeweils andere Energie für ihre dunklen Praktiken zunutze gemacht und dazu die Dimensionsschranken mithilfe negativer Wesen manipulativ durchbrochen. An derartigen Stellen, die auch in der Aura von Personen sein können, die früher mit diesen Dingen zu tun hatten, wird unsere Energie bis zur Neutralisation abgesaugt. Werden z. B. solche Personen mit Heilenergie behandelt, verschwindet diese ergebnislos im Nichts.

- Die Lösung an Ihnen selbst folgt dem Schema mit einem Lichtkreis.
- Wenn Sie einen Ort behandeln, verwenden Sie dafür einen zweiten Lichtkreis.
- Bitten Sie, die Übertrittsstelle zu schließen, die Reste eingedrungener Antienergie aufzulösen, die Übertrittsstellen zu versiegeln, die Stellen ihrer Umgebung anzugleichen.

Verschmutzte geomantische Linien (LIGE)

Geomantische Linien können durch die allgemeine energetische Verschmutzung der Erde mit betroffen sein. In besonderen Fällen aber benützen negative Wesen absichtlich solche Linien, um auf Personen, die sie wegen ihres guten Schutzes, z. B. nachts im Schlafzimmer, anders nicht erreichen können, negative Energie zu übertragen.

- Die Lösung folgt dem Schema mit zwei Lichtkreisen.

Verschmutzte Linien zwischen Planeten (LIZP)

Wie zuvor. Negative Energien können auch von Wesen anderer Planeten eingebracht werden.

- Die Lösung folgt dem Schema mit zwei Lichtkreisen.

DIE VERHÄNGNISLISTE 3

TNW / P								
TNW / R								
ÜNG								
BNG								
NNG								
VNW / S								
VNW / D								
VNW / T								
BES / D								
BES / T								
ANGW								
BKÖG								
DDOG								
SCHL								
DÜST								
DIÜS								
MAPF								
ANTE								
LIGE								
LIZP								

Stufe 4
Die grossen negativen Wesen

Ein wichtiges Ziel ist die Lösung von Beziehungen zu sehr mächtigen negativen Wesen. Die Arten der Beziehungen sind uns im Prinzip aus den vorigen Stufen bekannt und müssen nicht mehr erklärt werden. Es sind Anbindungen, Verbindungen, Übernahmen und Besetzungen, teils auch im Körpergewebe, und angesetzte Wesen sowie deren Gedankenformen. Wegen der Größe und Macht dieser Wesen und der zur Lösung nötigen geistigen Kraft und Erfahrung können sie nicht bei den allgemeinen Kategorien der Anbindungen, Verbindungen etc. berücksichtigt werden, sondern wir müssen die Verhängnisse mit diesen Wesen extra lösen. Außerdem begegnen uns noch negative Schöpfungen von speziellen dazu befähigten Wesen, die wir als negative Schöpferwesen bezeichnen.

Diese großen Wesen waren selbstverständlich nicht immer negativ, sondern hatten in ihrer ursprünglichen lichten Form große Macht und wichtige Funktionen im Kosmos. Die lichten Seinsformen existierten zu allen Zeiten und sind uns auch heute eine große Hilfe bei schweren Aufgaben.

Ein Großteil dieser Lichtwesen hat Geist und Seele so wie wir, und auch wir sind in einzelnen Aspekten unseres Seins Wesen dieser Art, allerdings ehemals in die Finsternis gestürzt und daher derzeit hauptsächlich mit unserer eigenen Entwicklung beschäftigt. Ihre gegenwärtige Seinsform und das daraus resultierende Schwingungsmuster gestatten eine Unterscheidung nach ihren Aufgabenbereichen, und wir meinen, dass wir sie demgemäß auch jeweils vornehmlich einer bestimmten spirituellen Ebene zuordnen können. Dies wird wie jede Katalogisierung ihrem wahren Wesen wohl nicht ganz gerecht, hilft uns aber, unser übersichtliches provisorisches Weltbild zu ergänzen.

Zu unserem System der Ebenen hier nur ein kurzer Auszug:

- Die höchste der von uns konkret bezeichneten spirituellen Ebenen ist das in sich ruhende göttliche Bewusstsein. Es ist das eigentliche Ziel der Entwicklung; in diesem Geist in Ruhe und Harmonie zu

SEIN. Im göttlichen Bewusstsein ist nichts Negatives. Es ist reiner Geist. Die astrologische Zuordnung ist das Zeichen Waage.

Die Schöpferebene

Das göttliche Bewusstsein hat außer dem in sich ruhenden Aspekt auch den schöpferischen –

- die astrologische Zuordnung ist dann Jungfrau. Die Jungfrau gebiert aus sich selbst, ohne Befruchtung von außen: die »unbefleckte« Empfängnis! Der schöpferische Aspekt schafft mit seiner Schöpferkraft alle weiteren Ebenen und stellt auch selber eine spirituelle Ebene dar, die Schöpferebene. Auf der Schöpferebene wirken mächtige Geist-Seele-Wesen mit am göttlichen Plan. Durch Missbrauch ihrer Schöpferkraft sind so manche gestürzt und zu negativen Schöpferwesen geworden. Mit diesen haben Magier – auch wir – in der Vergangenheit gearbeitet und verhängnisvolle Beziehungen geknüpft. Darüber hinaus setzen sie negative Schöpfungen in die Welt und in die Strukturen von Wesen.

Auch in uns wohnt Schöpferkraft. Dabei ist allerdings zu beachten, dass der Schöpfungsakt ausschließlich dem göttlichen Sein vorbehalten ist! Wir dürfen unsere Kraft nur verwenden, um zu manifestieren, was vom göttlichen Sein bereits geschaffen und uns zugedacht ist! Das ist allerdings reichlich. Im Zuge unserer Reinigung und der Heilung alter Traumata soll Aufmerksamkeit auch der Lösung jener unbewussten Blockaden in uns gewidmet werden, die das Annehmen der uns zustehenden göttlichen Fülle unmöglich machen.

Die Urvaterebene

- Unsere astrologische Zuordnung ist das Zeichen Löwe. Deren Wesen repräsentieren das spirituell männliche Prinzip, die allumfassende göttliche Liebe, den Weg im Hier und Jetzt, die alles überstrahlende und transformierende heilende Kraft. In der reinen Qualität dieser Wesen kann sich nichts Negatives halten, kein negatives Wesen kann sich darin aufhalten. Freude, erfüllte zwischenmenschliche Beziehungen und ein erfülltes Leben sind Wirkung des Urvaterprinzips. Die gestürzten Wesen dieser Ebene verkehren diese Qualitäten ins Gegenteil.

Die Urmutterebene

- Die astrologische Zuordnung ist Krebs. Die Wesen der Urmutterebene repräsentieren das weibliche spirituelle Prinzip, die Fülle an weiblicher, auch spiritueller, Kraft. Diese geht in die Tiefen der Psyche und löst tief liegende alte Negativstrukturen auf. Die Urmutter nährt, erhält und heilt den weiblichen Aspekt, natürlich auch bei Männern. Gestürzte Urmutterwesen werden zu Repräsentanten der negativen »Großen Mutter«, verkehren ihre Qualitäten ins Negative, wenden sich außerdem gegen den männlichen, sonnenhaften Aspekt und fördern die weibliche Herrscherin. Inkarnierte Personen, bei denen diese Kräfte wirksam werden, unterdrücken den männlichen Aspekt in sich selber so wie auch bei anderen.

Diese spirituellen Ebenen existieren sowohl in den Universen als auch in uns. Nicht in unserem Sinne aus Geist und Seele, sondern aus reiner göttlicher Qualität sind die Erzengel. Sie sind im Gegensatz zu den meisten Engeln zwar entscheidungsbefähigt, dennoch sind viele von ihnen, wohl in aufopfernder Hingabe an fehlentscheidende Geist-Seele-Wesen, in die Finsternis gestürzt. Sie wandelten sich zu Erzteufeln und wurden häufig von Magiern (von Ihnen) für ihre Zwecke benützt. Die daraus entstandenen Beziehungen gilt es zu lösen.

Die Lösungsmaßnahmen folgen den bekannten Schemata, verlangen aber nichtsdestoweniger persönliche Stabilität und Erfahrung. Sie eignen sich nur für fortgeschrittene Medien.

Der Einfachheit halber sind die Erklärungen für alle infrage kommenden Wesen gemeinsam angeführt. Die Lösungen sollen aber unbedingt zumindest in den ersten Monaten für jede Art extra gemacht werden. Die großen negativen Wesen werden nicht auf dem Platz unterrichtet, gereinigt, durchlichtet und transformiert, sondern gleich nach der Ablösung und Abtrennung der Chords von speziellen Lichtwesen zu ihrer Behandlung weggebracht. Außer bei Anbindungen, da geschieht mit ihnen gar nichts – siehe Schema. Wir bitten unseren Schöpfer um die für die jeweilige Lösung richtigen und notwendigen Lichtwesen.

DIE VERHÄNGNISSE UND IHRE LÖSUNGEN

Anbindungen an negative Schöpferwesen, Urvaterwesen, Urmutterwesen, Erzteufel (nSANB, nVANB, nMANB, EANB)

Was Anbindungen sind ist auf Seite 57 genau erklärt.

- Die Lösung folgt dem bei Anbindungen anzuwendenden Schema.

Verbindungen zu negativen Schöpferwesen, Urvaterwesen, Urmutterwesen, Erzteufel (nSVER, nVVER, nMVER, EVER)

Die ausführlichen Erklärungen finden sich auf Seite 58/59. Die hier angeführten Verbindungswesen sind jedoch viel mächtiger.

- Die Lösung folgt dem bei Verbindungen anzuwendenden Schema.
- Nach der Lösung bitten wir, die Wesen zu ihrer Behandlung wegzubringen. Bitten Sie, die Wesen letztlich ins Licht zu bringen.

Übernahmen durch negative Schöpferwesen, Urvaterwesen, Urmutterwesen, Erzteufel (nSÜBE, nVÜBE, nMÜBE, EÜBE)

Übernahmen nennt man es, wenn ein negatives Wesen Segmente im ätherischen Teil des Gehirns übernimmt.

Besetzungen durch negative Schöpferwesen, Urvaterwesen, Urmutterwesen, Erzteufel (nSBES, nVBES, nMBES, EBES)

Hier besetzen negative Wesen die Aura eines Menschen, was von sensitiven Personen sehr unangenehm empfunden wird. Genauere Erklärungen auf Seite 41

- Die Lösung folgt dem bei Besetzungen anzuwendenden Schema. (Bitten Sie, die Übernahmen bzw. Besetzungen herauszuheben und in den anderen Lichtkreis zu stellen.)
- Nach der Lösung bitten wir, die Wesen zu ihrer Behandlung wegzubringen. Bitten Sie, die Wesen letztlich ins Licht zu bringen.

Angesetzte negative Schöpferwesen, Urvaterwesen, Urmutterwesen, Erzteufel (nSANG, nVANG, nMANG, EANG)

Diese Wesen werden von Satan oder anderen Wesen geschickt, um positive Abläufe zu behindern. Genaue Erklärung Seite 93.

- Lösung wie bei allgemeinen angesetzten Wesen.
- Bitten Sie nach der Lösung, die Wesen zu ihrer Behandlung wegzubringen. Bitten Sie, die Wesen letztlich ins Licht zu bringen.

Gedankenformen von negativen Schöpferwesen, Urvaterwesen, Urmutterwesen, Erzteufeln (nSNGF, nVNGF, nMNGF, ENGF)

Gedankenformen sind eine Art unbeseelter, künstlich geschaffener Wesen, die ausgesendet werden, um Schaden zuzufügen.

- Lösung wie bei allgemeinen Gedankenformen.

Negative Schöpfungen (nSSCH)

Hier hat man es mit feinstofflichen geistigen Manifestationen der negativen Schöpferwesen zu tun. Sie setzen sich in der Aura oder in Räumen fest und schädigen Strukturen der feinstofflichen Anteile.

- Die Lösung folgt dem Schema mit zwei Lichtkreisen.
- Bitten Sie, die negativen Schöpfungen herauszunehmen und in den zweiten Lichtkreis zu stellen.
- Bitten Sie, die negativen Verbindungen abzutrennen und die abgetrennten Stücke aufzulösen.
- Bitten Sie, die Schöpfungen ins Licht zu transformieren (und helfen Sie selber mit).
- Bitten Sie, die Schöpfungen ins Licht zu bringen.
  Weiter gemäß Schema.

Besetzungen im Körpergewebe durch negative Urmutterwesen, Erzteufel (nMBKG, EBKG)

Manche Wesen gehen tief in die Materie hinein und setzen sich in den Körperzellen fest.

- Lösung wie bei allgemeinen Besetzungen im Körpergewebe.

- Bitten Sie nach der Lösung, die Wesen zu ihrer Behandlung wegzubringen. Bitten Sie, die Wesen letztlich ins Licht zu bringen.

Kanäle zu Reichen (KARE)

Nach dem Ende ihrer inkarnierten Existenz tritt eine Seele, die noch mehr oder weniger unrein ist, vorerst in von ihr selbst repräsentierte Zwischenreiche ein, um sich in ihren unvollkommenen Eigenschaften zu begegnen. Diese Reiche liegen jenseits des Raum-Zeit-Kontinuums, es gibt hier kein Innen und kein Außen.

Sie sind in jedem Individualbewusstsein, aber auch gleichzeitig mit allen anderen gleichartigen Bewusstseinsebenen verbunden. So scheinen hier Wesen mit ähnlichen Eigenschaften versammelt, die dadurch einander gleichsam einen Spiegel vorhalten. Wenn bereits die nächste Inkarnation stattgefunden hat, die Lernaufgabe eines Reiches aber noch nicht bewältigt wurde, müsste die Seele nach dem Tod nochmals hin. In diesem Fall bestehen während des Lebens noch Kanäle zu den entsprechenden Zwischenreichen. Wenn es gelingt, durch Unterricht auf der Seelenebene die Lernaufgabe zu vollenden, können die Kanäle geschlossen werden, und ein weiterer Aufenthalt nach dem Tod ist in diesen Reichen nicht mehr notwendig.

- Die Lösung folgt dem Schema mit einem Lichtkreis.
- Bitten Sie, die Kanäle zu diesen Reichen zu schließen.
- Bitten Sie, die Übertrittsstellen zu versiegeln.
- Bitten Sie, diese Stellen dann den umgebenden Grenzbereichen anzugleichen.
- Bitten Sie, die negativen Verbindungen abzutrennen und die abgetrennten Stücke aufzulösen. Weiter gemäß Schema.

Verbindungen zu Reichen (VERE)

Hier sind Naturreiche gemeint, wie z. B. jene von Feen, Zwergen, Gnomen etc. Diese Reiche werden durch verschiedene Schwingungsebenen gebildet und voneinander abgegrenzt, sodass die Wesen eines Reiches die eines anderen normalerweise nicht wahrnehmen. (Es gibt aber auch hier solche, die die Grenzen überschreiten können.) Ihre ursprüngliche Aufgabe war, die Erde sowie die gesamte Schöpfung zu bereichern, sich zu erfreuen, zusammenzuwirken und sich selber weiterzuentwickeln. Beim Sturz von Teilen unseres Universums in die Finsternis sind auch diese Reiche nicht verschont geblieben und die Wesen wurden satanisch verschmutzt. Sie agieren nun gemäß ihrem Zustand. Das hat so manche Hellsichtige und Magier veranlasst, die Reiche und ihre Bewohner für ihre eigennützigen Zwecke zu missbrauchen. Diese Personen haben damit Verbindungen geschaffen, die auch in späteren Inkarnationen, in denen sie von ihrem früheren Tun keine Ahnung mehr haben, bestehen geblieben sind. Allerdings gibt es auch Verbindungen zu Reichen völlig negativer Wesen, wie Satansteile, Dämonen, Teufel und Erzteufel.

- Die Lösung folgt dem Schema mit einem Lichtkreis.
- Bitten Sie, die Verbindungen zu diesen Reichen zu trennen.
- Bitten Sie, die Übertrittsstellen zu versiegeln.
- Bitten Sie, diese Stellen dann den umgebenden Grenzbereichen anzugleichen.
- Bitten Sie, die negativen Verbindungen abzutrennen und die abgetrennten Stücke aufzulösen. Weiter gemäß Schema.

Regentschaften über Reiche (REGE)

Manche Magier ließen es nicht bei bloßen Verbindungen zu Reichen bewenden. Mit einem Aspekt ihres Seins erschienen sie dort und unterwarfen das Reich und seine Bewohner mit magischen Mitteln. Auf diese Weise erwarben sie die Anerkennung als deren Herrscher. Heute kann es recht unangenehm werden, wenn jemand, der in diesem Leben von all dem keine Ahnung hat, an einen Ort gerät, wo ein Eingang zu einem solchen Naturreich besteht, und er von den Bewohnern auf seine alte Regentschaft recht deutlich hingewiesen wird. Denn einerseits erkennen sie den Regenten nach wie vor an, andererseits bringen sie ihre innere Unzufriedenheit über ihre Knechtschaft kraftvoll zum Ausdruck. Auch alte Regentschaften über die völlig negativen Reiche können noch bestehen.

- Die Lösung folgt dem Schema mit einem Lichtkreis.
- Fragen Sie, ob Sie noch Unterricht brauchen.
- Wenn ja, bitten Sie um Unterricht.

- Fragen Sie Ihre Seele, ob sie diese Regentschaften jetzt aufgeben möchte.
- Wenn ja, bitten Sie, die Regentschaften aufzulösen.
- Bitten Sie, die negativen Verbindungen abzutrennen und die abgetrennten Stücke aufzulösen. Weiter gemäß Schema.

Stationen (STAT)

Als Stationen bezeichnen wir Strukturen, die fremde feinstoffliche Wesen innerhalb des feinstofflichen bzw. Energiesystems einer Person gebildet und deponiert haben. Sie wirken wie eine Landeplattform und ermöglichen das Andocken dieser Wesen auch nach längerer Abwesenheit.

- Die Lösung folgt dem Schema mit einem Lichtkreis.

DIE VERHÄNGNISLISTE 4

		nSANB	nSVER	nSÜBE	nSBES	nSANG	nSSCH	nSNGF	nVANB	nVVER	nVÜBE	nVBES	nVANG	nVNGF	nMANB	nMVER	nMÜBE	nMBES	nMBKG	nMANG	nMNGF	EANB	EVER	EÜBE	EBES	EBKG	EANG	ENGF	KARE	VERE	REGE	STAT

LÖSUNGSARBEIT IN WOHNUNGEN, HÄUSERN SOWIE AUF GRUNDSTÜCKEN

Der Besitz von Räumen

Wir alle geraten während unseres Lebens wiederholt in die Situation, dass Bauwerke oder deren Teile, vielleicht auch Teile der Erdoberfläche, in unseren Besitz kommen bzw. wir deren Nutzer werden. Die Orte oder Räume sind also für eine bestimmte Zeit in unserer Obhut und dienen uns zur Befriedigung unserer Bedürfnisse.

Diese rechtliche Situation hat ihre Entsprechung in spirituellen Gesetzlichkeiten. Wir gelten auch in der geistigen Welt als die Eigner und Repräsentanten unserer Räumlichkeiten und haben als entscheidungsbefähigte Wesen die Verantwortung für ein Stückchen des kosmischen Raumes übernommen und für das, was sich innerhalb der uns gegebenen Zeitspanne darin ereignet.

In Räumen und an Orten können sich negative Wesen und Kräfte befinden. Die Gründe dafür sind verschieden. Einer daraus entstehenden Beeinträchtigung liegt das Gesetz von Ursache und Wirkung zugrunde, nach dem der Erzeuger negativer Tatsachen und Energien an einem Punkt seiner Zukunft mit seinen Produkten konfrontiert wird. Ist diese Person dann in der Lage, die selbst geschaffenen Negativa aufzuarbeiten, so nützt sie einerseits die Chance, begangenes Unrecht wieder gutzumachen; andererseits kommt es der Welt und den betroffenen Mitgeschöpfen zugute, dass negatives Sein aus ihrem Bereich entfernt wird.

Wesentlich häufiger kommt es leider vor, dass die Anwesenheit von Negativem unerkannt wirken kann und die Laune, die Befindlichkeit, ja die Gesundheit der Betroffenen durch eine lange Zeit hindurch beeinträchtigt. Das entspricht der typischen Form des Lernens durch Leid ohne bewusste Erkenntnis und unter Umständen bis zum Tod, in der die Seele erst nach Lebensende bei der Rekapitulation der Lebensthemen ihre Schlussfolgerungen zieht.

Negative Fremdwesen

Die sich in Räumen aufhaltenden Wesen und deren Absonderungen können entweder beweglich oder ortsgebunden sein. Die Arten und welche energetischen Absonderungen sie von sich geben können kennen Sie bereits aus den vorherigen Abschnitten der Lösungsarbeit.

Generell lässt sich sagen, dass bewegliche Wesen durch die bewohnenden Menschen angezogen werden. Es sind z. B. Fremde, die sich durch eine ihnen ähnliche Schwingung angesprochen fühlen. Auch die »zufällig vorbeischauenden« Seelen Verstorbener, die den Weg zum Licht noch nicht gefunden und den Erdkreis demgemäß noch nicht verlassen haben, können nur dort eindringen, wo sie schwingungsmäßig harmonieren, kommen also keinesfalls zufällig. Auch Wesen aus der eigenen karmischen Vergangenheit, die durch ihren Auftritt fällige Entwicklungsschritte der betroffenen Bewohner dringlich werden lassen, treten auf.

Beschwerden, die dazu führen, dass man Rat und Hilfe sucht, sind oft von ortsgebundenen Wesen verursacht, die sich zwar nicht immer direkt im Bereich der Wohnräume aufhalten, dann aber von einem nahe gelegenen Platz hinein wirken.

Magische Plätze

Ziemlich häufig begegnen uns Stellen der Erdoberfläche, auf denen Magier in den vergangenen Jahrhunderten und Jahrtausenden Rituale durchgeführt haben. Die Häufigkeit ist verständlich, wenn man bedenkt, dass fast jede durchziehende Gruppe, jedes Dorf in allen Generationen Magier, Schamanen, Priester, wie auch immer man sie nennen möchte, hatte, die die spirituellen Belange zum vordergründigen Wohl der Gemeinschaft pflegten. Außerdem wurde Magie häufig dazu eingesetzt, in Auseinandersetzungen Sieger zu bleiben oder anderen den eigenen Willen aufzuzwingen.

Zur Erreichung eigenwilliger Ziele suchte man die Unterstützung dienstbarer Wesen. Lichte Wesen wirken nur gemäß dem göttlichen Prinzip und bleiben bei Wünschen, die nicht dem göttlichen Willen entsprechen, fern. Das entstandene Vakuum wird begierig von unreinen Wesen aufgefüllt, die ihren Einfluss geltend machen wollen. Abgesehen davon haben Magier oft negative Wesen direkt angerufen, um sie für ihre Zwecke zu verwenden.

Durch die magischen Handlungen wurden viele negative Wesen an manche Orte gebunden. Das können alle Arten sein, die Sie bisher kennen gelernt haben. Manche Plätze enthalten viele Verstorbene, andere wieder Teufel und Dämonen, auch Satansstücke, Erzteufel bis hin zu Antiurmutter-, Antiurvater- und negativen Schöpferwesen kommen vor, oft sind von allen welche da. Solche Stellen können es also durchaus »in sich haben«. Einige Magier haben auch verbindende Strukturen zwischen an sich getrennten Seinsbereichen installiert, wie magische Pforten oder Dimensionsüberschneidungen. Auch der Ort selber kann magisch gebunden sein, sodass Sie noch eine magische Bindung finden, wenn schon alles andere gelöst ist.

Liegt der Verdacht vor, dass es sich bei einer Störzone nicht nur um ein geomantisches Problem, sondern um einen magischen Platz handelt, so können Sie, Ihre Verfügungsberechtigung über den Ort und das O. K. der Lichtwesen vorausgesetzt, mittels der Lösungslisten Art und Anzahl der gebundenen Wesen, Schöpfungen, Gedankenformen und sonstigen negativen Strukturen feststellen und die Lösungen durchführen. Es ist aber klar, dass Ihre Maßnahmen auf eigene Gefahr erfolgen, und wir empfehlen Ihnen dringend zu prüfen, ob Sie sich der Situation auch wirklich gewachsen fühlen.

Verfügungsberechtigt sind Sie jedenfalls dann, wenn Sie Eigentümer, Pächter oder Mieter einer Liegenschaft sind, aber auch, wenn Sie einen bestimmten Raum Ihres Arbeitgebers, im Urlaub auch Ihres Quartiergebers, benützen müssen. Berechtigt sind Sie weiters, wenn Sie von Berechtigten um Hilfe gebeten werden. Zur Sicherheit ist die Berechtigung in jedem Fall mittels der bekannten Methoden nachzufragen.

Die Grenzen Ihrer Berechtigung liegen dort, wo Sie anderen die karmische Lernaufgabe nehmen würden, z. B. am Arbeitsplatz außerhalb Ihres engen persönlichen Bereiches oder in öffentlichen Gebäuden. Die Lösungen in Räumen können aber im Bedarfsfall oft so differenziert werden, dass nur gelöst wird, was die Berechtigten betrifft.

Darf in einzelnen Fällen wegen der Beteiligung nicht Berechtigter gar nicht gelöst werden, so kann man um einen Schirm bitten, der einen vor jenen Abstrahlungen schützt, die karmisch nicht begründet sind.

Die Erlaubnis zu lösen wird Ihnen auch dann verweigert, wenn Sie zurzeit der Aufgabe noch nicht gewachsen sind und sich selbst damit gefährden. Auch deshalb ist es wichtig nachzufragen, ob Sie die Lösungen machen dürfen.

Ist eine Familie im Wohnbereich von den Auswirkungen eines magischen Platzes betroffen, so sind im Allgemeinen mehrere Familienmitglieder, meist aber zumindest eine Person, ursächlich an der Entstehung beteiligt. Man war in diesem Fall in einem oder mehreren früheren Leben selber einer der Magier, die diesen Platz verschuldet haben. Es können mehrere magische Plätze aus verschiedenen Zeiten an der gleichen Stelle übereinander liegen. Man wurde an den Ort seiner früheren Wirkung zurückgeführt. Die geistige Welt gibt die Möglichkeit, den Schaden, den man verursacht hat, zu reparieren. Dass dabei eine Erleichterung auch für andere eintritt, ist neben dem eigenen Lernschritt das wesentliche Ziel der Maßnahmen. Geht es doch darum, das Übel, das man in die Welt gebracht hat und das jetzt den Lebensraum Erde und dessen Bewohner belastet, wieder zu entfernen.

Wenn Sie den Verdacht haben, dass in Ihren Bereich magische Plätze hineinwirken, gehen Sie am besten folgendermaßen vor:

- Definieren Sie das Problem, das Sie in Ihrem Bereich wahrnehmen.
- Fragen Sie, wie viele magische Plätze dafür die Ursache sind (häufig drei oder vier).
- Nehmen Sie ein Blatt Papier und geben Sie den Plätzen Nummern.
- Fragen Sie zu jedem Platz einzeln, ob er jetzt gelöst werden darf.
- Stellen Sie zu jedem Platz fest, wer hier Magier war: Familienmitglieder, Kollegen etc., aber auch unbekannte Fremde (auch wenn niemand Ihrer Angehörigen Magier war, kann es sein, dass Sie als Lichtarbeiter den Platz lösen dürfen).
- Stellen Sie zu jedem Platz mittels der Lösungslisten fest, welche und wie viele Wesen darauf gebunden sind sowie welche und wie viele künstlich geschaffene Strukturen sich darauf befinden. Es finden sich

manchmal auch gebundene Naturwesen. Gestürzte Naturwesen transformieren Sie wie Teufel.

- Bearbeiten Sie einen Platz nach dem anderen.
- Arbeiten Sie mit einem Lichtkreis für Sie, einem für den Platz, einem für die Magier (bei Unbekannten können Sie fragen, ob Sie die Magier brauchen; oft kann auf sie verzichtet werden) und einem für die Behandlung der herausgestellten Wesen.
- Fragen Sie, ob auch für jemand von den Magiern gelöst werden darf und ob diejenigen noch Unterricht brauchen.
- Lösen und behandeln Sie nach den Regeln der Lösungsarbeit Wesen (nach der Art magisch gebundener Besetzungen) und Strukturen, achten Sie besonders auf Übertrittsmöglichkeiten wie magische Pforten.

Sonstige ortsgebundene Wesen

Wesen, die durch gewaltsame Ereignisse zu Tode kommen, bleiben oft an den Ort ihres Todes gebunden. So fanden wir schon mit dem Ochsengespann verunfallte Bauern, im Streit erschlagene Dorfbewohner, Stammeskrieger, die sich in ein Seitental zurückgezogen und ihren letzten Kampf geliefert hatten, solche Täler gibt es gar nicht so wenige, oder Soldaten, die auf dem Schlachtfeld geblieben waren – in einem Fall waren sogar die toten Pferde deutlich wahrzunehmen, als sie sich beim Befreiungsakt aus dem Boden erhoben. Auch auf alten Richtplätzen findet man ortsgebundene Seelen. Diese Wesen verharren meist in Angst und sind desorientiert.

Im Zimmer eines Hauses, das lange Zeit leer gestanden war, hatten wir aber auch schon einen Verstorbenen auf dem Platz seines ehemaligen Bettes vorgefunden, der aufgrund seines Glaubens in Ruhe auf das Jüngste Gericht warten wollte und über die Störung erbost war.

Andere Verstorbene, die den Weg aus ihrer Dimension ins Licht nicht finden oder/und ihren Bereich nicht verlassen wollen, bewegen sich in ihrem ehemaligen Haus und erzeugen dabei ab und zu Geräusche, für die die jetzigen Bewohner keine Erklärung finden und die ihnen demgemäß unheimlich sind.

Das können aber ganz nette Seelen sein, wie das alte Ehepaar, das bei unserer Ankunft interessiert hervorkam, wobei die Frau ihren zögernden Mann energisch hinter sich herzog und ihm mit Worten klarzumachen versuchte, dass man sich informieren müsse. Nach der Beschreibung ihres Aussehens und ihres Verhaltens erkannten die Bewohner deutlich ihre verstorbenen Eltern wieder.

Im gleichen Haus fand sich als ehemalige Besitzerin noch eine adelige Dame aus früherer Zeit, als herrschaftliche Gäste ein und aus gingen und vornehmes Verhalten die Regel war. Sie fühlte sich an ihren Besitz gebunden, verstand überhaupt nicht, was all die Fremden in ihrem Haus sollten, und war entsetzt über deren gewöhnliches Benehmen.

Wenn wir dürfen, helfen wir den ortsgebundenen Wesen gerne, Kontakt mit Lichtwesen und Unterricht zu bekommen. Spätestens nach einigem Zögern und weiterem Unterricht sind fast alle bereit, den Engeln ins Licht zu folgen, und freuen sich über ihre Befreiung.

Nicht ortsgebundene Wesen

Nicht ortsgebundene Wesen, die sich uneingeladen in den Räumen von Personen aufhalten, haben meist nichts Gutes im Sinn. Abgesehen von verirrten Verstorbenen, denen wir den Kontakt zum Licht zu vermitteln versuchen, sind das aus karmischen Gründen auftretende negative Wesen, die mit der negativen Vergangenheit, der augenblicklichen Entwicklungsstufe und den derzeitigen Lernaufgaben der Bewohner zu tun haben. Hätte der Mensch seine Lernaufgabe gemeistert, wäre er für diese Wesen schwingungsmäßig nicht mehr erreichbar bzw. würde sein Schutzengel ungerechtfertigte Angriffe abwehren.

Da das aber leider meist nicht so ist, sind diese Wesen da, und man braucht zwischenzeitliche Maßnahmen, bis der ausständige Entwicklungsschritt getan ist. Viel kann mit den schon beschriebenen Schutzmaßnahmen erreicht werden und mit den Mitteln der Lösungsarbeit können Sie hartnäckige Wesen entfernen. Da Sie dabei Unterricht erhalten, besteht die gute Möglichkeit, dass die zu einem Ihrer Lebensthemen gehörigen Wesen, längstens nach einigen Wiederholungen, nicht mehr kommen.

Wenn Sie sich als Lichtarbeiter zu einem bestimmten Thema aktiv mit negativen Kräften konfrontieren, können als Gegenreaktion negative Wesen in Ihren Bereich eindringen, insbesondere wenn Sie unaufmerksam oder geschwächt sind. Die Gründe dafür liegen aber letztlich auch in Ihrer eigenen Vergangenheit. Wenn Sie Ihre eigenen zum jeweiligen Thema gehörigen Taten wieder gutgemacht, die von Ihnen in diesem Zusammenhang geschädigten Wesen geheilt und um Verzeihung gebeten haben und daraufhin die von Ihnen als negative Ursache gesetzten Energien, die als Wirkung in Ihre Gegenwart und Zukunft kämen, aufgelöst wurden, dann bleiben Sie von diesbezüglichen Störungen verschont.

Von den Besitzern selbst abgesonderte Negativa

In emotional geladenen Situationen, wie sie in Familien mehr oder weniger häufig sind, sondern die Menschen negative Emotionalenergien ab, die in den Räumen akkumulieren. Sie würden sich vielleicht mit der Zeit von selber auflösen, wenn sie aber immer wieder Nachschub erhalten, verdichten sie sich und erzeugen eine unangenehme Rückwirkung auf die Bewohner. Durch starke negative Gedanken werden zudem Gedankenformen erzeugt, die ebenfalls in den Räumen hängen bleiben und auf die anwesenden Menschen zurückwirken. Die solcherart belastete Atmosphäre könnte man leicht mit jener verwechseln, die durch die Anwesenheit negativer Fremdwesen entsteht.

Im Zuge der Reinigung des eigenen Wohnraumes wird man als Kundiger die so entstandenen Gedankenformen und Energien auflösen. Es wäre aber schön und eine Erleichterung im Alltag, würden im Zuge der Entwicklung zum Licht immer mehr positive Gedanken und Gefühle in die Welt gesetzt.

Durchsage unseres erleuchteten Lehrers für Lichtarbeiter

Es ist nun für euch an der Zeit, zuerst in der Meditation – später soll dieser Zustand dann bleibend im Leben manifestiert sein – euch in die Schwingung der allumfassenden Liebe zu versetzen, bis ihr eins mit dieser Qualität seid. Dann begebt euch in der Meditation ganz in die Schwingung der göttlichen Freude, bis ihr ganz darin aufgeht. Dann übt euch in der Meditation der göttlichen Schönheit in euch und in der Natur, bis ihr ganz davon erfüllt seid.

Meditiert auch über die göttliche Kraft, sie ist in euch, geht ganz in diese Kraft hinein und nehmt sie in euch auf. Dann geht nach außen und strahlt diese Qualitäten aus, manifestiert sie in euch und eurer Umgebung, eurem Wohnbereich, dem Haus, dem Garten usw. Manifestiert diese göttlichen Energien in euch und um euch, so kann ein lichter Platz geschaffen werden, wo ihr euch wohl fühlt und sich Licht- und Naturwesen gerne aufhalten. Dadurch ergibt sich auch mit der Zeit ein immer besserer Schutz vor Negativität.

Ihr könnt mit eurer neu gereinigten Schöpferkraft nun nach dem göttlichen Willen lichte Bereiche schaffen, wo ihr euch an dem Ausdruck Gottes in der Materie erfreuen könnt, eure spirituelle Entwicklung fortschreitet, wo ihr in Kontakt mit den lichten Welten kommt und euch der Wahrheit und dem Göttlichen immer mehr nähert.

LEBENSTHEMEN

SPIRITUELLES LEBEN – BEWUSSTWERDUNG

Spirituelles Leben heißt bewusstes Leben, bewusstes Streben nach dem Licht, nach Selbsterkenntnis und Erleuchtung. Spiritualität ist nicht gleichbedeutend mit Entsagung, Mangel an Lebensfreude, Einsamkeit und spartanischer Selbstgeißelung. Im Gegenteil! Ein spirituelles Leben bringt Freude, Fülle und Glück in allen Lebensbereichen, und das schon hier auf dieser Erde.

Ein bisschen sollten Sie aber schon dazu beitragen, und es fällt Ihnen auch leicht, wenn Sie die Sehnsucht Ihrer Seele nach dem Licht, dem Positiven, dem Freudigen, dem Göttlichen in sich spüren. Fühlen Sie ruhig ganz tief in sich hinein, und Sie werden bemerken, dass diese Sehnsucht immer größer wird, bis Sie davon ganz durchdrungen und überwältigt sind. Das ist der Anfang. Sie haben die Botschaft Ihrer Seele verstanden, Sie haben Zugang zu Ihrem inneren Licht gefunden.

Bei vielen Menschen, die zu uns kamen, hörten wir immer wieder die Frage: Ich möchte mich ja entwickeln, ich möchte ja etwas tun, aber wie? Die Antwort ist ganz einfach: Fangen Sie bei sich selber an! Beginnen Sie, sich zu beobachten, wie Sie in den verschiedensten Situationen reagieren. So können Sie sich am besten selber kennen lernen. Sie brauchen sich für Ihre Unvollkommenheit nicht zu schämen oder Schuldgefühle zu haben. Alle Seelen, die hier auf der Erde inkarniert sind, waren in die Dunkelheit gestürzt und sind nun auf dem Weg zur Höherentwicklung. Alle haben Fehler und Schwächen, der eine in einem Bereich, wo es mehr auffällt, der andere in versteckten oder verdrängten Bereichen.

Es gibt für spirituell Suchende eine Vielzahl von Möglichkeiten, ihre Entwicklung zum Positiven zu beschleunigen und ihre Eigenschaften und Verhaltensweisen auf geistigem Wege zu läutern. Prüfung und Schule ist dann das Leben, das Ihnen anhand von Situationen zeigt, wie viel Sie in dem einen oder anderen Lebensbereich schon gelernt oder bestimmte Eigenschaften schon entwickelt haben. Wenn Sie die Gebete, Meditationen, die geistige Lösungs- und Entwicklungsarbeit, wie sie in diesem Buch beschrieben ist, genau nach Anleitung, schrittweise, in Ihrem eigenen Tempo durchführen, dann haben Sie die optimalen Voraussetzungen für Ihre Entwicklung und den *Weg zum Licht, zur allumfassenden Liebe und allen göttlichen Qualitäten*

Freude und Erfüllung in allen Lebensbereichen, in Gesundheit, Partnerschaft, Beruf usw. sind der Lohn für die Bemühungen. Wenn Sie alles Dunkle aufgearbeitet haben, erhellt sich Schritt für Schritt Ihr Leben, und Ihre Verbindung zum Licht verstärkt sich. Das geht natürlich nicht von heute auf morgen. Es hängt davon ab, wie schnell Ihre Seele bereit ist zu lernen und wie viel Zeit Sie sich für die Gebete, Meditationen und die geistige Lösungs- und Entwicklungsarbeit nehmen.

Schon sehr viele Menschen, die ein Stück ihres Weges mit uns gegangen sind, konnten eine grundlegende Besserung in ihrer Lebensqualität und Lebensfreude verspüren.

- Bauen Sie die Gebete und Meditationen so oft wie möglich in Ihr Leben ein!
- Lassen Sie sich nicht von Rückfällen entmutigen! Das sind Prüfungen, wie ernst es Ihnen mit Ihrer Entwicklung ist.
- Machen Sie einfach weiter – Sie sind geführt!

DAS HÖHERE SELBST

Je mehr Sie, liebe Leser, schon über das höhere Selbst erfahren haben, desto verwirrter sind Sie wahrscheinlich geworden, denn in jedem Buch wird dieser Begriff ein wenig anders interpretiert. Jeder hat seine eigene Meinung und seine eigenen Vorstellungen vom so genannten »höheren Selbst«.

Um Ihnen zu vermitteln, was in unserem Buch unter diesem Ausdruck gemeint ist, möchten wir Ihnen die Interpretation unseres spirituellen Lehrers nicht vorenthalten.

Wir bekamen dazu folgende Botschaft:
Die Begrüßung erfolgt immer durch einen liebevollen telepathischen Kontakt, wobei mich dieses hohe Lichtwesen mit seiner Energie wie bei einer Umarmung einhüllt.

Das, was eurem Begriff »höheres Selbst« am besten gerecht wird, ist euer eigenes Geist-Seele Wesen, jenseits von Raum und Zeit. Es ist der Teil eures Geist-Seele-Bewusstseins, der direkt mit dem Göttlichen verbunden ist. Dadurch kann das höhere Selbst göttliches Licht und göttliche Kraft aufnehmen und den göttlichen Willen erkennen.

Das höhere Selbst ist jedoch nur im Ausmaß der gesammelten Seinserfahrungen des Gesamtwesens wissend, nicht allwissend. Es kann aber Wissen von den höchsten Ebenen vermittelt bekommen. Außerdem sind ihm alle Inkarnationen und alle Erlebnisse, die die Seele in den verschiedenen Seinsformen, auf verschiedenen Planeten, in verschiedenen Dimensionen schon gehabt hat, bekannt.

Euer höheres Selbst kennt eure Lebens- und Lernaufgaben und erinnert euch auch daran. Euer Streben sollte es sein, stets mit dem höheren Selbst verbunden zu sein. Seid euch bewusst, dass ihr auf eurer höchsten Bewusstseinebene selbst euer höheres Selbst seid. Bleibt stets offen für seine Botschaften und Vermittlungen. Euer höheres Selbst ist in der Lage, göttliche Energie zu kanalisieren und diese bis in eure körperliche Ebene einfließen zu lassen. Über euer höheres Selbst könnt ihr auch sehr gut Kontakt zu Engeln, Erzengeln, hohen Lichtwesen und speziell auch zu euren spirituellen Lehrern und geistigen Führern herstellen.

Werdet euch bewusst wer ihr seid, in Liebe und Achtung für euch selber, werdet euch eurer inneren Größe bewusst. Danke.

Die gute Verbindung mit dem höheren Selbst ist Voraussetzung für viele Übungen zur Lösung, Befreiung und Entwicklung. Um besser mit dem höheren Selbst in Kontakt zu kommen, empfehlen wir die folgende Meditation.

Meditation zur Vereinigung mit unserem höheren Selbst

- Ich setze oder lege mich nun ganz bequem hin. Ich atme tief und ruhig und komme immer mehr in meine Mitte, in mein Zentrum. Ich fühle mich ganz ruhig und gelöst, und der Atem fließt ganz leicht und wie von selbst – ein und aus. Ich gehe immer tiefer und tiefer in mein innerstes Selbst, in das Zentrum meines Seins.

- Wer bin ich? Ich bin ein Geist-Seele-Wesen, ewig, jenseits von Raum und Zeit, das hier in dieser Inkarnation nun seine Erfahrungen sammelt. Ich verbinde mich nun mit meinem höheren Selbst, meinem Geist-Seele-Bewusstsein, mit meinem eigentlichen höchsten Sein.
- Diese meine höchste Instanz weiß, was gut und richtig für mich ist, um meine Erfahrungen hier auf Erden zu sammeln und mich bestmöglich zu entwickeln. Ich freue mich über die Verbindung mit meinem höheren Selbst, dem Göttlichen, Lichten, Reinen, Höchsten in mir.
- Ich bitte mein höheres Selbst, mir alle Informationen zu vermitteln, die ich für meine Entwicklung brauche. Ich bitte, mir eine deutliche Empfindung dafür zu geben, wie mein höheres Selbst meinem Normalbewusstsein die Zustimmung zu einer Frage oder einer Handlung zeigt. Ich bitte, mir nun zu vermitteln, wie sich eine Zustimmung anfühlt oder anhört ... Ich bitte, mir nun zu vermitteln, wie sich eine Ablehnung anfühlt oder anhört ...
- Ich danke meinem höchsten Bewusstsein und fühle mich ganz eins mit ihm. Ich bin mein höheres Selbst ...
- Langsam werde ich mir wieder meines Körpers bewusst und bitte mein höheres Selbst, die Führung zu übernehmen und mit mir in Kontakt zu bleiben. Ich bin wieder vollkommen wach und klar und hier in diesem Raum.

FALLBEISPIEL:

Herr M., Architekt und erfolgreicher Geschäftsmann, kam über Empfehlung einer Klientin zu mir. Er ist ein spirituell ausgerichteter Mensch und hat schon Erfahrung in einigen Meditationstechniken. Doch plötzlich, so berichtete er, bekam er keine Verbindung mehr zu seinem höheren Selbst. Wenn er meditierte, hatte er das Gefühl, völlig vom Licht abgeschnitten zu sein. Auch sonst im Leben ging momentan alles schief und er fühlte sich dumpf und energielos.

Ich erklärte ihm, dass jeder, der sich spirituell entwickeln möchte, irgendwann mit seiner dunklen Vergangenheit aus früheren Leben konfrontiert wird. Dann wachen alte Verbindungen zu negativen Wesen und Kräften und Anbindungen an dunkle, so genannte Gottheiten auf und beginnen ihren Einfluss geltend zu machen. Alte Magie, dunkle Versprechungen, Flüche und vieles mehr werden wieder wirksam. Das ist jedoch kein Grund zur Panik. Diese alten Einflüsse haben den Charakter einer Prüfung: Falle ich wieder auf die Einflüsterungen negativer Wesen herein, verwende ich wieder magische Praktiken, um meine Ziele zu erreichen, verbinde ich mich wieder bewusst oder unbewusst mit der negativen Seite? Wenn ich stark im Licht bleibe, trotz Hindernissen immer wieder um Führung und Hilfe bete und in Gedanken, Worten und Taten das Positive anstrebe, dann wird mir geholfen.

Auch Herr M. betete um Führung und Hilfe. Wir fragten sein höheres Selbst und das göttliche Licht, ob Herr M. nun von den Wesen und Kräften, die ihn bedrohten, befreit werden dürfe. Es war erlaubt, Gott schenkte ihm die Gnade der vorzeitigen Lösung eines Teils seiner Belastungen.

ERNÄHRUNG UND GESUNDHALTUNG DES PHYSISCHEN KÖRPERS

Bei Menschen, die sich spirituell entwickeln wollen, die geistig ausgerichtet leben wollen, stellt sich immer wieder die Frage nach der richtigen Ernährung. Viele wollen vegetarisch leben, manche glauben, es ist völlig egal, was man isst, Hauptsache man meditiert täglich. Wieder andere essen zu viel oder quälen sich mit Fastenkuren, weil es gerade »in« ist.

Das Licht verurteilt niemanden wegen seiner Ernährung, aber wir können uns durch die richtige Wahl der Nahrungsmittel vieles leichter machen. Wir fühlen uns einfach wohler, wenn die Nahrung unserer Entwicklung angepasst ist und die Schwingung »stimmt«. Auch zu diesem Thema war unser spiritueller Lehrer bereit, ausführlich Stellung zu nehmen:

Der Ernährung des physischen Körpers sollte genauso viel Sorgfalt gewidmet werden wie der geistigen Nahrung für eure spirituellen Körper. Eure Seele ist in diesem Leben in einem physischen Körper inkarniert. Er ist jetzt euer Zuhause, euer Werkzeug, um auf Erden Erfahrungen zu sammeln, sie auszuwerten und in eurer Seele zu integrieren. Ein Großteil der Energie muss von euch noch über die Nahrung dem irdischen Körper zugeführt werden.

In den Erdteilen, in denen Nahrungsüberschuss besteht, wird der Körper meistens überernährt. Es ist viel weniger Nahrung notwendig, als die meisten gewöhnt sind, zu sich zu nehmen. Der Drang, mehr zu essen, ist meist ein Verlangen des Körpers nach mehr Qualität, mehr Vitaminen, Mineralstoffen, Spurenelementen, essenziellen Aminosäuren usw. Es ist also sehr wichtig, Nahrungsmittel zu sich zu nehmen, die reich an diesen Inhaltsstoffen sind. All das, was euch die Natur in unverfälschter Form anbietet, z. B. Obst, Gemüse, Hülsenfrüchte, Kräuter und Getreide, beinhaltet alle Stoffe, die ihr zum Leben braucht. Ihr werdet selber spüren, ob ihr eure Nahrung noch mit Milch und Milchprodukten, Käse, Eiern und Honig ergänzen wollt; das ist je nach Entwicklung, Einstellung und Bedürfnis des Körpers verschieden. Da die Verschmutzung auf eurem Planeten durch Umweltgifte, Kunstdünger und Spritzmittel leider schon sehr zugenommen hat, ist es sinnvoll, Nahrungsmittel aus biologischer Landwirtschaft zu verwenden. Vorgefertigte und veränderte Nahrungsmittel mit Zusatzstoffen, Geschmacksverstärkern und Konservierungsmitteln sollten nicht verzehrt werden, da diese das System und den feinen Stoffwechsel empfindlich stören. Es ist für Menschen, die in zivilisierten Ländern leben, nicht mehr notwendig, tierisches Leben zu töten und die Leichen dann in Form von Fleisch, Würsten und anderen Spezialitäten aufzuessen.

Noch ein Hinweis zu genmanipulierten Nahrungsmitteln: Euer System zur Nahrungsverwertung und euer gesamter Stoffwechsel ist im Zusammenhang mit dem genetischen Aufbau in der Natur entstanden. Bei plötzlichen künstlichen Genmanipulationen kann sich der Organismus nicht anpassen. Es kann zu genetischen Veränderungen kommen, die in der ersten Generation noch nicht sichtbar sind. In der Weltbevölkerung würde sich eine langsame Degeneration einstellen, die nicht sofort erkannt wird.

Wenn ihr die Richtlinien für eure Ernährung in eurem Leben umsetzt und auch bestrebt seid, in geistiger Reinheit zu sein, wird sich euer Organismus sehr bald regenerieren. Bei gleichzeitiger spiritueller Ausrichtung und Verbindung mit dem Licht sind euch Gesundheit und Jugendlichkeit bis ins hohe Alter gewiss. Danke, dass ihr meinen Ausführungen gefolgt seid.

Wir wissen aus eigener Erfahrung, dass es nicht immer leicht ist, in unserer Welt des Fastfood gute und naturbelassene Nahrungsmittel auszuwählen und den Verlockungen der verschiedensten kulinarischen Abgebote zu widerstehen. Im Laufe Ihrer Entwicklung werden Sie bemerken, dass Sie immer mehr Lust auf biologisch wertvolles, gesundes Essen bekommen. Sie sollten zwar in der Ernährung weitgehend diszipliniert sein, so wie im spirituellen Leben, sich aber keinen Zwang auferlegen. Auch der Verzicht auf Fleisch sollte wirklich ganz von innen kommen, dann ist auch der Körper bereit dazu. Wenn Sie in weiterer Folge Ihrer Entwicklung auch keine Milch, keinen Käse oder keine Eier mehr essen wollen, warten Sie bitte so lange, bis Sie wirklich spüren, dass der Körper dies schwingungsmäßig ablehnt. Dann sind Sie wirklich so weit, dass Sie sich nur mehr rein vegetarisch ernähren können.

Die Nahrung, mag sie noch so gesund sein, ist manchmal mit Schwingungen durchdrungen, die dem Licht entgegenstehen. Sie können auf verschiedene Arten in die Nahrungsmittel gelangen. Deshalb haben schon unsere Vorfahren unseren Schöpfer um Segnung der Nahrung gebeten. Auch auf den Dank an alle Wesen, seien es nun Naturwesen oder Menschen, die mit der Herstellung der Nahrung betraut waren, und nicht zuletzt an das ganze Universum sollten wir nicht vergessen. Durch den Segen Gottes wird die Nahrung mit Licht durchflutet und alles Dunkle aufgelöst. Sie werden selbst den Unterschied erkennen. Sie können Ihr eigenes Gebet sprechen oder das folgende:

Tischgebet

Höchstes göttliches Sein,
ich bitte dich, diese Nahrung mit deinem göttlichen Licht zu segnen
und mir in der Schwingung anzupassen. Ich bitte, diese Speisen
vollkommen zu reinigen und zu durchlichten.
Ich danke allen Wesen, die mit der Herstellung
dieser Nahrung betraut waren.
Ich danke für deinen göttlichen Segen.

FALLBEISPIEL:

Frau A. litt an Übergewicht und wollte wieder einmal abnehmen. Alle Kuren, die sie schon gemacht hatte, waren nur vorübergehend erfolgreich gewesen. Zuerst nahm sie unter strengster Kasteiung und großer Disziplin einige Kilos ab, aber sobald sie wieder normal zu essen begann, nahm sie alles wieder zu und sogar noch mehr. Sie war schon völlig verzweifelt und wollte so nicht mehr leben.

Als sie zu mir in die Praxis kam, machte ich ihr klar, dass sie nur über den Weg des inneren Lernens und durch Lösungs- und Entwicklungsarbeit ihren Körper schwingungsmäßig so umstellen kann, dass sie nicht mehr so viel Bedarf an Nahrung hat und diese auch nicht sofort in Fettreserven anlegen muss, sondern besser verbrennt. Es ist wichtig, die Hintergründe des Übergewichts aufzudecken, um so an die Wurzel des Übels zu kommen. Sie war bereit, täglich das Lichtgebet und eine Meditation für Gesundheit und Lebensfreude zu sprechen.

Dann schaute ich mir die wichtigsten früheren Leben an, von denen noch alte Ängste und Traumata in ihr ganz tief verwurzelt waren. In einem Leben z. B. war sie eine sehr arme Bauersfrau in Russland, die alleine mit ihrem kleinen Sohn lebte. Sie hatten nicht genug zu essen und waren vor allem im Winter knapp vorm Verhungern. Ich sah, dass sie mit bloßen Händen in der gefrorenen Erde nach Wurzeln grub, bis sie blutete. Sie gab alles, was sie hatte, ihrem Sohn, damit er weiterleben konnte. Sie starb bald an Entkräftung.

Solche und ähnliche Leben hatten sich tief in ihre Seele geprägt. Ihr Unterbewusstsein glaubte nun, alles doppelt gut verwerten und gute Fettreserven anlegen zu müssen, um für solche Hungerzeiten gut gerüstet zu sein. Auch wenn ihr der Verstand nun sagte, dass im Hier und Heute Nahrung im Überfluss vorhanden sei und sie nicht auf Vorrat essen müsse, nützte das gar nichts. Die alten, unbewussten Ängste waren zu groß.

Wir lösten nun mithilfe von Lichtwesen die alten Ängste und Traumata auf. Für den Fall, dass sie aus Stress oder Frust essen wollte, machten wir uns aus, dass sie stattdessen ein Gebet um Führung und Hilfe beten und sich selbst Liebe und Zuwendung schenken würde.

Außerdem fanden wir noch Einwirkungen von Verbindungen zu mächtigen negativen Wesen, die ihr in früheren Zeiten viel weibliche destruktive Macht verliehen hatten und sie noch heute energetisch stark belasteten. Diese Verbindungen durften ebenfalls gelöst werden, was sie als sehr erleichternd empfand. Sie verspürte nicht mehr diesen starken Druck, der sie zum Essen nötigte.

Ich empfahl ihr, keine Diät mehr zu machen, sondern stattdessen alle gesunden Nahrungsmittel, die ihr schmeckten, möglichst naturbelassen, ohne Konservierungsstoffe und Geschmacksverstärker, zu sich zu nehmen.

Obwohl sie anfangs noch einige Rückfälle hatte, schwand ihr Körpergewicht zusehends. Als ich sie wieder sah, sah sie jung und strahlend aus, und sie hatte schon beachtlich abgenommen.

Krankheit, Leid und Schicksalsschläge

Wir alle haben Krankheit, Leid und Schicksalsschläge schon in irgendeiner Form erlebt. Manche Menschen haben es in diesem Leben besonders schwer, andere scheinen im Glück zu schwelgen und es gibt keine dramatischen Ereignisse. Das hängt davon ab, was wir uns in diesem Leben an Lernaufgaben vorgenommen haben und mit welchen Energien sich unsere Seele in ihrem Erkennungs- und Reinigungsprozess konfrontieren möchte.

Es ist für einen spirituellen Menschen oft unerträglich, wie viel Leid, wie viel Not und Elend es auf der Welt gibt. Viele wollen helfen, aber jede Hilfe, die wir geben können, ist ein Tropfen auf den heißen Stein, solange in den Wesen selbst keine Erkenntnisse, keine Lernprozesse stattfinden.

Ein Beispiel für viele andere konnten wir im Balkankrieg beobachten. Einer Volksgruppe wurde unrecht getan, sie wurde vertrieben, viele wurden bekämpft und ermordet. Dies war sicherlich die Folge eines besonders schweren Karmas. Eine Lernaufgabe wäre gewesen zu erkennen, dass Hass, Gewalt und Rohheit zu Ungerechtigkeiten, unendlichem Leid und Tod führen.

Die Erkenntnis wäre gewesen, von nun an allen Menschen mit Mitgefühl, Liebe und Toleranz zu begegnen. Stattdessen wurde von vielen wieder Gleiches mit Gleichem vergolten. Sie reagierten mit Hass und Gewalt. Ein solches Verhalten führt uns leider niemals aus dem Rad des Karma heraus, so verständlich die Reaktionen von Leidtragenden auch sind.

Die meisten Menschen, die im Leben viel erleiden und noch nichts von dem Prinzip des Karma, der Ursache und Wirkung, wissen, fragen sich oft verzweifelt: »Warum muss das gerade mir passieren, warum habe ich diese Krankheit, warum klappt es bei mir nie in der Partnerschaft, warum habe ich trotz vieler Arbeit nie Geld? Ich habe doch nichts verbrochen, im Gegenteil, ich helfe, wo ich kann, ich stehe immer zurück, ich bemühe mich, gut zu sein, der Herrgott hat mich anscheinend vergessen!« Diese oder ähnliche Klagen hört man meistens, wenn man mit Menschen in Kontakt kommt, die persönliche Probleme haben.

Unsere spirituellen Lehrer gaben uns zu diesem Thema folgende Durchsage:

Die lichte Welt, das göttliche Sein, die Wesen aus den lichten, vollkommenen Seinsbereichen, wir alle sind ständig bestrebt, euch, den Wesen, die noch in der Dunkelheit verhaftet sind, zu helfen, euch zum Guten, zur Heilung, zur Vollkommenheit zu führen.

Euer Leid, eure Krankheit, eure Schicksalsschläge erregen unser tiefstes Mitgefühl. Wir wollen oder fördern keineswegs euer Leid, auch nicht, wie fälschlicherweise oft angenommen wird, zu Lernzwecken oder als Strafe. Wir sind immer bestrebt, euch zu unterrichten, Licht und Erkenntnis zu bringen und euch mit unserer Liebe zu umgeben. Wenn ihr euch Gott zuwendet, werdet ihr mit Heilenergie durchströmt. Wenn ihr zum Guten strebt, wird Karma gelöst, werdet ihr geführt, und es begegnen euch Lehrer und Helfer. Ihr werdet herausgeführt aus dem Leid. Öffnet euch dem Göttlichen, öffnet euch dem Guten, der Liebe, dem Licht und allen göttlichen Qualitäten. Wenn das euer Streben ist, vergehen Leid und Krankheit, dann wird euch auf allen Ebenen geholfen.

Es ist so leicht, so einfach. Glaubt an das Gute, an das Licht! Ihr seid dazu aufgerufen. Wenn ihr aus Freude und Liebe zum Licht, zu Gott, zur lichten Welt nach Vollkommenheit strebt, so könnt ihr euch wandeln.

Das Leid stammt von euch selbst, von den vielen Verbindungen zur Dunkelheit aus früheren Verfehlungen und Missbrauch eurer Kräfte. Dadurch kann euch die Dunkelheit noch halten. Aus der negativen Schwingung, dem negativen Prinzip, entsteht eine Fehlfunktion der Körper, der Seele, des Geistes und der Spiritualität.

Nur wenn ihr das göttliche Licht und die allumfassende Liebe in alle Seinsbereiche einfließen lasst und danach lebt, kann das Negative nach und nach transformiert werden. Leid, Krankheit und Schicksalsschläge sind Folgen der freien Willensentscheidung eurer Seele vor langer Zeit, euren Willen, eure Fähigkeiten und Kräfte zu missbrauchen. Daraus entstand immer mehr destruktive Energie. Ein Teil von euch stürzte in die Finsternis, entfernte sich vom Licht, trennte sich ab. Ihr wart es selbst, die sich abtrennten.

Gott hat euch niemals verstoßen. Seine Tore sind weit offen für eure Rückkehr. Wer ganz in Gott ist, schwingt in der göttlichen Energie der Liebe, der Gesundheit, des Lichts, des Friedens, der Harmonie, der Kraft, der Freude und der göttlichen Ordnung in seinem ganzen Sein.

Vieles von dem Gesagten werden Sie, liebe Leser, schon gehört oder gelesen haben. Wir haben aber die Erfahrung gemacht, dass jedes Wort, jeder Satz der Botschaften vom Licht sehr wichtig ist. Wenn Sie diese Durchsagen langsam Satz für Satz durchlesen, werden Sie nicht nur mit dem Verstand bergreifen, sondern auch den wahren Sinn dahinter mit Ihrem Herzen und Ihrem ganzen Sein erfassen. Wenn Sie sich auf die Worte einstellen, werden Sie von deren Lichtqualität durchflutet. Ihre Erkenntnisfähigkeit wird durch diese Energie gefördert, Ihr Bewusstsein wieder ein Stück erweitert und Ihre Verbindung zum Göttlichen gestärkt.

Meditation für Gesundheit und Lebenskraft

- Mir geht es von Tag zu Tag in jeder Hinsicht immer besser und besser.
- Meine Gesundheit festigt sich immer mehr. Ich bin ab sofort vollkommen gesund und stark. Meine Zellen erneuern sich und werden neu progammiert, es entstehen jetzt frische, gesunde Zellen nach dem göttlichen Plan der vollkommenen Gesundheit.
- Mein Körper ist dadurch gesund und leistungsfähig, alle meine Organe arbeiten hervorragend, ich fühle mich jung, kräftig und voller Energie.
- Ich habe nun Zugang zu meinem inneren Licht, meiner göttlichen inneren Kraft, meiner lichten Seelenkraft. Aus diesem Zugang strömen unaufhaltsam Kraft und Energie in meinen ganzen Körper, in mein ganzes System ein. Unaufhaltsam strömen aus dieser unversiegbaren

starken inneren Quelle Kraft und Energie in mich ein und erfüllen mich ganz. Dadurch wird meine Energie täglich stärker, meine Immunkraft steigert sich, sodass ich mich sehr kräftig und gut fühle.
- Negative Gedanken lasse ich nicht mehr zu. Alle negativen Gedanken lösen sich nun auf. Mein Körper, meine Seele und mein Geist reinigen sich immer mehr und mehr.
- Ich komme in meiner gesamten Entwicklung gut voran. Ungeahnte Möglichkeiten sind mir eröffnet. Ich erkenne nun meine Aufgabe in meinem Leben.
- Ich bin im Einklang mit der Natur und meinem Schöpfer. Ich bin Kanal für Licht, göttliche Liebe und Heilung.
- Alles Negative kann mir nicht mehr an, es wird sofort ins Licht gebracht, es wird transformiert, sobald es mir zu nahe kommt oder versucht, mich zu beeinflussen. Ich bin ganz und gar im Licht, und meine Gesundheit und Entwicklung zur Vollkommenheit schreiten immer weiter voran, unaufhaltsam.
  Gottes Wille geschehe. So sei es.

FALLBEISPIEL:

Frau S. erzählte mir, dass sie sehr viel arbeite, bis zur völligen Erschöpfung, und doch zum Leben zu wenig Geld übrig bliebe. Sie wusste nicht ein noch aus und stand kurz vor dem Zusammenbruch. Ich versuchte, die Ursachen ihrer Situation zu ergründen.

Karma und der Einfluss besonders unangenehmer negativer Kräfte waren im Spiel. Die geistige Welt erlaubte mir, die negativen Wesen, die Einfluss nahmen, zu transformieren und ins Licht zu bringen. Dann schaute ich mir ein wichtiges früheres Leben der Dame an, in dem die Hauptursachen für ihre heutigen Schwierigkeiten von ihr selbst gesetzt worden waren. Ich sah sie im Mittelalter in einer kleinen Stadt. Diese Stadt war gerade von Feinden belagert. Frau S. besaß einen kleinen Laden. Dort verkaufte sie Lebensmittel. Die Leute waren durch die Belagerung schon sehr ausgehungert und strömten aus allen Stadtteilen zu ihr. Die Waren, die Frau S. noch in ihrem Laden hatte, waren zum Teil schon verdorben. Trotzdem verkaufte sie die verdorbenen Lebensmittel zu enorm überhöhten Preisen an die hungernden Menschen. Ich sah, wie sie gierig die Münzen unter ihrem Ladentisch anhäufte.

Als ich der Dame erzählte, was ich in ihrem früheren Leben gesehen hatte, war sie ganz erschüttert. »Sie werden es mir nicht glauben«, sagte sie, »aber ich führe in diesem Leben einen Bioladen und bin ganz besonders darauf bedacht, qualitativ gute Nahrungsmittel zu erschwinglichen Preisen zu verkaufen. Außerdem koche ich noch für einen nahe gelegenen Kindergarten rein biologische Kost zu einem sehr niedrigen Preis.« Hier wurde ganz besonders deutlich, wie die Seele sich für dieses Leben vorgenommen hatte, die Verfehlungen der Vergangenheit wieder gut zu machen. Frau S. war auf dem richtigen Weg. Deshalb durfte nun auch dieses Karma zur Gänze mithilfe von Lichtwesen gelöst werden.

Als sie das nächste Mal zu mir in die Praxis kam, war sie überglücklich. Zwei Geschäfte großer Handelsketten in der Nähe des Bioladens verlegten ihre Filialen an einen lukrativeren Platz. Frau S. hatte dadurch deutlich mehr Kunden aus der Umgebung, die ihren täglichen Bedarf nun bei ihr deckten.

Fallbeispiel:

Herr W. erzählte mir, dass er sehr bewusst lebe, sich bewusst ernähre und täglich meditiere. Trotzdem hatte er massive gesundheitliche Beschwerden. Er war in ärztlicher Behandlung, was in seinem Falle jedoch keine Besserung brachte. Eine Chemotherapie, die die Ärtzte vorschlugen, lehnte er strikt ab. Obwohl ich ihm riet, die ärztliche Behandlung anzunehmen, lehnte er dies weiterhin ab.

Wir baten die geistige Welt gemeinsam um Lösung all seiner Belastungen und Verhängnisse. Ich behandelte ihn mit energetischer Reinigung und Übertragung der höchsten mir zugänglichen Heilenergie. Schon nach wenigen Behandlungen fühlte er sich deutlich besser und seine Beschwerden gingen zurück. Ich riet ihm, eine weitere Untersuchung machen zu lassen. Er war sehr erfreut, dass sein Blutbild weitaus besser geworden war und die Tumormarker um die Hälfte zurückgegangen waren. Ich zog damals von der Kleinstadt weit hinaus aufs Land und so verlor ich ihn aus den Augen.

Ein halbes Jahr später rief er mich an, es ginge ihm gut, die Ärzte seien mit ihm zufrieden, seine Gesundheit mache weiter Fortschritte. Der Grund dafür, dass er anrief, war, dass er sich gerne von mir ein Aurabild malen lassen wollte. Ich war sehr froh, dass es ihm gut ging und dass ich ihm helfen durfte. Er erzählte, dass er jeden Tag das Gebet spreche, das ich ihm mitgegeben hatte, und auch die Gesundheitsmeditation täglich mache. Ich habe selten einen Menschen mit so starkem Willen und so eiserner Disziplin kennen gelernt wie Herrn W.

SCHUTZENGEL

Viele spirituelle Menschen sind sich heute wieder ihres Schutzengels bewusst – ein Wissen, das schon in weiten Teilen der Bevölkerung verloren gegangen war und in den Bereich des Aberglaubens abgetan wurde. Über Schutzengel wurden in neuester Zeit viele Bücher geschrieben, und die unterschiedlichsten Meinungen, was oder wer der Schutzengel sei, wurden verbreitet. Manche glauben, die Seele der Großmutter oder eines verstorbenen Verwandten, ein Geistwesen aus einer anderen Dimension, ein Schamane oder sogar eine Tierseele sei nun ihr Schutzengel. Hier dürfte sich einiges Wissen vermischt haben, die Begriffe »Schutzengel« und »geistige Führer und Helfer« sind nicht dasselbe.

Wenn wir in den folgenden Kapiteln den Begriff »Schutzengel« verwenden, meinen wir den ganz persönlichen Schutzengel, einen Engel, der uns seit Anbeginn der Zeit begleitet.

Unser spiritueller Lehrer beschreibt ihn in einer Durchsage wie folgt:

Grüße und Licht für alle, die Interesse am geistigen Fortschritt, an der Wahrheit und der Vielfalt des göttlichen Ausdrucks haben.

Als Gott, der Schöpfer, die Wesen erschuf, die er mit einem freien Willen ausstattete, erschuf er auch Schutzengel, die jedem Wesen mit freiem Willen zur Seite gestellt wurden. Die Schutzengel sind mit diesen Seelen seit Anbeginn verbunden. Sie wurden den entscheidungsbefähigten Wesen als Hilfe für ihren Weg zur Seite gestellt. Tolzdem wandten sich manche Seelen der Dunkelheit zu und stürzten in die Finsternis. Die Warnungen der Schutzengel wurden nicht erhört.

Nun befinden sich viele der gestürzten Seelen wieder auf dem Weg zum Licht. Auch ihr, die ihr auf der Erde inkarniert seid, habt die Möglichkeit, wieder zurückzufinden. Euer Schutzengel steht euch unermüdlich zur Seite, eure Wahrnehmung ist jedoch nicht immer so klar, um seine Botschaften zu empfangen. Es ist wichtig, bewusst einen klaren, lichten Kanal, eine Verbindung zu eurem Schutzengel zu schaffen, sodass der Schutz vor negativen Einflüssen wieder wirksam werden kann. Kinder haben noch einen guten Zugang zu ihrem Schutzengel und der Engel zu ihnen. Viel wird den Menschen durch ihren mangeln-

den Glauben abgeschnitten, der Zugang zu den lichten Kräften wird dadurch unterbrochen. Wer glaubt und vertraut, dem kann geholfen werden.
Der Schutzengel kann sich nicht über die geistigen universellen Gesetze hinwegsetzen, es ist ihm nicht möglich, diese zu durchbrechen. Ein Gesetz ist die absolute Wahrung des freien Willens entscheidungsbefähigter Wesen. Auch gegen das Gesetz des Karmas wird der Schutzengel nicht verstoßen. Wenn eine Seele aufgrund ihrer negativen Handlungen in der Folge Negatives anzieht, darf der Schutzengel diese Verhängnisse nicht abwenden, sonst würde er dieser Seele die Lernmöglichkeit nehmen. Der Schutzengel ist jedoch bestrebt, der Seele Licht zuzuleiten, sodass dieser Mensch, wenn er das Licht annimmt, durch Erkenntnis lernen kann, das Karma gelöst wird und er nicht mehr durch Leid hindurchmuss.

Bei spirituell Fortgeschrittenen, das sind Seelen, die zum Licht streben, gibt es die Gnade der vorzeitigen Lösung des Karmas und vieler Verhängnisse; die Seele bekommt Unterricht durch Lichtwesen, sie wird erfahrener, erkennt negative Schwingungen sofort. Durch den besseren Kontakt mit dem göttlichen Sein und dem Schutzengel werden die persönliche Entwicklung beschleunigt, die Eigenschaften verbessert und die Wahrnehmung erhöht.

Die Schutzengel arbeiten unermüdlich, um negative Einflüsse, die nicht auf Karma oder negativen Anziehungskräften beruhen, von uns fernzuhalten. Daher kann uns von negativen Kräften keine Willkür widerfahren. Es ist empfehlenswert, sich bewusst mit dem Schutzengel zu verbinden, besonders für spirituell tätige Menschen. Dadurch ist auch der bestmögliche Schutz gewährleistet. Bei sehr fortgeschrittenen Wesen, die sich spirituell in ihrer Arbeit für andere Menschen und für das Licht einsetzen, kann der Druck der negativen Kräfte sehr stark werden. Dann können auch noch andere Lichtwesen zu Hilfe gerufen werden.

Der Schutzengel ist kein Wesen mit freiem Willen. Er ist für eine bestimmte Aufgabe geschaffen und kann nicht dagegen handeln. Er ist von vollkommen lichter Qualität und von Gott den entscheidungsbefähigten Wesen zum Schutz zur Seite gestellt. Der Schutzengel hat alle göttlichen Qualitäten in sich, die göttliche Liebe zu allen Wesen, die göttliche Freude, die göttliche Kraft, die göttliche Weisheit, Mitgefühl, Klarheit, Wahrhaftigkeit usw., er kann das göttliche Licht, die absolute, positive, reine, lichte Schwingung übermitteln. Der Schutzengel kann auch Heilenergie übertragen, wenn er darum gebeten wird.

Die Schutzengel sind ein Teil der Schöpfung und mit euren Seelen eng verbunden, bis ihr vollkommen erleuchtet und vollkommen im Licht seid.

Es ist eine wunderbare Erfahrung, seinen persönlichen Schutzengel wahrzunehmen, die Verbindung mit ihm zu spüren, seine Energien um sich zu fühlen und die besondere Lichtschwingung, seine Liebe und seine Kraft in sich aufzunehmen. Die Engel freuen sich, wenn wir den Kontakt zu ihnen suchen. Folgende Meditation kann Ihnen helfen, den Kontakt zu Ihrem persönlichen Schutzengel zu finden und zu aktivieren.

Meditation zur Wahrnehmung meines persönlichen Schutzengels

- Ich bin ganz ruhig und entspannt, ganz ruhig und entspannt, ich atme ganz tief und ruhig und sinke immer tiefer und tiefer in ein wunderbares Gefühl der Ruhe und Entspannung. Ich spüre, wie sich alle meine Muskeln immer mehr lockern, alles lockert sich und entspannt sich und lockert sich immer mehr und mehr. Auch mein Kopf ist angenehm gelockert und entspannt, auch die Augen lösen sich aus der Verkrampfung und ich sinke immer tiefer und tiefer in eine wohltuende Ruhe und Entspannung.
- Alle Muskeln und Nerven sind nun zur Ruhe gekommen, sind schlafen gegangen, und ich sinke immer tiefer und tiefer in diese wohltuende Entspannung, dass ich ganz gelöst und locker sein kann, die Gedanken, die noch kommen, ziehen an mir vorüber wie Wolkenfetzen im Wind, die Gedanken ziehen vorüber, es kommen jetzt keine neuen Gedanken mehr. Geräusche, die noch ankommen, vertiefen meine Ruhe und Entspannung nur noch, die Geräusche sind unwichtig und außerhalb.
- Ich sinke immer tiefer und tiefer in meine inneren Welten und suche einen Platz auf, wo ich mich wohl fühle und wo ich ganz alleine bin, zum Beispiel einen schönen einsamen Sandstrand am Meer oder auf den Klippen, rund um mich nichts als die Weite des schäumendes Meeres, oder auf einem Berggipfel im Sonnenlicht oder unter einem Baum auf einer schönen Blumenwiese. Ich gehe dorthin, wo es mir

am besten gefällt, ich bin ganz allein und setze mich nun auf meinem Platz gemütlich nieder, denn ich will hier Verbindung zu meinem persönlichen Schutzengel aufnehmen, den ich tief in mir mit meinem geistigen Auge wahrnehmen kann.

- Hier auf meinem schönen Platz entspanne ich mich noch mehr und sinke noch tiefer in meine inneren Welten hinein. Es wird immer heller und lichter, ein strahlendes Licht erfüllt mich jetzt ...
  Ich bitte jetzt meinen Schutzengel, Gestalt anzunehmen, ich bitte ihn, sich mir zu zeigen, sodass ich ihn mit meinem inneren Auge sehen kann ... Mein Schutzengel ist seit Anbeginn bei mir, um mich zu schützen und mit schützenden und heilenden Energien zu umgeben. Ich kann nun seine wohltuende, liebevolle und heilende Energie spüren, die er wie einen Mantel um mich breitet. Ich danke nun meinem Schutzengel für sein Dasein, für seine Hilfe, für seinen immerwährenden Schutz für mich.
- Ich stärke nun die lichte Verbindung zu meinem Engel, indem ich ihm auch liebevolle Gedanken und Energien zukommen lasse. Ich bitte ihn, sich immer zu zeigen, wenn ich mit ihm bewusst in Kontakt treten will. Ich nehme noch einmal die liebevolle, schützende Schwingung meines Schutzengels wahr und richte dann meine Aufmerksamkeit von meinen inneren Welten wieder auf diese Ebene, wo ich mich auf meinem Lieblingsplatz am Meer oder sonst wo befinde. Ich genieße diesen Platz noch eine Weile, gehe noch ein wenig schwimmen oder wandern oder mache etwas, was mir Freude macht. Bevor ich dann langsam wieder die Heimreise antrete, schaue ich mich noch einmal genau um und merke mir diesen Platz, denn dann kann ich jederzeit wieder hierher zurückkommen, um mich zu entspannen oder zu beten oder mit meinem Schutzengel in Kontakt zu treten. Ich schließe diesen Platz und meinen Schutzengel noch einmal liebevoll in mein Herz und komme nun langsam, ganz langsam und behutsam wieder zurück in die Außenwelt, in diesen Raum, in diese Zeit, ins Hier und Jetzt, mit allen meinen Sinnen. Ich strecke mich, bewege mich ein bisschen und bin wieder voll da.

Beruf – Berufung – Lebensaufgabe

Den Beruf, die Berufung und die Lebensaufgabe – das alles soll man unter einen Hut bringen?! Ein schier unlösbares Problem für so manchen, der sich selbst verwirklichen möchte und nach Licht und Erkenntnis strebt.

Wir leben nun einmal in einer materiell ausgerichteten Welt. Einen Beruf zu haben und Geld zu verdienen, ist für uns lebenswichtig. Auch wenn man sich spirituell entwickeln möchte, ist es nicht im göttlichen Sinn, alles hinzuwerfen und sich nur mehr dem Geistigen zu widmen. Diese Einstellung würde außerdem die Gefahr in sich bergen, dass Sie an in Ihrer derzeitigen Situation wichtigen Lernaufgaben vorbeigehen. Vielleicht haben Sie gerade die Aufgabe, mit Kollegen oder dem Chef karmische Verstrickungen zu lösen oder bestimmte Ihrer Eigenschaften und Verhaltensweisen zu verbessern. All das können Sie durchaus im sozialen Umfeld Ihres herkömmlichen Berufes lernen.

Für manche Menschen kann es zur Erfüllung ihrer eigentlichen Lebensaufgabe(n) allerdings notwendig werden, ihrem Leben eine neue Richtung zu geben. Sollte das bei Ihnen so sein, dann werden Sie im Vertrauen auf die göttliche Führung und unter Einsatz Ihres gesunden Menschenverstandes den richtigen Zeitpunkt erkennen. Dann ist auch Ihr materielles Fortkommen durch den göttlichen Plan gesichert.

Mancher stürzt sich, von seinem zur Lösung drängenden Karma geführt, in eine soziale Aufgabe, setzt alle seine Kräfte ein, um anderen zu helfen. Dies ist gut und richtig, aber man darf trotz allem nicht auf sich selbst und auf sein Bedürfnis nach Ruhe und Erholung sowie nach Licht und Erkenntnis vergessen. Zu einem spirituellen Leben gehört auch, kosmische Wahrheiten zu erkennen, mit Klarheit und Überlegung zu handeln und sich selbst genauso wie die anderen zu achten.

Spirituelle Menschen können in jedem Beruf ihren Teil zum Ganzen beitragen und für ihren Lebensunterhalt sorgen, mit Ausnahme von Berufen, in denen man genötigt wird, gegen sein Gewissen zu handeln, zu betrügen, Kunden irrezuführen, auf Untergebene Macht auszuüben und Ähnliches mehr. Sie können sicher sein, dass Sie auf Ihrem Entwicklungsweg zu einer erfüllten Tätigkeit finden werden und damit auch Ihren Lebensunterhalt bestreiten können, sobald Sie aus den negativen Energien, die Sie selbst in Ihrer Vergangenheit zum Thema »Beruf – Berufung – Lebensaufgabe« gesetzt haben, heraus sind. Einige Anregungen dazu von unserem spirituellen Lehrer:

Liebe Freunde, zum Licht Strebende! Ihr sollt wissen, dass die Wesen des Lichts, eure geistigen Führer und spirituellen Lehrer immer mit euch sind. Öffnet euer Sensorium, eure Sinne für die göttliche Führung; je mehr ihr dies in der Meditation übt, desto besser könnt ihr uns verstehen. Versucht immer im Licht zu sein, auch im Alltag, gerade in schwierigen Situationen; mit Ärger, Stress, Hass und Streit entfernt ihr euch von uns.

Wir bitten euch, immer wieder ganz ins Licht zu kommen und mit uns Kontakt zu halten. Versucht, egal in welchem Beruf ihr gerade seid oder was ihr gerade tut, immer euer Bestes zu geben, ohne euch zu überfordern. Versucht alles in Freude und Liebe zu tun, versucht es einfach, ihr werdet sehen wie viel wohler ihr euch dann fühlt. Ihr werdet, wenn ihr in der Führung bleibt, immer rechtzeitig einer neuen Aufgabe zugeführt. Bitte denkt daran, wie wichtig unsere Verbindung mit euch für euer Leben und euer Fortkommen ist, auch wenn ihr uns nicht bewusst wahrnehmen, hören oder mit eurem geistigen Auge sehen könnt. Dies war es, was ich euch vermitteln wollte. Danke.

Meditation

- Ich bin ganz ruhig und entspannt, ganz ruhig und entspannt. Ich komme ganz in meine Mitte, in mein Zentrum, ich bin in Ruhe und Harmonie mit mir selbst und meiner Umgebung. Nun beobachte ich eine Weile meinen Atem: ein – aus – ein – aus ... Ich fühle, wie alle Anspannungen von mir weichen und ich Zugang zu meinem höheren Wissen und zu meinen Freunden aus der lichten Welt habe.
- Ich habe nun auch Verbindung zu meiner inneren Führung, zu meinem inneren Licht, zum göttlichen Lichtkern in mir. Ich bitte nun meine geistigen Führer, meinen spirituellen Lehrer und mein eigenes höheres Selbst um Unterricht, Führung und um Hinweise zu den Lernaufgaben, die ich noch bewältigen soll, damit es mir ermöglicht wird, den für mich richtigen Beruf auszuüben, der mich erfüllt, der mir Freude macht und in dem ich ausreichend verdiene.

- Ich stelle mir meine berufliche Situation nun in einem Lichtkreis vor und bitte das göttliche Licht, in diese Situation einzufließen und all das Positive in meinem Beruf zu verwirklichen, das mir dem göttlichen Plan gemäß jetzt vom Universum zusteht. Ich fühle, wie das göttliche Licht mich und meine berufliche Situation erhellt und sich nun das Beste für mich manifestiert. Ich nehme die göttlichen Gaben für mein Leben dankbar an.
- Ich wünsche auch allen anderen Menschen von Herzen Erfüllung und Freude in ihrem Beruf und freue mich mit allen, die dieses Ziel in ihrem Leben schon verwirklicht haben. Ich erbitte auch den göttlichen Segen für diejenigen, die ihren richtigen Beruf oder ihre Aufgabe im Leben noch nicht gefunden haben.
- Ich bedanke mich bei meinem Schöpfer, den lichten Wesen und meinem höheren Selbst und weiß, dass ich nun auf dem richtigen Weg bin, zu meinem richtigen Beruf bzw. zu meiner Lebensaufgabe zu finden. Ich spüre nun eine tiefe Freude über die Verbundenheit mit dem Licht und fühle tiefe Dankbarkeit und Liebe.

Fallbeispiel:

Herr A. litt an starker Niedergeschlagenheit, als er zu mir in die Praxis kam. Er war ein sehr aufgeschlossener und an geistigen Dingen interessierter Mensch. Seine Ehe war zufrieden stellend und auch mit den Kindern gab es keine größeren Probleme. Er erzählte mir, dass er sich schon einige Jahre mit Esoterik beschäftige. Er habe auch in einem Seminar an sich Heilkräfte entdeckt.

Er fühlte sich nun berufen, Menschen mit seinen Kräften zu helfen. Er war in seinem Beruf als technischer Zeichner sehr unzufrieden und war drauf und dran, alles hinzuwerfen, obwohl er das Geld dringend für sich und seine Familie brauchte. Trotzdem war er überzeugt, seinen Beruf aufgeben zu müssen.

Ich riet ihm, nichts zu überstürzen, sondern lieber jeden Tag zu meditieren und um die göttliche Führung zu bitten. Es durfte auch Karma und der Einfluss bestimmter negativer Wesenheiten bei Herrn A. gelöst werden. Nun hoffte er, als Heiler genügend Geld zu verdienen, und dass viele Leute zu ihm geführt würden, aber es kam ganz anders ... Als Herr A. nach einigen Wochen zum nächsten Termin in meine Praxis kam, war er wieder voller Schwung und Lebensfreude. Er erzählte, dass er noch immer als technischer Zeichner arbeite, aber er hatte plötzlich den Mut, um Gehaltserhöhung zu bitten, welche ihm auch prompt gewährt wurde. Außerdem hatte er jetzt wieder Freude an seiner Arbeit gefunden, die Kollegen kamen ihm durchwegs netter vor und es gab auch so manchen Scherz und fröhliches Lachen in der Firma. Seine anderen Tätigkeiten, nämlich Menschen mit seinen Heilenergien zu helfen, zu stärken und zu regenerieren, übte er neben seinem Beruf aus, unentgeltlich, aus reiner Nächstenliebe. Er war nun rundherum glücklich und seine Familie auch.

Fallbeispiel:

Frau P. war verzweifelt, vollständig ausgepowert und überarbeitet und brach sofort in Tränen aus, als ich sie fragte, wie es ihr gehe. Als sie sich wieder einigermaßen gefangen hatte, erzählte sie mir von ihrem Arbeitsplatz. Sie sei seit fünfzehn Jahren in der gleichen Firma, der alte Chef sei verstorben und nun habe sein Sohn die Firma übernommen. Es sei nun die Hölle, er schikaniere sie, wo er nur könne, und fordere von ihr mehr Überstunden bei schlechter Bezahlung.

Sie war aus finanziellen Gründen auf ihre Arbeit angewiesen und glaubte, in ihrem Alter auch keinen anderen Job mehr zu finden. Ihre Verzweiflung war so groß, dass sie nicht mehr leben wollte, da sie keinen Ausweg mehr sah. Auch in der Ehe litt sie unter einem dominanten Mann.

Frau P. war eindeutig in einer Opferrolle gefangen. Sowohl mit dem jungen Chef als auch mit ihrem Mann hatte sie sich in früheren Leben Karma geschaffen. Das daraus folgende Leid durchlitt sie nun. Ihre Seele war nun bereit, alles wieder gutzumachen, was sie in früheren Leben dem Mann und dem Chef angetan hatte. Durch die geistige Wiedergutmachung konnte das Karma durch die Hilfe des Lichts vorzeitig gelöst werden. Außerdem baten wir das göttliche Licht, die Eigenschaften und Verhaltensweisen von Frau P. zu durchlichten und ins richtige Maß zu bringen. Sie war auch bereit, täglich um die göttliche Führung zu beten und sich dem Licht zuzuwenden.

Von ihrer Freundin erfuhr ich einige Zeit später, dass sie nun ein anderer Mensch geworden sei. Sie sprach mit ihrem Chef nicht mehr unterwürfig und weinerlich wie früher, sondern sagte klipp und klar ihre Meinung, auch über das, was für sie an Arbeit zumutbar war und was nicht. Und siehe da, der Chef achtete und akzeptierte sie schließlich, und sie fanden einen Konsens. Auch ihr Mann behandelte sie nicht mehr als Bedienstete, sondern holte sich auch öfter seinen Kaffee selbst.

Fallbeispiel:

Frau S. kam aus einer wohlhabenden Familie, ihr Mann verdiente gut. Sie lebte in einem wunderschönen, schlossähnlichen Haus. Sie hatte Personal und brauchte keine schwere Arbeit zu verrichten. Seit die Kinder groß waren, fühlte sie sich oft niedergeschlagen und einsam. Ihr Mann hatte wenig Zeit und beachtete sie kaum. Auch das Älterwerden war nicht aufzuhalten, und es wurde immer schwerer, die Falten mit Kosmetik zu überdecken. Sie begann über den Sinn ihres Lebens nachzudenken.

Als sie zu mir in die Praxis kam, litt sie an psychosomatischen Herz- und Kreislaufbeschwerden, die ärztlich nicht ausreichend behandelt werden konnten. Ich sprach lange mit ihr und konnte ihr klar machen, dass der Sinn des Lebens unsere eigene Entwicklung zur Vollkommenheit ist. Die Seele strebt nach dem Licht. Viele Menschen werden niedergeschlagen, traurig oder sogar depressiv, wenn sie das innerste Streben der Seele nach Vollkommenheit und nach dem göttlichen Licht nicht beachten.

Ich gab Frau S. einige Gebete und Medidationen mit, durch die mithilfe des Lichts die Entwicklung beschleunigt und gefördert wird. Außerdem bat sie täglich um göttliche Führung zu einer Aufgabe in ihrem Leben. Bald darauf lernte sie zwei Damen aus der Nachbarschaft kennen, die ihr in Liebe und aufrichtiger Freundschaft zugetan waren und denen sie den Weg zum Licht zeigen konnte. Sie meditierten und beteten zusammen, trösteten sich in schweren Lebenslagen und halfen einander. Ihr Mann wunderte sich, woher plötzlich ihr inneres Leuchten kam, das alle Falten in ihrem Gesicht überstrahlte, und er fühlte eine neue tiefe Verbundenheit mit seiner Frau, ganz anders als früher.

Fallbeispiel:

Ein anderer Fall ging leider nicht so gut aus. Herr F. arbeitete in einem Kasino und kam in meine Praxis, da er sich rundherum nicht wohl fühlte. Weder beruflich noch privat war er glücklich. In seinem Fall sah ich, dass er an seiner Lebensaufgabe vorbeiging. Er erzählte mir, dass er sich sehr zu alten Menschen hingezogen fühle und gerne helfen möchte, konnte sich aber nicht aufraffen, um dies alles in die Tat umzusetzen.

Ich befragte sein höheres Selbst. Es war wirklich so, seine Lebensaufgabe war, alten und kranken Menschen zu helfen. Er sollte eine Altenpflegeausbildung machen. Ich durfte einige Einflüsse von negativen Kräften lösen, die dies verhindern wollten, und gab ihm auch Gebete und Meditationen mit. Er kam noch einige Male in meine Praxis, immer mit Belastungen durch negative Wesen.

Er nahm sich nicht die Zeit, zu beten und zu meditieren, stattdessen erlag er vielen Verlockungen des Milieus, in dem er zu jener Zeit arbeitete. Auch Alkohol war im Spiel. Leider habe ich nichts mehr von ihm gehört!

FREIZEITGESTALTUNG

Die meisten Menschen sind in ihren Arbeitsprozess so sehr eingebunden, dass für Freizeitaktivitäten nur wenig Zeit bleibt. Auch die Zeit des Urlaubs wird verplant, man glaubt, mit immer ausgefalleneren Reisezielen die innere Stumpfheit und Trauer der Seele überwinden zu können. Abends nach der Arbeit ist man zu müde, um etwas Sinnvolles anzufangen oder vielleicht sogar über den Sinn des Lebens nachzudenken. Aber es gibt ja zum Glück das Fernsehen, das die Probleme anderer zeigt; man braucht sich mit seinen eigenen nicht auseinander zu setzen. Sie werden mit Erfolg so lange verdrängt, bis sich die Seele laut schreiend mit einer Krankheit bemerkbar macht. Falls jemand doch mehr Freizeit zur Verfügung hat, keine Bange, es gibt genügend Freizeitveranstaltungen und Möglichkeiten, sich die Lebenszeit zu vertreiben.

Inzwischen leidet die Seele, sie kann sich nicht bemerkbar machen, sie kann unserem Verstand nicht mitteilen, was sie eigentlich für richtig und notwendig erachtet. Ständig versucht sie durch stille Impulse und Hinweise uns auf unsere wahre Bestimmung, den Sinn unseres Seins, aufmerksam zu machen, aber vergeblich. Die Reizüberflutung und Ausrichtung ausschließlich nach außen ist zu groß.

Nach vielen vergeblichen Versuchen der Seele, mit unserem Wachbewusstsein Kontakt aufzunehmen, bleibt ihr nur mehr der letzte Ausweg. Sie lässt zu, dass eine Krankheit uns überwältigt. Das reicht von einer harmlosen Erkältung bis hin zu wirklich schwerwiegenden Störungen. Der Mensch wird zumindest vorübergehend zur Ruhe gezwungen, er hat Zeit zum Nachdenken und so mancher ergreift diese Chance und beginnt sein Leben umzustrukturieren und neu zu gestalten. Ein spirituell ausgerichteter Mensch legt Wert darauf, zumindest ein bis zwei Stunden pro Tag für sich, zur Selbstfindung, Meditation, für den Kontakt mit seinem höheren Selbst und dem Licht zur Verfügung zu haben.

Manche werden stöhnen: Ich habe nie so viel Zeit, unmöglich! Zählen Sie einmal zusammen, wie viele Stunden Sie in der Woche vor dem Fernseher oder mit diversen anderen, nicht unbedingt notwendigen Beschäftigungen verbringen.

Je wichtiger Ihnen Ihre Entwicklung und Ihr Weg zum Licht wird, desto mehr Ihrer Freizeit werden Sie für sich selbst, Ihre Entwicklung und Ihre Lebensaufgabe verwenden. Auch Wartezeiten können Sie sinnvoll mit Lichtmeditationen und Gebeten füllen. Wenn Sie wirklich nach Licht und Erleuchtung streben, wird sich Ihre Freizeitgestaltung erheblich verändern.

Die Innenschau und die Betrachtung Ihrer früheren Leben wird nach und nach das Fernsehen ersetzen, denn was Sie selber erlebt haben, ist viel interessanter und spannender. Außerdem lernen Sie Ihre Schwachstellen kennen, können einiges wieder gutmachen, was Sie früher falsch gemacht haben, und auch Ihre alten Ängste und Blockaden dabei auflösen. Es soll hier kein falscher Eindruck entstehen – wir sind keinesfalls gegen neue technische Errungenschaften, wohl aber dagegen, dass die Freizeit davon völlig vereinnahmt wird. Alles, was übersteigert wird, pervertiert ins Negative. Das gilt fürs Fernsehen oder Surfen im Internet genauso wie für die Meditation.

Urlaub und Reisen können ebenfalls unter einem spirituellen Aspekt gesehen werden. Manchmal wird man geradezu in eine Gegend geführt, wo man sofort das Gefühl hat, schon dort gewesen zu sein. Wenn man in dieser Gegend früher angenehme Leben verbracht hat, wird das Grundempfinden ein angenehmes sein wenn man jedoch etwas Unangenehmes erlebt hat, kann es zu schlechten Empfindungen, Aggressionen und Leid kommen. Manchmal ist Karma zu lösen oder man war als Priester oder Magier in irgendeiner Kultur auf diesem Platz und hat dort vielleicht für rituelle Zwecke Wesen gebunden. Dies kommt öfter vor, als man gemeinhin annimmt. Hier kann man mit Lösungsarbeit sehr viel bewirken und nach der Lösung der Verhängnisse ist der Urlaub gerettet. Nun einige Worte unseres spirituellen Lehrers zum Thema:

Ich begrüße die Leser dieses Buches. Spiritualität bezieht sich nicht nur auf die Freizeit. Gelebte Spiritualität zeigt sich in jeder Lebenslage, im Beruf, im Alltag, im Umgang mit Mensch und Tier, in der Einstellung zur Natur, in der Einstellung zum Leben überhaupt. Die lichte Welt, das göttliche Sein, Engel und Lichtwesen verurteilen keineswegs bestimmte Freizeitaktivitäten, mit denen die Menschen Freude haben. Wir wollen lediglich darauf hinweisen, dass es sinnvoll ist, einen Teil eurer Freizeit für euren inneren Weg, für Erkenntnis und das Streben nach dem Licht zu verwenden.

Ihr werdet sehen, wie viel sinnvoller und freudvoller euer Leben dadurch wird. Altes löst sich, Neues hat in eurem Leben Platz. Alles Schöne kann intensiver erlebt werden und in eurem Leben wird die göttliche Führung sichtbar. Wir laden euch ein, mit uns zu sein.

Fallbeispiel:

Frau K. kam zu mir, weil sie den Tod ihres Mannes nach vielen Jahren noch immer nicht überwunden hatte und vor allem in der Freizeit sehr traurig war und nichts unternehmen wollte. Ich sah, dass ihr Mann noch immer an sie gebunden war und dadurch noch nicht ins Licht konnte. Wir durften ihn mithilfe von Engeln und Lichtwesen ins Licht bringen. Das Befinden von Frau K. besserte sich, aber sie fand ihr Leben und ihre Freizeitgestaltung noch immer leer und sinnlos.

Als ich eines Tages ein Aurabild von ihr malte, sah ich deutlich heilende Energien aus ihren Händen fließen, und ich bot ihr an, in einem meiner Seminare das energetische »Heilen« mit den Händen zu erlernen. Sie war ganz begeistert und konnte schon in den Übungen im Seminar bei anderen viel bewirken. Auch die Gebete und Meditationen machte sie täglich mit viel Freude. Vor allem das Gebet, erzählte sie, versetzte sie in ein angenehmes Gefühl der Liebe und Freude. Sie spürte eine lichte Kraft einströmen, die so wunderbar war, dass sie wünschte, es solle nie aufhören.

Fallbeispiel:

Frau T. erzählt: »Das Leben erscheint mir sinnlos. Es gibt mir nichts mehr, mir alles kaufen zu können, überallhin auf Urlaub fahren zu können, mir das sinn- und inhaltslose Geschwätz meiner so genannten Freunde anzuhören. Es muss doch noch mehr geben, etwas Sinnvolles. Ich spende jetzt einen Teil des Geldes für andere, aber auch das kann mich nicht mit Freude erfüllen. Das viele Leid auf der Welt ist zu groß. Es ist alles schrecklich und grausam.« Damit hatte sie Recht. Wir sind schon so gewohnt, erschreckende Nachrichten zu hören oder Bilder von hungernden Menschen zu sehen, dass wir das Leid nicht mehr erkennen. Viele schalten ab. Andere erklären, das sei eben ihr Schicksal, ihr Karma, sie seien selber schuld an ihrem Leid. Frau T. sah keinen Ausweg aus ihrer Niedergeschlagenheit, bis ich ihr erklärte, dass es wohl einen raschen Ausstieg aus Karma und Leid gibt. Es ist die Lösung des Karmas durch die göttliche Gnade. Diese Gnade kann jedoch nur wirksam werden, wenn sich die Menschen dem Göttlichen zuwenden, zum Licht streben und um Lösung ihres Karmas bitten. Je mehr die Menschheit nach Selbsterkenntnis und zum Licht strebt, desto mehr Karma und Leid kann gelöst werden. Sie begann sofort bei sich selbst.

Fallbeispiel:

Frau H. ist eine langjährige Klientin und hat schon viele Seminare bei mir besucht. Sie ist spirituell sehr interessiert und der Weg zum Licht ist in ihrem Leben sehr wichtig geworden. Sie wurde als Austauschlehrerin nach England in eine Schule eingeladen. Als sie nach der Englandreise wieder zu mir kam, erzählte sie, dass sie seit der Reise so traurig und niedergeschlagen sei. Sie konnte aber keinen Grund dafür erkennen. Die Tage in der englischen Schule waren sehr nett gewesen und es war alles glatt gegangen. In der Freizeit konnte sie sich vieles ansehen und besuchte auch einige Ausstellungen.

Ich fand heraus, dass in ihrem Energiefeld starke Gefühle und Emotionen aus einem früheren Leben spürbar waren. Ich bat meine lieben lichten Helfer, mir das frühere Leben zu zeigen, das Frau H. heute noch so belastete. Ich sah sie als Behinderten im 17. Jahrhundert in Londons Straßen. Sie war sehr entstellt, geistig aber normal. Sie (damals er) konnte sich nur schlecht fortbewegen, der Arme sah aus wie der Glöckner von Notre-Dame. Er war über und über von Schmutz bedeckt und die Leute verhöhnten ihn und spuckten ihn an. Er litt unsagbare Qualen und war fast am Verhungern. Er begann die Menschen zu hassen und nahm sich vor, sich an jedem Einzelnen zu rächen, wann immer er diesem in späteren Leben begegnen mochte.

Ich erzählte ihr, was ich gesehen hatte, und sie sagte spontan: »Das gibt es doch nicht! Als ich in England eine Ausstellung besuchte, sah ich ein Bild vom Glöckner von Notre-Dame. Mir liefen die Tränen über das Gesicht und ich konnte gar nicht aufhören zu weinen.« Nun wussten wir warum.

KINDERERZIEHUNG

Die geistige Welt ist besonders um die Seelen bemüht, die neu in einer Welt inkarnieren und sich in die Gegebenheiten der Materie einfinden müssen. Manchen fällt es leichter, manchen weniger, je nachdem, welche Erfahrungen sie in den Vorleben auf der Erde gemacht haben. Auch wenn die Erinnerung des Intellekts weitgehend ausgeschaltet ist, so sind doch das Gefühl, unbewusste Ahnungen und die Intuition stark ausgeprägt.

Neugeborene erkennen oft die Menschen, mit denen sie früher schon zu tun hatten, am Schwingungsmuster der Person. Je nachdem, ob diese Erfahrungen positiv oder negativ waren, reagiert der Säugling, wenn sich ihm eine andere Seele nähert. Kleine Kinder spüren auch die Anwesenheit von nicht inkarnierten Wesen. Auf negative Energien und negative Wesenheiten reagieren Kinder schon ab dem ersten Lebensmonat oft sehr heftig. Wenn man dies weiß, kann man die Reaktionen der Kleinen besser verstehen.

Das Kanalisieren von Licht, Gebete und eine positive Einstellung sowie Lösungsarbeit können manchmal spontane Erleichterung bringen. Unverbildete Kinder können sehr gut den Unterschied zwischen Schwingungen erkennen. Dunkle Wesenheiten und Energien führen zu Spannungen, Aggression, Leid, Krankheit und fühlen sich sehr unangenehm an. Lichtwesen, der Schutzengel und das wahre göttliche Licht fühlen sich angenehm an und führen zu Harmonie, angenehmer Atmosphäre, Geborgenheit, Freude und Gesundheit.

Man sollte Kinder lehren, dass der dunkle Mann oder der Dämon oder die Angst machende dunkle Kraft verschwinden, wenn sie zu Gott beten und ihn um einen Lichtstrahl bitten, der die dunklen Wesen durchdringt, umwandelt und ins Licht wegbringt. Auch ihr Schutzengel und andere Engel und lichte Helfer sollen im Notfall von den Kindern gerufen werden.

Sie sollen wissen, dass die lichten Kräfte stärker sind als die Dunkelheit und ihnen immer helfen, wenn sie darum bitten. Die Kinder sollen lernen, stark und angstfrei im Licht zu stehen und sich vorzustellen, dass das göttliche Licht sie umhüllt und beschützt.

Man sollte Kindern glauben, wenn sie Angst haben. Die Welt ist voller negativer Wesen und Kräfte. Auf diese Wahrnehmungen der Kinder muss man eingehen, sonst verlernen sie, ihre feinen Sinne zu gebrauchen. Sie glauben dann nicht mehr an sich selbst und an ihre Gefühle und Wahrnehmungen. Gehen Sie davon aus, dass Ihr Kind auf die Welt gekommen ist, um sich zur Volkommenheit zu entwicklen und altes Karma aufzulösen und wieder gutzumachen.

Je früher Sie erkennen, welche Entwicklungsschritte Ihr Kind tun möchte, desto mehr können Sie es fördern. Solche Schritte wären z.B. Herzensbildung, Nächstenliebe, Mitgefühl, Toleranz oder Selbstbewusstsein, Kreativität, Mut oder Kommunikation und Verbindung mit allem Sein oder Abgrenzung gegen alles, was ihm schadet und in die Dunkelheit führen möchte.

Jedes Kind ist ein besonderes, eigenständiges Individuum und vollkommen verschieden von den anderen Kindern. Daher gibt es kein Schema in der Erziehung, das auf alle zutrifft. Jedes Kind ist aufgrund seiner Eigenschaften und Verhaltensweisen sowie seiner vielen Vorleben und Erlebnisse einzigartig. Aber erkennen Sie, dass in Ihrem Kind und durch Ihr Kind auch negative Kräfte und Wesen, mit denen es in früheren Leben zu tun hatte, wirksam werden! Helfen Sie Ihrem Kind, gegen den Einfluss dieser Kräfte anzukämpfen!

Das tägliche Gebet mit dem Kind, der lichte Schutz durch den Schutzengel, die Vorstellung, im Licht eingebettet zu sein, und die tägliche Bitte um Führung und Hilfe an das göttliche Sein helfen dem Kind in einer Weise, wie es viele nicht für möglich halten würden. Auch ein Überdenken der Tagesabläufe gemeinsam mit den Kindern ist zu empfehlen: Was war O. K., welche Handlungen könnten noch verbessert werden?

Drohen Sie nie mit der Strafe Gottes. Wie uns unser spiritueller Lehrer und die Lichtwesen immer wieder mitteilten, bestraft die lichte Welt nie. Sie ist stets bemüht, uns das göttliche Licht und die göttliche Liebe zu übermitteln und uns durch sanfte Führung auf den richtigen Weg zu lenken. Erst wenn wir uns abwenden, zieht sich das Licht zurück, und negative Kräfte können vermehrt wirksam werden. Eltern ist es oft erlaubt, für ihre Kinder viele Einflüsse negativer Wesen und Kräfte und auch viele ihrer karmischen Verbindungen und andere Verhängnisse aus früheren Leben zu lösen. Sie können Ihrem Kind, wenn es vom Licht erlaubt ist, damit viel Karma und Leid im Leben ersparen. Der nötige Lernprozess wird dann durch die Gebete mit dem Kind und den Unterricht durch Lichtwesen auf unbewusster Ebene ergänzt. Je mehr das Kind über das Wirken negativer Mächte weiß, desto mehr versteht es seine eigenen Ängste und das eigene, oft selbst nicht gewollte schwierige Verhalten. Jedes kleine Kind versteht schon, wenn man es bittet, lieber auf das Englein zu hören, und nicht auf das, was das böse Teuferl einflüstert.

Spirituell denkende Menschen bekommen gerade jetzt im neuen Zeitalter oft Kinder, die schon sehr weit entwickelte Seelen sind. Sie können an den Kindern und mit den Kindern lernen. Gehen Sie davon aus, dass die Wahrnehmungen, die Ihnen Ihr Kind mitteilt, wahr sein können; fordern Sie es auf, alles zu erzählen, was es empfindet und sieht. Viele Kinder sind aurasichtig oder sehen Naturwesen und Zwerge, Feen, Elfen und andere Wesenheiten. Wenn Sie diese Fähigkeiten fördern und spielerisch üben, bleibt die Wahrmehmungsfähigkeit später eher erhalten.

Die folgenden Gebete, die Sie mit Ihren Kindern beten und Ihre Kinder lehren können, wurden uns von der lichten Welt übermittelt:

Schutzengelgebet

Lieber Schutzengel, ich bin froh, dass es dich gibt;
du bist so schön, rein und hell und voller Liebe und Güte.
Ich weiß, dass der liebe Gott dich extra erschaffen hat,
um mich zu beschützen. Ich danke dir sehr dafür.
Wenn ich an dich denke, spüre ich,
wie du mich mit deinem lichten Schutz umhüllst.
Ganz stark spüre ich dein schützendes Licht
und deine besondere Liebe für mich.
Auch ich habe dich sehr lieb und verspreche dir, oft an dich zu denken.
Ich weiß, dass du immer bei mir bist um mich zu beschützen.
Darüber freue ich mich sehr. Vielen Dank, mein lieber Engel.

Abendgebet

Lieber Gott, ich danke dir für den heutigen Tag.
Ich werde nun darüber nachdenken,
was ich heute alles Schönes erlebt habe.
Lieber Gott, ich danke dir für alles Schöne.
Jetzt denke ich darüber nach, was mir nicht so gut gefallen hat.
Ich bemühe mich nun, all das,
was mir heute andere Kinder oder Erwachsene
Böses angetan haben, zu verzeihen.
Lieber Gott, bitte hilf mir,
und nimm allen Zorn und alle Traurigkeit aus mir heraus.
Lieber Gott, wenn ich an dein Licht und deine Liebe denke,
wird mir ganz warm ums Herz;
dann kann ich auch allen Menschen verzeihen,
die böse zu mir waren.
Ich spüre nun, wie schön es ist, allen zu verzeihen.
Mein Herz ist nun ganz erfüllt von dir.
Ich weiß, dass du ganz stark und voller lichter Kraft bist.
Dadurch bin ich beschützt und kann jetzt gut einschlafen.
Lieber Gott, ich danke dir; ich bin froh, dass es dich gibt.

Fallbeispiel:

Ein kleiner Junge, der mir besonders ans Herz gewachsen und schon oft zur Behandlung gekommen war, klagte eines Tages über starke Angstgefühle in der Nacht, besonders wenn er aufstehen und auf die Toilette musste. Er weckte jedes Mal seine Eltern, da er im Vorraum eine schwarze Gestalt wahrnahm, die ihn bedrohte.

Als er dann mit mir über das Problem sprach, war er ganz erstaunt, dass ich ihn ernst nahm. Er erzählte mir genau, wie das Wesen, das er sah, aussieht. Ich erklärte ihm, dass man gegen dunkle Wesen nicht mit Kraft kämpfen soll, auch nicht mit geistiger Kraft, sondern dass das göttliche Licht imstande ist, jedes dunkle Wesen umzuwandeln und ins Licht zu bringen oder es an den Ort zu bringen, wo es hingehört. Ich sagte ihm auch, dass das Licht immer stärker sei als die Dunkelheit und dass er zu Gott beten und seinen Schutzengel um Schutz bitten solle. Dann könne er ganz ohne Angst zu diesem Wesen gehen und Gott um einen Strahl des göttlichen Lichts bitten, der dieses Wesen in Licht einhüllt und wegbringt. Dann könne er fühlen, wie das göttliche Licht kommt und das Wesen verschwindet.

Da dieses Kind sehr verständig war und Gott und Gebet für den Jungen selbstverständlich waren, probierte er meinen Rat gleich in der nächsten Nacht aus.

Als er das nächste Mal kam, bestätigte er mir, dass das Wesen nun weg wäre und er keine Angst mehr hätte. Falls wieder einmal etwas Bedrohliches auftauchte, werde er es wieder genauso machen.

Ein anderes Mal kamen Eltern zu mir, deren Kinder nachts nicht schlafen konnten, immer wieder aufwachten, schrien und voller Angst in das elterliche Schlafzimmer kamen. Die Kinder waren noch zu klein, um selbst die Wesen durch das göttliche Licht zu verbringen. Wir fanden in der Wohnung und im Kinderzimmer eine Vielzahl von negativen Wesenheiten, die sich hier aus karmischen Gründen aufhielten. Auf unsere Fürbitte hin durften wir die Wesenheiten ins Licht bringen. Die Eltern versprachen, mit den Kindern täglich am Abend zu beten.

Als die Familie nach einigen Wochen wegen anderer Probleme wieder zu mir kam, waren die nächtlichen Eskapaden beendet, und alle fanden einen friedlichen Schlaf. In vielen ähnlichen Fällen konnte ich spontan helfen. Diese Möglichkeiten sind leider viel zu wenig bekannt. Durch die Verbindung mit dem Göttlichen und einigen Lösungstechniken könnten sich viele Kinder, aber auch Erwachsene viel Leid und Angst ersparen.

PARTNERSCHAFT UND SPIRITUALITÄT

Gibt es die Dualseele? Gibt es den Idealpartner? Wie kann man ihn finden? Diese und ähnliche Fragen quälen viele, die entweder gerade keinen Partner haben oder in einer unerfüllten Partnerschaft leben oder wo der andere nicht mehr Partner ist, sondern schon Feind. Solche Partnerschaften können das Leben sehr belasten und oft scheint es wegen der Kinder oder der finanziellen Situation keinen Ausweg zu geben. Streit, Depressionen, Leid, Angst, Hass, psychische Störungen, tiefste Verzweiflung und Krankheit sind die Folge.

Wenn Sie sich für ein spirituelles Leben entscheiden, gibt es immer einen Ausweg! Wenn Sie zum Licht und zur Liebe streben, wird Ihnen geholfen. Die eigene Entwicklung und das Streben nach Selbsterkenntnis, das Suchen seiner eigenen Fehler und nicht der des anderen sind der erste Schritt.

Die Anwendung von Lösungs- und Entwicklungsarbeit bewirkt eine grundlegende Änderung Ihrer Beziehung. Die Wiedergutmachung mit dem Partner auf geistigem Wege wird die belastenden Energien in Ihrer Partnerschaft transformieren. Aus vielen Beispielen wissen wir, dass bei Menschen, die ehrlichen, reinen Herzens den Weg zum Licht anstreben, die sich in ihrer Entwicklung bemühen, die alle nötigen Lösungen und Wiedergutmachungen genau nach Anleitung durchgeführt haben, sich die Partnerschaft erstaunlich schnell harmonisiert. Wenn einer oder beide Partner die Partnerschaft nicht mehr aufrechterhalten möchten, geht die Beziehung dann ohne Leid und Schmerz auseinander. Es findet sich auch immer eine Lösung der Umstände, die zuerst eine Trennung unmöglich gemacht hatten. Zu diesem Thema haben wir auch ein Wesen aus den lichten Welten befragt, das uns Folgendes sagen möchte:

Ich begruße alle Erdenwesen, die diese Schriften lesen, und mochte ihnen meine Achtung und mein Wohlwollen ausdrücken. Ich bin ein Wesen aus einer anderen Welt, einem lichtvollen Planeten, und darf Botschaften, sofern ihr sie annehmen wollt, übermitteln. Das angeschnittene Thema ist auf vielen Planeten ein sehr wichtiges, so auch auf der Erde.

Ein großer Teil der Entwicklung der Menschheit findet in partnerschaftlichen Beziehungen statt. Zuerst möchte ich die Partnerschaft zwischen Mann und Frau näher erörtern. Viele von euch wissen schon, dass sich die Seele selbst wählt, mit welchem Partner sie zusammenkommen möchte. Es ist sowohl bewusst als auch unbewusst wichtig, den Sinn einer Partnerschaft zu erkennen.

Die erste Frage, die man sich stellen sollte, ist: Aus welchem Grund habe ich diesen meinen Partner gewählt, was sind die tieferen Gründe meiner Seele? Natürlich fühlt man sich vom anderen angezogen, ist verliebt und forscht vorerst nicht nach den Hintergründen.

Gründe für eine Partnerschaft können sehr vielfältig sein, z. B. es bestimmten Seelen zu ermöglichen, zu inkarnieren, oder miteinander an einem Projekt zu arbeiten, oder/und an sich bestimmte Eigenschaften und Verhaltensweisen zu erkennen durch den Spiegel, durch die Reaktion des anderen. Seid dankbar und gebt der Partnerschaft den Stellenwert, der ihr aufgrund ihres spirituellen Status zusteht.

Wenn die Partnerschaft als das erkannt wird, was sie ist, nämlich eine Chance zu lernen und sich zu entwickeln, dann kann vieles mit anderen Augen gesehen werden. Für spirituell Suchende ist jede Partnerschaft eine große Bereicherung. Manchmal kann es notwendig sein, auch eine Zeit seines Lebens alleine zu sein, um sich selbst zu erkennen, auf sich selbst reduziert zu sein, sich selbst ohne die Energien eines Partners zu spüren. Wenn die Seele diese Lernschritte abgeschlossen hat und wieder bereit für eine Partnerschaft ist, wird man wieder mit einem Partner zusammengeführt. Es gibt Partnerschaften, in denen sich ein Partner gut weiterentwickelt, Erkenntnisse sammelt, sich zum Positiven ändert, der andere aber aus verschiedenen Gründen nicht weiterkommen kann oder möchte. Dies ist für beide ein schmerzhafter Prozess, der oft das Loslassen in Liebe von beiden Seiten fordert. Wenn beide Partner lernwillig sind und nicht gleich bei jedem Konflikt davonlaufen und sich in eine nur zu Beginn erfülltere neue Partnerschaft stürzen, können viele Paare ein Leben lang miteinander lernen, wachsen, sich entfalten und sich aneinander erfreuen.

Manche Seelen haben sich vorgenommen, aufgrund karmischer Begebenheiten bestimmte Menschen zu treffen, mehrere Partnerschaften zu haben, um ihr Karma mit diesen Personen zu bereinigen. Der Schlüssel zur Lösung aller Probleme ist Erkenntnis und seinen eigenen Anteil an Konflikten richtig wahrzunehmen, den anderen zu verstehen, loszulassen, Sein *zu lassen und auch den vermeintlichen Fehlern des anderen mit Verständnis und Toleranz zu begegnen. Liebe und Nähe vereinfachen das Lernen, heilen alte Wunden, geben Vertrauen. Vertrauen und Aufrichtigkeit sind ebenfalls wichtige Eckpfeiler einer jeden Partnerschaft und für einen spirituellen Menschen selbstverständlich. Auf dieser Basis können Konflikte gemeinsam gelöst und kann eine freie, erfüllte Partnerschaft gelebt werden. Eine harmonische Partnerschaft gibt Kraft für alle Lebensbereiche und die individuelle Lebensaufgabe.*

Aber auch alle anderen Beziehungen zu Kindern, Eltern, Großeltern, Verwandten, Freunden, Kollegen beinhalten großes Lernpotenzial. Seht mit dem

Verstand, was zu lernen ist; erkennt eure Gefühle, ohne Gefühl ist jedes Lernen wertlos; nur über euer Inneres könnt ihr erkennen, ob eure Aufgabe gelernt ist. Beobachtet eure Gefühle! Erkenntnis mittels des Verstandes ist der erste Schritt, Integration in die Persönlichkeit der zweite. Erst dann hat die Seele dazugelernt und wird in der nächsten ähnlichen Situation spontan aus dem Gefühl heraus anders reagieren, einen Schritt weiter zum Licht sein, heraus aus dem Leid, hin zu einem positiven, erfüllten, freudigen Leben. Aber über allem steht die Liebe.

Aufgrund der Erfahrungen in unseren eigenen Partnerschaften und der Entwicklung der Partnerschaften bei vielen Klienten können wir diese Worte voll bestätigen. In bestimmten Fällen, in denen bereits die Voraussetzungen bestehen, dass die Gnade unseres Schöpfers wirksam werden kann, dürfen wir mithilfe von Lichtwesen eine Partnerschaft durch Lösungs- und Wiedergutmachungsarbeit geistig heilen. Es darf niemals aus Eigenwillen ohne die Zustimmung der geistigen Welt in das Schicksal eingegriffen werden. Das würde unabsehbare Folgen haben.

Wenn Sie die in diesem Buch vorgeschlagenen Gebete und Meditationen regelmäßig durchführen, die Verbindungen mit Ihrem höheren Selbst, dem Schutzengel, Ihren geistigen Führern und spirituellen Lehrern so oft wie möglich aufnehmen, wird Ihre Verbindung zum Licht immer besser, Ihr Lichtkanal immer stärker. Erst wenn Sie eine gute Verbindung zum Licht spüren, können Sie Ihr Karma bewusst lösen und Ihre Beziehungen heilen.

FALLBEISPIEL:

Ein junger Mann, der vor einigen Jahren zu mir in die Praxis kam, war ein ruhiger, liebevoller Mensch, gut situiert, kurz ein Mann, von dem viele Frauen träumen. Und doch – es fand sich keine, die ihn mochte, die seine positiven Eigenschaften zu schätzen wusste.

Wir sahen in Rückführungen, dass er in vielen früheren Leben Frauen sehr schlecht behandelt und dadurch viel Leid verursacht hatte. Nun musste er darunter leiden, bis er durch Besserung seiner Eigenschaften und Verhaltensweisen und die Hinwendung zum Licht Gnade und Karmalösung erfahren durfte. Wir fanden auch heraus, dass er noch zwei Frauen in diesem Leben aus karmischen

Gründen treffen müsste. Erst dann würde er eine Frau kennen lernen, mit der er eine Beziehung aufbauen könne.

Nun baten wir das Licht um Folgendes: Gesetzt den Fall, wir würden nun auf geistigem Wege eine Wiedergutmachung und Karmalösung mit diesen Frauen machen, müsste er sie dann auch noch treffen und das Leid durchgehen? Die Antwort der geistigen Führer war eindeutig: Nein, Herr K. müsste dann nicht mehr durch das Leid durchgehen, es würde ihm diese Gnade aufgrund seines guten Willens gewährt. Die Wiedergutmachung und Karmalösung durfte mit diesen beiden Frauen gemacht werden.

Nicht lange danach sah ich Herrn K. wieder, er hatte eine junge Dame kennen gelernt, die ebenfalls spirituell ausgerichtet war. Ein Jahr später wurde ich zur Hochzeit eingeladen.

Fallbeispiel:

Frau L. war verheiratet, hatte eine Tochter und lebte in einem schönen Haus mit Garten; auf den ersten Blick ein angenehmes, idyllisches Leben. Doch Frau L. litt unter den Zurechtweisungen und Nörgeleien ihres Mannes. Nichts konnte sie ihm recht machen, an allem hatte er etwas auszusetzen und er hatte immer schlechte Laune. Sein Beruf machte ihm Freude und er empfand keinen besonderen Stress, von daher konnte seine Stimmung nicht kommen.

Ihre Lernaufgabe war es nicht, sich vollkommen zu unterwerfen, sondern endlich ihre Opferrolle aufzugeben, zu erkennen, dass sie auch ein Lebewesen mit Gefühlen und Wünschen ist, und wieder zu sich selbst zu finden. Sie begann mehr auf ihre eigenen Bedürfnisse zu achten. Ihr Gatte konnte ihre neue Einstellung überhaupt nicht akzeptieren und die Konfrontationen wurden stärker.

Wir fanden und lösten die karmischen Ursachen. Ich sah auch, dass massive negative Kräfte auf dem Mann lasteten, die auf Frau L. einwirkten. Auch diese Einwirkungen fand ich gezielt heraus, transformierte sie mithilfe der Lichtwesen und brachte sie ins Licht. Erst ab diesem Zeitpunkt entspannte sich die Situation zwischen den Eheleuten nach und nach.

Fallbeispiel:

Frau T. war mit einem erfolgreichen Geschäftsmann verheiratet und hatte einen Sohn, der ihre Fürsorge und Aufmerksamkeit brauchte. Sie pflegte auch noch das große Haus und den Garten und betreute ihre Mutter sowie zwei in der

Nachbarschaft wohnende alte Leute. Sie verlangte sich stets das Letzte ab und war darauf bedacht, alles recht zu machen und Liebe und Fürsorge zu geben. Sie fühlte sich erschöpft und verausgabt, zumal sie von niemandem ein liebes Wort, Dank oder Anerkennung erhielt, am wenigsten von ihrem Mann. In diesem Zustand lernte sie einen Mann kennen, der ihr all das zu geben schien, was sie zu Hause nicht bekam. Ihr gefielen die Zuwendung und die schönen Worte und sie hatte eine Zeit lang ein Verhältnis mit ihm.

Wir beleuchteten nun die Hintergründe dieser Situation, in der sie sich befand. Karma mit dem Freund und ihrem Mann war die Ursache für ihr jetziges Unglück. Da Frau T. bereit war, zu beten und um Licht und Führung zu bitten, durfte das Karma sowohl mit ihrem Freund als auch mit ihrem Mann vorzeitig gelöst werden. Schon kurze Zeit später gewann sie die Kraft, sich von ihrem Freund zu trennen, und fand zu einer neuen inneren Zuneigung zu ihrem Mann. Auch ihr Mann nahm sich mehr Zeit für Gespräche und Spaziergänge mit ihr.

Frau T. ist nun durch die Arbeit an sich selbst und durch das Streben zum Licht auch zu ihrer Lebensaufgabe geführt worden. Sie macht eine Ausbildung für Sterbehilfe und gleichzeitig bei uns die Ausbildung in Lösungsarbeit. So kann sie vielen Seelen den Weg ins Licht erleichtern.

Liebe und Spiritualität

Liebe ist ein ganz wichtiges Lernthema auf unserem Planeten Erde. Vor allem im Fischezeitalter musste die Menschheit die Nächstenliebe, die Liebe zur Natur und das Mitgefühl mit anderen lernen. Am Beginn dieses Zeitalters kam ein spiritueller Lehrer, ein hohes Lichtwesen, auf die Erde, das wir Christus nennen. Er hat die Liebe gelebt und gelehrt. Viele Menschen waren damals grausam und vollkommen vom Göttlichen abgeschnitten. Die Menschheit heute ist schon sehr viel humaner und liebender geworden, was jedoch nicht heißt, dass die Liebe kein Lernthema mehr ist.

Im Wassermannzeitalter gehen wir auf eine noch höhere Form der Liebe zu: die spirituelle Liebe zu allem Sein, die geistige Liebe zum Göttlichen in allen Wesen sowie Verständnis und Toleranz für alles Unvollkommene. Ziel ist auch die Verbundenheit in spiritueller Liebe mit den lichten Welten und dem göttlichen Bewusstsein. Liebe ist das am häufigsten missverstandene Wort. Es wird im Sprachgebrauch für die unterschiedlichsten Gefühle verwendet. Und doch – eine Welt ohne Liebe, wie immer man sie auffasst, können wir uns nicht vorstellen.

Die Menschen, die die Zeichen der neuen Zeit spüren, streben danach, ihre Fähigkeit zur allumfassenden Liebe immer mehr zu entwickeln und zu stärken. Sie bemühen sich, stets das göttliche Licht und die göttliche Liebe in ihren Herzen zu tragen und in die Welt zu geben. Es ist eine selbstlose Liebe, die nichts fordert, nichts erwartet und trotzdem immerwährend aus dem Herzen fließt; eine Energie, die heilend und aufbauend auf die Umgebung der Menschen einwirkt, die die spirituelle, allumfassende Liebe in sich verwirklicht haben und ausstrahlen. Einige Impulse von unserem spirituellen Lehrer zu diesem Thema:

Ich begrüße euch, die ihr den Weg zur wahren Liebe sucht. Als ersten Schritt öffnet einander eure Herzen. Lasst Neid und Missgunst keinen Raum. Reinigt euch von allem Groll und übt Verzeihen. Wartet nicht, bis der andere den ersten Schritt tut. Habt keine Angst vor Zurückweisung.

Tut euer Bestes, egal ob es der andere auch tut oder nicht. Es geht um die Entwicklung eurer Seele, eurer Herzensenergien. Wenn ihr den Kontakt zum Licht und den Lichtwesen schon bewusst herstellen könnt, dann versucht, die heilsame Liebe der Engel und Lichtwesen zu spüren. Geht in der Meditation ganz ein in diese Verbindung zum Licht. Bald werdet ihr die liebenden Energien der Lichtwesen voll erkennen und in euch aufnehmen können. Dadurch entwickelt sich euer Herzchakra zu selbstloser Liebesfähigkeit.

Wenn ihr die Liebe und das Licht der Engel spüren könnt, dann ist die Zeit gekommen, diese Liebe in die Welt auszustrahlen wie aus einer unversiegbaren Quelle. Lasst diese Liebe aus euch ausstrahlen, ohne Wenn und Aber, auf alles, was ist, und egal ob der Empfänger die Liebe annehmen möchte oder abweist.

Akzeptiert voller Liebe und Verständnis auch eine Abweisung. Ihr strahlt wie eine Sonne immerwährendes Licht und immerwährende Liebe auf alles Sein aus. Wenn ihr das verwirklicht habt, ist die göttliche Qualität der allumfassenden Liebe in euch manifestiert und ein großer Schritt zur Vollkommenheit getan.

Wir, die Wesen vom Licht und die Engel und Erzengel unterstützen euch, soweit ihr es zulasst.

Seid in Liebe!

MEDITATION ZUR ERLANGUNG DER ALLUMFASSENDEN LIEBE

- Ich bin ganz ruhig und entspannt, allen Stress und alle Sorgen lasse ich nun weit hinter mir zurück – ich atme tief und ruhig, tief und ruhig. Nun richte ich meine Konzentration auf mein Herzchakra, wie fühlt es sich an? Fühlt es sich weit und frei und voller Liebe an oder eng und frustriert, traurig oder angespannt? Ich schaue nun tief in mein Herz hinein und nehme wahr, was mich momentan am meisten belastet.
- Ich versuche nun allen Menschen zu verzeihen, die mich gekränkt oder verletzt haben, und ich bitte auch alle Menschen innerlich aus tiefstem Herzen um Verzeihung, denen ich Leid zugefügt habe.
- Ich stelle mir nun vor, mein Herz wäre eine wunderschöne rosafarbene Rose. Ich pflücke diese Rose und schenke sie einem Menschen, den ich sehr liebe ... Ich richte meine Aufmerksamkeit wieder auf mein Herz und sehe, dass erneut eine wunderschöne Rose erblüht ist. Diese Rose schenke ich nun einem Menschen, der mir sehr weh getan hat. Ich fühle mich sehr befreit, denn ich fühle nun endlich, dass ich verzeihen kann. Eine große Last ist von meinem Herzen genommen.
- Inzwischen sind in meinem Herzen viele Rosen erblüht, und ich schenke sie jedem Menschen, der mir jetzt gerade in den Sinn kommt; der Natur, der Erde und allen Wesen gebe ich nun mein Herzensgeschenk. Ich fühle die Freude, die vom Geben kommt, und mein Herz beginnt sich immer mehr und mehr zu öffnen.
- Ich richte nun meine Aufmerksamkeit auf mein Scheitelchakra und bitte das göttliche Licht und die göttliche Liebe, in mich einzufließen. Bald fühle ich mich ganz erfüllt von dem Licht und der Liebe. Das Licht und die Liebe erfüllen nun meine ganze Aura und mein ganzes Sein.
- Ich bitte die Engel der kosmischen Liebe, zu mir zu kommen, wenn es jetzt sein darf. Mehr und mehr beginne ich die Energie ihrer Liebe in meinem ganzen Sein zu spüren. Mir wird ganz warm und frei ums Herz und auch ich beginne eine große Liebe für diese wunderbaren Wesen zu empfinden.

Lange Zeit verweile ich in der wunderschönen Schwingung der kosmischen allumfassenden Liebe. Langsam verabschieden sich die Engel. Ich bin dankbar und noch immer ganz erfüllt von ihrer Liebe.

- Ich verbinde mich nochmals ganz mit dem göttlichen Licht und der göttlichen Liebe und fühle, wie nun die Liebe aus meinem Herzen zu strömen beginnt. Unaufhörlich fließt nun wie aus einer Quelle die göttliche Liebe hin zu allem Sein, zu allen Wesen, zu allen Dingen. Auch dorthin, wo Dunkelheit und Verschlossenheit herrschen, lasse ich meine Liebe fließen; vieles löst sich, manches wird durch mich verwandelt und geheilt. Ich danke Gott für diese Gnade.

Fallbeispiel:

Eines Tages kam ein junger Mann zu mir, der sich unsterblich in ein Mädchen verliebt hatte. Er sagte zu mir wörtlich: »Das ist nicht normal, das ist wie ein Zauber über mich gekommen, das ist wie Magie.« Wie recht er doch hatte!

Ich sah mir ein früheres Leben des jungen Mannes an, das er mit diesem Mädchen verbracht hatte. Beide wurden vor ein paar hundert Jahren in einem kleinen Dorf in Nordeuropa geboren. Der junge Mann war in diesem früheren Leben ebenfalls ein Mann. Er war unter den Mädchen nicht sehr begehrt, da er blass und schüchtern war.

Ein Mädchen aus dem Dorf gefiel ihm besonders gut, und er tat alles, um sie zu erobern, doch sie zeigte ihm nur die kalte Schulter. Der Bursch war sehr traurig darüber und zog sich immer mehr zurück. Da hörte er eines Tages von einer weisen Frau, die Hexereien zustande brachte und ihm sicher helfen würde, wenn er ihr zwei geschlachtete Hühner brächte; er ging zu ihr.

Wenig später verliebte sich das Mädchen plötzlich in den Burschen und alles schien wunderbar. Sie heirateten bald darauf, aber die Ehe blieb kinderlos.

Die beiden begannen immer häufiger zu streiten und es entwickelte sich eine Hassliebe. Einer beschuldigte den anderen, die Ursache der Kinderlosigkeit zu sein. Das Leben miteinander war nur noch eine Qual. Durch die Magie waren sie aneinander gebunden und konnten sich nicht trennen. Erst der Tod brachte vorübergehend Erlösung.

Im jetzigen Leben war die Erinnerung an das Vorleben gelöscht, aber der Liebeszauber wirkte noch immer. Von dem Augenblick an, als er das Mädchen von damals im Heute wieder traf, lebte die Magie wieder auf. Außerdem bestand noch Karma, das sie sich durch ihr grausames Verhalten in der Beziehung geschaffen hatten. Ich durfte für den jungen Mann den alten Liebeszauber lösen, sodass er wieder fähig wurde, klar zu denken.

So wie in seinem Fall führen magische Handlungen, auch wenn sie noch so gut gemeint sind, irgendwann zu Leid und Unglück. Nur die göttliche Führung und ein spirituelles Leben in Ausrichtung auf die Wahrheit und das Licht können letztlich zu Glück und Freude führen. Der junge Mann konnte das aufgrund seiner eigenen Erfahrungen voll akzeptieren. Er lebt heute in einer glücklichen Partnerschaft und sowohl er als auch seine Frau machen große Fortschritte auf ihrem spirituellen Weg.

FALLBEISPIEL:

Frau L. war bereit, in diesem Leben sehr viel Liebe zu geben, und bemühte sich unermüdlich, zu lieben und zu helfen. Aber sie litt darunter, dass sie keine Liebe zurückbekam. Das verursachte ihr sogar körperliche Herzschmerzen.

Eines Tages, als wir wieder gemeinsam arbeiteten und wir etwas sehr Wichtiges lösen durften, fiel plötzlich aus ihrer Brieftasche ein gepresstes Blatt. Sie war ganz erstaunt darüber, denn dieses Blatt war ihr vor zehn Jahren im Wald mitten aufs Herz gefallen, als sie großen Kummer wegen der Sache hatte, die wir gerade lösen durften. Da sie gerade gebetet hatte, hatte sie es als Zeichen angesehen und das Blatt in ein Seitenfach ihrer Brieftasche gesteckt. Nun war es ohne Grund herausgefallen, das war in den ganzen zehn Jahren vorher noch nie der Fall gewesen. Und in diesem Augenblick spürte sie, wie eine Quelle in ihrem Herzen zu sprudeln begann, als würde daraus warmes Wasser fließen.

Ihr Herz wurde ganz warm und weit vor Liebe und Freude. Von diesem Augenblick an konnte Frau L. Liebe geben, ohne zu leiden und ohne das Gefühl zu haben, nichts zuruckzubekommen. Es machte ihr einfach nichts mehr aus, wenn die Menschen ihr keine Liebe geben oder zeigen konnten.

Geistige Führer – Spirituelle Lehrer

Wir bedanken uns aus tiefstem Herzen für die Hilfe und die Führung unserer spirituellen Lehrer und bei allen Wesen, die uns in unserer Entwicklung, in unserer Tätigkeit mit anderen Menschen und beim Schreiben dieses Buches geholfen haben. Meist bekamen wir Antworten auf unsere Fragen, geduldig schauten sie zu, wenn wir Fehler machten und führten uns aus dem Irrtum wieder heraus.

Sie strafen nie und achten unseren freien Willen. Liebevoll und unermüdlich führen sie uns und zeigen uns den richtigen Weg, geben uns Hinweise, wenn wir sie darum bitten, und zeigen uns unsere Lebensaufgaben.

Bei der ersten Kontaktaufnahme mit unseren spirituellen Lehrern aus einer sehr hohen lichten Sphäre baten wir, uns ihre Namen zu nennen. Wir bekamen immer wieder die Auskunft: Ihr könnt euch gerne einen Namen ausdenken, aber wir hier haben keine Namen. Wir verständigen uns telepathisch durch Gedankeninhalte und Bilder und erkennen uns am Schwingungsmuster. Wir haben keine Worte und Buchstaben. Wenn ihr genau hinfühlt, dann könnt ihr mich an der Ausstrahlung, an dem bei jedem Wesen einzigartigen Schwingungsmuster erkennen.

Und so taten wir es auch. Immer wenn wir unsere Lehrer baten, uns eine Frage zu beantworten oder eine Durchsage zu einem Thema zu geben, achteten wir ganz genau auf die Lichtschwingung des Wesens. Dadurch konnten auch Irreführungen durch unreine Geister weitgehend ausgeschaltet werden. Wenn man nur einen Namen ruft, können sich viele Wesen angesprochen fühlen.

Auch zu diesem Thema waren unsere spirituellen Lehrer bereit, uns wie folgt zu unterrichten:

Kein Wesen wird allein gelassen im Universum, kein Wesen ist auf sich allein gestellt. Ständig bekommen alle Wesen Hilfestellungen auf ihrem Weg, ob es ihnen bewusst ist oder nicht. Die geistigen Führer der Menschen sind oft Wesenheiten, die selbst schon auf der Erde inkarniert waren und deshalb die Schwierigkeiten auf der Erde und in der Materie gut kennen.

Wenn manche Seelen vergessen haben, wozu sie auf der Welt sind, versuchen die geistigen Führer sie zum Erwachen zu bringen, damit sie bewusst werden. Sie werden mit bestimmten Leuten zusammengeführt, an bestimmten Orten, zur richtigen Zeit. Die geistigen Führer sind stets bemüht, die Menschen aus dem Leid heraus zur Erkenntnis zu führen.

Wenn nun eine Seele erwacht ist und mit ihrem ganzen Sein zum Licht strebt, dann werden ihr hohe Lichtwesen zusätzlich zu den geistigen Führern als spirituelle Lehrer zur Verfügung gestellt. Diese Wesen sind voller Licht und Liebe. Alle ihre Fähigkeiten und Eigenschaften sind bereits vollkommen. Sie führen die Menschen, die dies wollen, zur Vollkommenheit, zur vollkommenen kosmischen Liebe, zur vollkommenen universellen Weisheit und helfen denen, die darum bitten, alle göttlichen Qualitäten in sich zur Entfaltung zu bringen.

Je besser die Verbindung zwischen den Menschen und ihren spirituellen Lehrern ist, desto mehr und schneller können sie lernen.

Auch wenn man seinen spirituellen Lehrer noch nicht bewusst wahrnehmen kann, so kann man ihn trotzdem um Unterricht bitten. Dieser Unterricht findet dann auf der unbewussten Ebene statt. Der spirituelle Lehrer muss nicht mit einem bestimmten Namen angerufen werden, es genügen die geistige Ausrichtung auf den persönlichen spirituellen Lehrer und die Bitte um Verbindung und Hilfe.

Die Hinweise aus der lichten Welt sind nur leise, kurze Eingebungen, die oft nur in der Meditation und inneren Stille vernommen werden können, ganz anders als laute Gedanken und zwingende Irreführungen durch negative Wesenheiten. Es ist auch nicht nötig, die geistigen Führer und spirituellen Lehrer visuell wahrzunehmen, die hohen Lichtwesen haben keine Körper, auch keine menschlichen feinstofflichen Körper, sondern nur Lichtkörper. Sie sind eher Lichtgestalten, können sich jedoch auf Wunsch in jeder beliebigen Form im Bewusstsein der Menschen zeigen.

Die Antworten des Lehrers kann man sowohl von außen als auch nur mit dem Herzen tief im Inneren wahrnehmen. Lichtwesen freuen sich immer, wenn Menschen Kontakt zu ihnen aufnehmen. Es ist ihre Aufgabe und ihr ganzes Streben, die Suchenden zum Licht zu führen. Auch die geistigen Führer und spirituellen Lehrer setzen sich nicht über die universellen Gesetze hinweg, sie sind jedoch immer bestrebt, die Menschen so zu führen, dass sie ihr Karma durch Erkenntnis lösen können und nicht durch Leid. Die spirituellen Lehrer bestrafen nie, sondern geben der Seele Unterricht, damit sie die gleichen Fehler künftig vermeiden kann, sofern sie dies möchte und zulässt, also zum Licht strebt.

Es ist niemals das Bestreben des Lichts, ein Wesen durch Leid Erfahrungen sammeln zu lassen; das wäre grausam, und oft werden Leid und Hass dadurch noch größer. Um dem Prinzip »Lernen durch Leid« zu entkommen, gibt es nur eine Lösung: Die bewusste Hinwendung zum Licht, zur göttlichen Liebe, die alles verzeiht, egal was man auch in diesem oder einem früheren Leben verbrochen hat. Wenn man nur jetzt die Liebe und das Licht in sein Herz lässt, um Unterricht durch das Licht, um Verbindung zum Schutzengel und zu den geistigen Führern und spirituellen Lehrern bittet, ein Leben in göttlicher Führung lebt, dann bekommt man alle Unterstützung, die man auf dem oft schwierigen Lebensweg braucht.

Buddha, Christus und andere spirituelle Lehrer waren inkarniert, um der Menschheit Wege aufzuzeigen, da diese die Botschaften ihrer persönlichen geistigen Führer und spirituellen Lehrer nicht mehr vernehmen konnte.

Ich hülle alle, die das wollen, in Licht und Liebe ein, sodass sie fähig werden, die Botschaften ihres spirituellen Lehrers zu empfangen.

Meditation zur Kontaktaufnahme mit dem persönlichen spirituellen Lehrer

- Ich bin vollkommen ruhig und entspannt, völlig ruhig und gelöst. Ich richte meine Aufmerksamkeit auf das höchste göttliche Sein. Auf Gott, den Schöpfer, aus dem alles hervorgegangen ist, das höchste Wesen, das von vollkommener Reinheit, vollkommener Klarheit, vollkommener Kraft und Stärke, vollkommener Güte, vollkommenem Mitgefühl, von vollkommener, allumfassender Liebe ist. Höchstes göttliches Sein, bitte sende uns einen Strahl deines göttlichen Lichts zur Reinigung, Erneuerung und Transformation.
- Wir beobachten nun mit unserem geistigen Auge unser Scheitelchakra, einige Zentimeter über unserem Kopf, und versuchen das helle Licht, das nun von oben in uns einströmt, wahrzunehmen. Wir erlauben

dem strahlend hellen göttlichen Licht, in unser Scheitelchakra einzufließen und weiter in unseren Kopf, bis der ganze Kopf von strahlend hellem, angenehmem, heilendem Licht erfüllt ist, und wir spüren nun, wie das Licht weiter hinunter über unseren Hals in unseren Brustraum strömt.

- Wenn unser Brustraum voll von diesem weißen Licht voller Liebe und Güte ist, so spüren wir das Licht weiter hinunter in unsere Hände fließen und auch weiter hinunter in den Bauchraum und das Bekken, bis sich alles ganz strahlend hell anfühlt. Dann spüren wir dieses Licht hinunter in unsere Beine fließen bis in die Zehen.
- Wir spüren nun, dass das weiße, heilende, kraftvolle und doch so unendlich liebevolle Licht immer weiter in uns einströmt, bis es aus all unseren Poren hinaus in unsere Aura fließt und uns umgibt. Das Licht ist nun in uns und um uns. Wir verweilen nun einige Zeit in dieser wunderbaren Schwingung des göttlichen Lichts ...
- Nun bitten wir unseren Schöpfer, auch den Raum, in dem wir uns befinden, mit seinem Lichte auszufüllen, zu durchlichten und zu reinigen. Höchstes göttliches Sein, bitte erfülle diesen Raum mit deinem kraftvollen, weißen, reinigenden Licht. Wir beobachten, wie nun das Licht in den Raum einfließt, bis es ihn wirksam erfüllt. So gereinigt und mit Licht erfüllt, gehen wir nun auf unsere höchste Bewusstseinsebene.
- Wir stellen uns dort einen lichten Platz vor und stellen uns auf diesen lichten Platz in einen Lichtkreis. Wir bitten Engel, auf den Platz zu kommen und diesen Platz licht und rein zu halten.
- Nun bitten wir unseren persönlichen spirituellen Lehrer, auf den Platz zu kommen. Wir bitten ihn um ein deutliches Zeichen seiner Anwesenheit. Wir achten mit allen unseren Sinnen auf das Zeichen. Das kann je nach eigener Wahrnehmungsfähigkeit verschieden sein. Manche werden eine Lichtgestalt sehen, manche nur eine starke Lichtschwingung spüren. Auch wer noch nichts bewusst wahrnimmt, hat den Kontakt zu seinem spirituellen Lehrer.
- Wir erweisen unserem Lehrer unsere Ehrerbietung und unseren Dank, dass er gekommen ist. Wir bitten um ein Zeichen, ein Gefühl, ein Bild, woran wir ihn künftig erkennen können; wir bitten ihn,

uns nun seine Schwingung wahrnehmen zu lassen. Wir schenken ihm nun unsere Liebe und spüren auch, wie die Liebe dieses hohen Lichtwesens uns einhüllt. Wir verbleiben einige Zeit in dieser geistigen Umarmung. Wir spüren auch die Freude unseres Lehrers, dass unsere Seele nun zu Gott zurückfindet, nun heimkehren will ins Licht, dieses Licht und das Positive in sich nun auf dieser Erde in dieser Inkarnation verwirklichen möchte. Wir fühlen auch, wie unsere eigene Seele sich unendlich darüber freut.

- Wir bedanken uns bei unserem spirituellen Lehrer und bitten, auch im Alltag mit ihm in Verbindung bleiben zu dürfen. Wir danken auch unserem Schöpfer und den helfenden Lichtwesen. Wir bleiben mit dem Licht verbunden und treffen mit den Gedanken wieder im Hier und Jetzt ein.

DER WEG ZUR ERLEUCHTUNG

Eerleuchtung – für viele das höchste Ziel, das sie in diesem Leben erreichen wollen! Aber was ist denn Erleuchtung nun ganz genau? Alle haben wir vage Vorstellungen und sehen vor unserem geistigen Auge fernöstliche Einsiedler, die seit Jahren meditierend in einer einsamen Höhle verbringen, oder Priester und Mönche, die den ganzen Tag über religiöse Exerzitien üben, oder geheimnisvolle Meister, die ungeahnte Fähigkeiten erlangt haben.

Eines ist jedoch sicher: Ohne tägliche Gebete und Meditationen, ohne Selbsterkenntnis und Entfaltung der Persönlichkeit und ohne die tief sitzende Sehnsucht nach Licht und dem Göttlichen geht es nicht. Wir wollen Ihnen in diesem Buch eine der vielen Möglichkeiten aufzeigen, sich Schritt für Schritt der Erleuchtung zu nähern. Wenn in Ihnen das Feuer der Sehnsucht nach Gott, nach dem Positiven, nach dem Licht leuchtet und Sie bereit sind, mit spiritueller Disziplin die Gebete, Übungen und Lösungen nach den uns von Lichtwesen übermittelten Botschaften durchzuführen und in Ihrem Leben die Entwicklung zur Vollkommenheit an erste Stelle zu setzen, dann haben Sie gute Vorraussetzungen geschaffen, noch in diesem Leben zur Erleuchtung zu gelangen.

Am besten, Sie beginnen mit täglichen Gebeten und Meditationen. Erst wenn Sie das Gefühl haben, eine gute Verbindung zum Licht zu haben, und Sie die göttliche reinigende Kraft des Lichts wahrnehmen, ist die Zeit gekommen, sich mit der Dunkelheit Ihrer Vergangenheit auseinander zu setzen.

Denn da führt kein Weg vorbei. Alle Verbindungen mit negativen Wesen und Kräften, die im Heute noch bestehen, können Sie von Ihrem Weg abbringen und störend in Ihre Entwicklung eingreifen. Deshalb gewährt uns das Licht die Gnade, all das Dunkle aus unserer Vergangenheit zu entfernen.

In dieser Zeit, in der wir uns mit der dunklen Vergangenheit beschäftigen müssen, ist es besonders wichtig, sich täglich mit dem Licht zu verbinden und die Gebete und Lichtmeditationen weiterzuführen. Jetzt brauchen wir sehr viel Schutz und Hilfe durch das Licht. Aber wer nicht durch die Dunkelheit geht, kann das wahre Göttliche nicht schauen. Nach Lösung der gröbsten Belastungen können Sie sich mit mehr Erfolg mit Ihrer persönlichen Entwicklung beschäftigen: mit der Reinigung von Eigenschaften und Verhaltensweisen, mit der Lösung von alten Ängsten und Traumata aus der Vergangenheit, mit Wiedergutmachungen, wobei alle negativen Energien, die Sie jemals in andere Personen oder in das Universum gesetzt haben, aufgelöst werden, mit Bewusstseinserweiterung, mit der Heilung Ihrer Körper und Ebenen, mit Chakratransformation und vielem mehr.

Durch diese Übungen und Meditationen wird Ihr ganzes Sein immer mehr gereinigt, und Sie werden nach einiger Zeit merken, wie Sie selbst und Ihr Leben sich zum Positiven verändern.

Unsere lichten Helfer haben dazu Folgendes gesagt:

Ihr habt die besten Voraussetzungen, euch in sehr kurzer Zeit von allem Dunklen zu trennen und schon auf Erden schwingungsmäßig in reine Lichtebenen zu gelangen. Die Entwicklung auf der Erde ist sonst recht mühsam, und es braucht viele Leben, bis alles Karma gelöst und die Seele geläutert ist. Wir, eure lichten Helfer aus ganz hohen Ebenen, wollen euch helfen, den kürzesten Weg zum Licht zu gehen. Es sind keine Umwege mehr nötig, wenn ihr euch direkt an das göttliche Sein, euren Schöpfer wendet. Wenn ihr euch entschließt, euer Leben dem Streben nach dem Licht zu weihen, habt ihr alle Unterstützung, die ihr braucht. All die Gebete, Übungen und Lösungen könnt ihr, ohne dass Familie oder Beruf darunter leiden müssen, täglich durchführen. Ein bis zwei Stunden pro Tag genügen schon. Schafft euch einen lichten Platz, wo wir Lichtwesen euch schnell erreichen können.

Es waren lange Vorbereitungen in der geistigen Welt nötig, und auch die beiden Personen, die dieses Buch schreiben sollten, wurden seit vielen Jahren besonders sorgfältig geprüft und geschult. Wir freuen uns, wenn ihr diesen Weg zur Erleuchtung gehen wollt. Legt euch keinerlei Zwang auf und setzt euch auch kein Zeitlimit. Jeder hat seinen eigenen Rhythmus, nach dem er sich entwickeln kann und möchte. Wir sind mit euch.

DIE ENTWICKLUNG ZUM LICHT

ERINNERUNGEN AN FRÜHERE LEBEN

Wenn Sie an Ihrer Entwicklung aktiv arbeiten, dann ist es für Sie eine Selbstverständlichkeit, auch Verantwortung für Ihre früheren Leben zu übernehmen. All das, was Sie früher erlebt haben, ist ja in Ihrem Energiefeld gespeichert und wirkt je nach Qualität fördernd oder hemmend auf Ihr jetziges Leben ein.

In diesem Kapitel zeigen wir Ihnen eine Methode der »Selbstrückführung«. Diese Methode ist einfach, aber wirkungsvoll. Sie brauchen keine Angst zu haben, dass Sie von Ihrer Reise in die Vergangenheit nicht mehr zurückkommen, denn Sie sind ja gar nicht wirklich dort, sondern erinnern sich bloß, so wie Sie sich an Ihre Kindheit oder den letzten Urlaub erinnern. Diese Erinnerungen liegen nur etwas tiefer. Deshalb ist es notwendig, sich vor der Rückerinnerung zu entspannen und einen wohligen Zustand, wie zwischen Wachen und Schlafen, zu erreichen.

Bevor Sie beginnen, sorgen Sie dafür, dass Sie unter keinen Umständen gestört werden. Reinigen Sie den Raum, in dem Sie sich befinden, und durchlichten und schützen Sie sich selbst wie gewohnt. Dann nehmen Sie Kontakt zu Ihrem Schutzengel, zu Ihrem geistigen Lehrer und Ihrem höheren Selbst auf. Wenn Sie dabei Schwierigkeiten haben, versuchen Sie es mit der Schutzengelmeditation und der Meditation zur Vereinigung mit dem höheren Selbst.

Eine gute Hilfe ist es, sich für die Reise in die Vergangenheit eine Zeitmaschine zu bauen, aus Gold oder Diamant. Die Zeitmaschine sollte innen geräumig sein, gemütlich ausgestattet, vielleicht mit Kristallen verziert. Ihrer Kreativität sind keine Grenzen gesetzt. Wichtig ist jedoch, dass die Maschine einen Bordcomputer besitzt, der genauso wie die Zeitmaschine keine Panne haben kann. Bestimmen Sie dies für Ihre geistige Schöpfung. Erbitten Sie den göttlichen Segen für die Reise. Sie können in jedes Ihrer früheren Leben reisen, in das Sie möchten. Sie geben die Daten dazu in den Bordcomputer ein.

Für die erste Übung empfehlen wir, ein Leben auszuwählen, in dem Sie schon eine gute Verbindung zum Licht hatten, vielleicht auch schon mit besonderen Fähigkeiten anderen geholfen oder sonst ein freudiges und erfülltes Leben gelebt haben.

Lassen Sie nun die Reise wie folgt in Ihren Gedanken ablaufen oder nehmen Sie den Text auf Kassette auf.

Rückführung

- *Ich bin ganz ruhig und entspannt, ganz ruhig und entspannt, und ich sinke immer tiefer und tiefer in mein Selbst, immer tiefer und tiefer sinke ich in mein innerstes Selbst, ich atme tief und ruhig und sinke immer noch ein bisschen tiefer in eine wundervolle Ruhe und Entspannung. Nichts kann mehr stören, kein Gedanke, kein Geräusch, nichts kann mehr stören ...*

- *Ich massiere nun mit meinen unsichtbaren Händen meinen Kopf, bis der ganze Kopf ganz locker und gelöst ist, ganz gelockert und gelöst, ich streiche auch mit meinen unsichtbaren Händen über mein Gesicht und meine Augen, meine Augen und mein ganzes Gesicht sind nun angenehm entspannt, gelockert und gelöst, ganz gelöst. Mit meinen unsichtbaren Händen massiere ich nun meinen Nacken und meine Schultern, bis der Nacken sich ganz entspannt hat, der Nacken ist nun ganz entspannt, gelockert und gelöst ...*

- *Nun massiere ich mit meinen unsichtbaren Händen meinen Rücken, bis der ganze Rücken gelockert und gelöst ist, ganz gelockert und gelöst, die Energie fließt strömend warm über meinen Rücken hinunter bis in die Beine. Ich massiere nun auch meine Beine und Füße, bis sich alles angenehm warm anfühlt, bis alle Muskeln ganz gelockert und gelöst sind, ganz gelockert und gelöst ... Nun konzentriere ich mich auf meinen Brust- und Bauchraum und mein Becken und ich spüre die angenehme Wärme in mir fließen. Angenehme Wärme breitet sich nun in mir aus, und ich spüre, wie diese Wärme auch in meine Arme hinunter bis in die Hände fließt. Der ganze Körper ist nun ganz ruhig und gelöst, alle Muskeln und Nerven sind nun zur Ruhe gekommen, sind schlafen gegangen ...*

- *Ich sehe nun meine Zeitmaschine vor mir in hellem Gold erstrahlen, ich fühle mich von ihr magnetisch angezogen und gehe auf sie zu. Einladend öffnet sich nun eine Tür. Helles Licht strömt mir entgegen und ich gehe freudig hinein. Sanfte Musik und ein angenehmer Duft umgeben mich, und ich setze mich hin, um mich noch einmal mit meinem Schutzengel und meinem höheren Selbst zu verbinden. Ich spüre die liebevolle Energie meines Schutzengels um mich, und ich weiß, dass ich mit meinem höheren Selbst ganz verbunden bin. Ich bitte auch meinen Schöpfer um Führung, Schutz und Hilfe. Ich fühle mich sehr wohl hier in meiner Kabine und bin nun bereit für die Reise. Ich weiß, dass mir nicht passieren kann und dass mich meine Zeitmaschine sicher wieder ins Hier und Jetzt zurückbringt.*

- *Nun gehe ich zu meinem Bordcomputer und gebe ihm den Befehl, mich in ein früheres Leben zu bringen, in dem ich ein schönes, gottverbundenes, erfülltes Leben gehabt habe. Vielleicht hatte ich damals schon besondere Fähigkeiten, die heute verschüttet sind.*
  Dann drücke ich auf den Startknopf und die Reise geht los.

- *Ich setze mich inzwischen bequem auf einen Sessel oder lege mich auf meine Couch, um mich noch ein bisschen zu entspannen und Musik zu hören ... Nun höre ich die Stimme meines Computers: Noch 5 Minuten bis zur Landung. Bald ist es so weit. Ich bin schon sehr neugierig, in welches Leben ich da wohl gelangen werde ... Noch vier Minuten bis zur Landung ... Mein Schutzengel versichert mir, ganz nah zu sein. Noch 3 Minuten bis zur Landung ... Ich freue mich schon aufs Aussteigen. Noch zwei Minuten bis zur Landung ... Ich stehe auf und gehe zur Türe. Noch eine Minute bis zur Landung ... Wir sind angekommen. Ich spüre, wie die Zeitmaschine stillsteht. Die Musik bricht ab, die Türe öffnet sich. Erwartungsvoll trete ich hinaus.*

- *In dem Augenblick, in dem ich hinaustrete, verwandle ich mich in den Menschen, der ich in dem damaligen Leben war. Ich sehe hinunter zu meinen Füßen ... Bin ich barfuß oder habe ich Schuhe an? Wer bin ich, bin ich männlich oder weiblich, bin ich jung oder alt? Ich gehe weiter und sehe mich nun genau um. Vielleicht kann ich erahnen, in welchem Land ich mich befinde. Wie schaut die Landschaft aus, sehe ich Häuser? Wo wohne ich, wer sind meine Angehörigen oder Freunde? Was mache ich gerade? Ich steige nun voll in dieses Leben ein und sehe mir alles genau an. Ich habe jetzt genügend Zeit dazu ...*

- *Langsam ist es Zeit zurückzukehren. Meine Zeitmaschine wartet auf mich. Ich höre auch schon die angenehmen Klänge der Musik und sehe das strahlende, einladende Licht, das mich magnetisch anzieht. Nun habe ich meine Zeitmaschine erreicht, ich gehe hinein und verwandle mich sofort wieder in den Menschen, der ich im Heute bin. Die Türe schließt sich, die Zeitmaschine setzt sich automatisch in Bewegung und die Heimreise beginnt.*

- *Ich lege mich auf meine Couch, um mich auszuruhen, und lasse das eben Erlebte noch einmal vor meinem geistigen Auge ablaufen, damit ich es in meinem Bewusstsein behalte, wenn ich wieder in meinem jetzigen Leben angelangt bin. Ich atme noch einmal so richtig durch, entspanne mich und fühle mich sehr wohl. Ich räkle und strecke mich noch ein wenig, da höre ich auch schon die Stimme des Computers: Noch eine Minute bis zur Rückkehr an unseren Ausgangspunkt. Die Zeitmaschine bleibt stehen, die Türe öffnet sich, ich trete hinaus und bin wieder ganz, mit allen meinen Sinnen, im Hier und Jetzt. Ich bedanke mich bei meinem Schutzengel, meinem höheren Selbst und der göttlichen Gegenwart für den Schutz, die Führung und die Hilfe. Ich mache mir wieder bewusst, wer ich heute bin, fühle meinen jetzigen Körper und öffne meine Augen.*

INNERE BILDER HEILEN

Auf der langen Reise unserer Seele zur Vollkommenheit haben wir alle schon viel erlebt. Manchmal fühlen wir uns alt und müde von der langen Reise. Nicht alle Leben waren angenehm, wir erlitten viel körperlichen und seelischen Schmerz, der sich tief in uns eingegraben hat und noch im Heute in uns wirkt.

Ängste, Aggression, Depression, Hass, Neid, Wut, Zorn, Ohnmachtsgefühle, innere Spannungen, destruktive Verhaltensweisen und vieles mehr können ihren Ursprung in unseren früheren Leben haben. Aber auch in diesem Leben können durch leidvolle Erlebnisse Blockaden in unserem Energiefeld und den Chakras entstehen. Diese negative Energie blockiert dann den natürlichen Energiefluss im Körper und in den Meridianen. Physische und psychische Unpässlichkeiten sind die Folge. Im Zuge unserer Entwicklung zum Licht ist es unumgänglich notwendig, diese Blockaden aufzuspüren, die Ursachen zu erkennen und zu lösen.

Wir können den Dingen auf verschiedene Weise auf den Grund gehen. Eine Möglichkeit ist es, sich das frühere Leben anzusehen, das im Heute die Angst oder die Unpässlichkeit ausgelöst hat. Oder man verwendet die im Folgenden beschriebene Methode zur Reise in die eigenen unbewussten Bereiche. Wichtig ist es jedoch in beiden Fällen, die Traumata und negativen Gefühle und Energien, die durch diese Erlebnisse geschaffen wurden, mithilfe des Lichts aus dem Energiefeld herauszunehmen und aufzulösen und uns damit von den entsprechenden Belastungen in unserem heutigen Leben zu befreien.

Um die belastenden Situationen aufzufinden, die uns an einem freien, freudigen Leben hindern, ist die folgende Methode gut geeignet. Dabei ist es nicht relevant, ob dieses Erlebnis in einem früheren Leben stattgefunden hat oder in diesem.

- Vorerst Raumreinigung, Raumschutz, Selbstreinigung, Selbstschutz.
- Verbindung mit dem eigenen höheren Selbst, dem geistigen Lehrer, Ihrem Schutzengel und dem göttlichen Bewusstsein.
- Sie versuchen sich ganz zu entspannen und einen Zustand wie zwischen Wachen und Schlafen (Alphazustand) in sich herzustellen.
- Stellen Sie sich ein Haus mit vielen Räumen vor.
- Bitten Sie um Führung in den richtigen Raum, in dem Sie jetzt die Ursache Ihres Problems finden werden.
- Gehen Sie in das Haus hinein und öffnen Sie die Tür, die Ihnen gezeigt wird.
- Gehen Sie in den Raum hinein und sehen Sie sich alles genau an. Es können hier Szenen aus früheren Leben, bestimmte Personen, mit denen noch ein Konflikt besteht, symbolische Bilder oder bestimm-

te Gefühle auftauchen. Bitten Sie immer wieder Ihr höheres Selbst, Ihnen alles zu zeigen. Es genügt auch, nur die Energien dieses Erlebnisses zu spüren, damit haben Sie das Problem schon aufgefunden.

- Sie haben nun die Ursache Ihres Problems im Bewusstsein und verlassen diesen Raum wieder, schließen die Tür hinter sich, gehen aus dem Haus wieder hinaus, schließen die Eingangstür und gehen den Weg wieder zurück zur Außenwelt.
- Dann gehen Sie geistig wie gewohnt auf den lichten Platz beim höheren Selbst in einen Lichtkreis.
- Bitten Sie nun um Unterricht, damit Ihre Seele lernt, was zu diesem Thema noch zu lernen ist. Bitten Sie, diese leidvollen Erlebnisse, all die negativen Gefühle und Energien nun aus Ihnen herauszunehmen und im göttlichen Licht aufzulösen und warten Sie, bis dieser Vorgang abgeschlossen ist. Bitten Sie, Ihr ganzes Sein mit göttlichem Licht und Liebe zu erfüllen und alle seelischen Wunden zu heilen. Bitten Sie, all Ihre Chakren und Auraebenen zu heilen, soweit es sein darf. Bitten Sie noch um Durchlichtung und Reinigung der zum Thema gehörigen Eigenschaften und Verhaltensweisen.
- Bedanken Sie sich beim Licht und gehen Sie wieder auf Ihren Platz im Hier und Jetzt.

In Zusammenarbeit mit dem Licht wird vieles scheinbar mühelos entfernt, was früher lange Zeit immer wieder Störungen verursacht hat. Bedenken Sie, dass dies ein Akt der Gnade ist, der Ihnen aufgrund Ihrer spirituellen Tätigkeit und des Strebens zum Licht gewährt wird. Nehmen Sie dieses Geschenk dankbar an.

WIEDERGUTMACHUNGEN

Bei meiner Arbeit mit Klienten im Bereich Karmalösung und beim Heilen alter Traumata wurde ich manchmal von Lichtwesen darauf hingewiesen, dass das, was der Klient in früheren Leben anderen Wesen angetan hatte, nun geistig wieder gutgemacht werden soll.

Das erste Mal teilten mir Lichtwesen bei einem guten Bekannten von uns mit, dass eine Wiedergutmachung nötig wäre. Ich sah ihn als Herrscher eines anderen Planeten. Er war auch gleichzeitig Priester, führte sein Volk jedoch auf den falschen spirituellen Weg. Er kanalisierte für seinen Planeten und dessen Bewohner nicht das göttliche Licht der Erkenntnis, wie er damals behauptete, sondern hatte Verbindungen zu dunklen Kräften, die die Wesen irreführten und vom Weg abbrachten. Wir durften die Tat in der Vergangenheit heilen.

Da diese Hinweise vom Licht immer deutlicher wurden, setzte ich mich mit diesem Thema genauer auseinander. Bei einer Handlung, die gegen die göttlichen Gesetze des Lichts und der Liebe verstößt, setzt das Wesen in Gedanken, Worten oder Taten negative Energien ins Universum frei. Diese Energien erreichen den damaligen Täter im Heute und in der Zukunft, da nichts im Universum linear ist, sondern alles zu seinem Ursprung, also zu seinem Verursacher zurückkehrt. Das kann viele Leben später sein, aber jeder wird irgendwann einmal mit dem, was er getan hat, konfrontiert. Diese Energien werden, wenn es erlaubt ist, mithilfe des Lichts wieder aus dem Universum genommen, sodass sie den Täter, wenn er seine Tat bereut und wieder gutgemacht hat, nicht mehr treffen können.

Außerdem haben bei der Tat immer auch negative Wesenheiten mitgewirkt, die möglicherweise noch im Heute ihre Beeinflussungen ausüben. Diese Wesen werden auf unsere Bitte hin im Rahmen der geistigen Gesetze vom göttlichen Licht transformiert und ins Licht gebracht. Die eigentliche Wiedergutmachung liegt darin, dass man den früheren Opfern eine Heilung zukommen lässt. Das Trauma, das durch die Tat entstanden ist, die negativen Energien, die Verletzungen und aufgestauten Emotionen dürfen herausgenommen und aufgelöst werden. Die Wunden werden geheilt, auch Aura und Chakren dürfen gemäß dem göttlichen Plan repariert werden. Dies führen Engel und Lichtwesen auf unsere Bitte hin durch.

Je mehr die Seele ihre Tat bereut, sich ändern und alles wieder gutmachen will, desto mehr dieser Ursache-Wirkungs-Energie wird gelöst. Einerseits können Sie die Wiedergutmachung mit einer bestimmten Person durchführen, mit der Sie Schwierigkeiten haben oder der es durch von Ihnen früher gesetzte negative Handlungen nicht gut geht. Sie können mit dem Pendel ganz leicht herausfinden, ob sie dieser Person in einem früheren Leben etwas angetan haben und mit ihr eine Wiedergutmachung machen dürfen. Andererseits sind Wiedergutmachungen auch zu einem bestimmten Thema mit einer größeren Anzahl Wesen möglich.

In diesem Fall kommen Sie an Ihre früher gesetzten negativen Taten heran, indem Sie Ihr Leben beobachten: Wirkt ständig unangenehme Energie ein, werden Sie immer betrogen, üben alle Macht über Sie aus, sind Sie ständig in finanziellen Schwierigkeiten etc.?

Dann können Sie davon ausgehen, dass Sie in früheren Leben in einer Vielzahl von Handlungen anderen dieselben oder ähnliche Unannehmlichkeiten bereitet haben; das konnte ich aufgrund meiner Wahrnehmungen immer wieder feststellen. Sie können nach und nach, jeweils aus aktuellem Anlass, allen Wesen des Universums in allen Zeiten Ihrer Vergangenheit, denen Sie jemals Schaden und/oder Leid zugefügt haben, eine Heilung zukommen lassen. Wie Sie das im Detail durchführen, wird im Folgenden genau beschrieben.

Wiedergutmachung

- *Wir gehen geistig auf die Ebene des höheren Selbst, auf unsere höchste Bewusstseinsebene, dort, wo wir mit unserem eigentlichen Sein und dem Göttlichen ganz verbunden sind. Wir stellen uns vor, dass wir Schritt für Schritt weiter hinauf ins Licht gehen, bis wir auf einem lichten Platz angelangt sind, wo wir unseren helfenden Engeln und anderen lichten Wesen begegnen können.*

- *Auf diesem Platz stellen wir uns in einen Lichtkreis. Wir bitten Lichtwesen, den Platz licht und rein zu halten, uns zu umgeben und zu schützen. Wir bitten nun die zuständigen Engel, unsere Seele zu unterrichten und auf die Wiedergutmachung vorzubereiten.*

- *Wir stellen uns nun ganz auf das Thema ein, z. B. Machtausübung und Unterdrückung, körperliche Gewalt, finanzielle Schädigung, magische Handlungen, Lüge und Betrug, Diebstahl und Raub, Beeinflussung und Manipulation, Hass, Neid, Ausnützen anderer Wesen für selbstsüchtige Zwecke,*

Führung auf den falschen spirituellen Weg usw. Das Thema kann aber auch ein Mensch sein, bei dem wir alles gutmachen wollen, dann stellen wir uns eben auf diesen einen Menschen ein.

- *Wir prüfen nun unsere Motive, warum wir diese Wiedergutmachung erreichen wollen. Ist es nur, damit es uns dann besser geht, oder geht es uns auch darum, dass all den Wesen, die durch uns geschädigt worden sind, nun geholfen wird? Sehen wir ein, dass unsere Handlungen nicht richtig waren, zu Leid und Dunkelheit führten? Haben wir den Wunsch, uns zu ändern? Wie verhalten wir uns anderen gegenüber im Hier und Heute? Wir bitten nun unseren Schöpfer um einen Strahl der göttlichen Liebe und Gnade – wir bitten, unsere Eigenschaften und Verhaltensweisen zu durchlichten und ins richtige Maß zu bringen, sodass wir wieder einen Schritt weiter zur Vollkommenheit und zum Licht gehen können.*

- *Wir bitten nun um einen großen Lichtkreis auf unserem Platz beim höheren Selbst und bitten unsere lichten Helfer, alle Wesen, denen wir zu einem Thema (Machtausübung) Leid und Schaden zugefügt haben, sei es körperlich, seelisch, geistig oder spirituell, nun in diesen Lichtkreis zu stellen. Alle Wesen, egal ob inkarniert oder nicht, ob Menschen, Naturwesen oder sonstige Bewohner des Universums, aus all unseren Inkarnationen zu allen Zeiten, auch aus diesem Leben, all diese Wesen bitten wir nun in den Lichtkreis.*

- *Wir bitten nun die zuständigen Engel und Lichtwesen, alle Wesen individuell zu unterrichten, damit sie die Zusammenhänge von Ursache und Wirkung besser verstehen können, und dass ihre Seele informiert wird, was durch die göttliche Gnade geschehen darf. Wir bitten unsere lichten Helfer, alles Leid, allen Schmerz, alle Blockierungen, alle negativen Gefühle, alle negativen Energien und alle Traumata, die diese Seelen aufgrund unserer negativen Handlungen erlitten haben, nun aus ihnen herauszunehmen und aufzulösen, soweit es im göttlichen Sinne im Hier und Heute sein darf. Wir bitten, bei diesen Wesen alle Wunden zu heilen und die göttliche Ordnung in Körper, Geist und Seele wiederherzustellen. Wir bitten helfende Engel an deren Seite, um sie auf den richtigen Weg zu führen und ihnen in allen Bereichen ihrer Entwicklung behilflich zu sein.*

- *Nun bilden wir einen weiteren Lichtkreis auf dem lichten Platz. Wir rufen die zuständigen Erzengel, Urvaterwesen und andere hohe Lichtwesen, die uns unterstützen wollen. Wir bitten, nun alle negativen Wesenheiten (Dämonen, Teufel, Erzteufel, überwiegend negative Geist-Seele-Wesen, Satansteile, negative Gedankenformen, negative Schöpfungen), die damals mitgewirkt haben, die Handlungen zu setzen, in diesen Lichtkreis hineinzustellen. Sofort ziehen wir diesen Lichtkreis zu einem Zylinder hoch und verschließen ihn oben und unten mit Licht. Wir bitten nun um einen Strahl der göttlichen Liebe und Gnade und stellen uns vor, dass dieser Strahl auf die dunklen Wesen auftrifft und sie auflöst bzw. so weit transformiert, dass sie ganz durchlichtet sind und von den Erzengeln und hohen Lichtwesen an einen Platz gebracht werden können, wo sie in ihrer Entwicklung fortschreiten und dann wieder ins Licht zurückkehren.*

- *Wir bilden einen weiteren Lichtkreis und bitten, alle noch im Universum verbliebene Energie, die zum eben behandelten Thema gehört, dort hineinzubringen, auch die, die bereits ins Heute und in die Zukunft einwirkt. Unsere lichten Helfer unterstützen uns dabei. Dann bitten wir, diese Energie aufzulösen und das Vakuum mit göttlichem Licht und allumfassender Liebe aufzufüllen.*

- *Wir fragen jetzt alle Wesen in dem Lichtkreis, die in der Vergangenheit durch uns zu Schaden gekommen waren, ob sie uns nun verzeihen können. Wir bitten Sie aus tiefstem Herzen um Verzeihung. Durch genaues Hinfühlen können wir erkennen, ob es den Seelen schon möglich ist zu vergeben. Oft können viele verzeihen, einige jedoch nicht. Wir bitten diese Wesen vorzutreten, bitten noch einmal um Unterricht für ihre Seelen und bitten noch einmal für sie um Heilung. Dann bitten wir nochmals um Verzeihung und fühlen genau hin, ob sie nun verzeihen können. Manchmal werden Sie erkennen, dass einige Menschen dabei sind, die Sie aus dem heutigen Leben kennen. Es ist ein sehr schönes Gefühl, wenn uns diese Menschen dann verzeihen können.*

- *Es ist nun an der Zeit, auch an uns selber zu denken, wie es uns jetzt geht. Wir fühlen tief in uns hinein und bitten das Licht, nun alle Schuldgefühle, alle Traurigkeit über die begangenen Taten und alle anderen negativen Gefühle aus uns herauszunehmen und aufzulösen; wir bitten auch alle negativen Energien, Gedankenformen und negativen Schöpfungen aufzulösen, soweit es im Hier und Heute gemäß dem göttlichen Prinzip sein darf. Wir bitten, uns nun ganz mit Licht und Liebe zu erfüllen und die göttliche Ordnung in unserem ganzen Sein wiederherzustellen.*

- *Wir richten unsere Aufmerksamkeit auf das göttliche höchste Sein und bitten um Lösung des Karmas mit all diesen Wesen. Wir bitten die Engel des Karmas, alle karmischen Verbindungen und alle dunklen Chords zu diesen Wesenheiten aufzulösen, alles, was jetzt in diesem Augenblick gelöst werden darf. Wir bitten um diese Gnade.*
  Wir bedanken uns bei unserem Schöpfer, den Engeln und Erzengeln, den Urvater- und Schöpferwesen und allen anderen Lichtwesen und Helfern für die Unterstützung. Wir bitten, nun alle Wesen wieder auf ihren richtigen Platz im Hier und Jetzt zu bringen. Auch wir begeben uns wieder ins Hier und Jetzt und bleiben mit dem Licht und unserem höheren Selbst verbunden.

Fallbeispiel:

Frau S. wurde von ihrem Vater von Kindheit an nicht geliebt und immer wieder schlecht behandelt, unterdrückt und sogar geschlagen. Sie konnte ihm nichts recht machen, er hatte an allem, was sie tat, etwas auszusetzen.

Das änderte sich auch nicht, als sie herangewachsen war und selber schon Kinder hatte. Zu den Enkelkindern war der Großvater freundlich und liebevoll, seine Tochter herrschte er jedoch nur an und hatte kein liebes Wort für sie. Frau S. litt sehr darunter und kam zu mir in die Praxis.

Ich sah, dass sie in einigen früheren Leben in verschiedenen Rollen ihrem Vater Böses angetan, ihn einmal sogar magisch verfolgt und verflucht hatte. Es ist nicht unbedingt nötig, sich die Leben anzuschauen; es genügt, das Pendel oder sein höheres Selbst direkt zu fragen, ob eine Wiedergutmachung mit einer bestimmten Person offen ist und nun durchgeführt werden darf. Wir durften eine Wiedergutmachung, so wie oben beschrieben, durchführen.

Als ich Frau S. das nächste Mal auf einem meiner Seminare traf, strahlte sie und erzählte mir, dass sich seit der Wiedergutmachung einiges getan hätte und die Situation viel besser geworden sei.

Fallbeispiel:

Herrn L. begegneten in seinem Leben immer wieder Menschen, die ihn unterdrückten und Macht über ihn ausübten, sei es nun im Beruf oder privat. Er war verzweifelt und sein Selbstbewusstsein sank immer mehr. Er entwickelte psychosomatische Erkrankungen, starke Spannungsgefühle und Magenschmerzen.

Wir kamen der Ursache bald auf die Spur. Er hatte in einer Vielzahl von Leben andere unterdrückt, Macht ausgeübt, mental für seine Zwecke beeinflusst und manipuliert. Er entdeckte bei sich noch Tendenzen, andere zu beeinflussen und zu manipulieren. Er erkannte diese Schwäche bei sich und wollte das ändern. Wir baten Lichtwesen, seine Eigenschaften und Verhaltensweisen zu diesem Thema zu durchlichten und ihm im Leben zu helfen, diese Charaktereigenschaft abzulegen. Dann durften wir eine Wiedergutmachung mit allen Wesen des Universums, über die er jemals Macht ausgeübt hatte, die er jemals manipuliert oder für seine Zwecke missbraucht hatte, durchführen.

Einige Monate später erfuhr ich, dass Herr L. seinen Beruf gewechselt hatte und nun sehr zufrieden war. Er war viel selbstsicherer geworden und begegnete nicht mehr so oft Menschen, die ihn unterdrücken wollten. Und wenn doch, dann setzte er sich gleich durch oder konnte sich leicht aus der Situation lösen.

Ich könnte noch eine Vielzahl solcher Beispiele bringen, aber wenn Sie in Ihrem Leben die Gnade der Wiedergutmachung erfahren, werden Sie selber »Wunder« erleben.

Chakratransformation

Die Chakren haben wichtige Funktionen in unseren energetischen Systemen und Ebenen. Die trichterförmigen Energiewirbel sind ständig damit beschäftigt, unverträgliche und verbrauchte Energien aus unseren Körpern herauszureinigen und uns frische Energien zuzuführen. Auf der körperlichen Ebene Vitalenergie, in die höheren Körper höhere Frequenzen bis hin zur spirituellen Energie.

Die Chakren können aus verschiedenen Gründen blockiert, verschmutzt und inaktiv sein, seien es alte Ängste und Traumata aus früheren Leben oder Sorgen und Leid, oder es blockiert eine negative

Wesenheit das Energiezentrum. Die Chakren können durch frühere falsche Praktiken deformiert oder zerrissen, aber auch durch Magie oder Einwirkung negativer Kräfte in den Strukturen zerstört sein. Wenn dies der Fall ist, wirkt sich das gestörte Chakra sowohl auf das körperliche Wohlbefinden als auch auf die Psyche und auf unsere gesamte Lebenssituation aus, und zwar in den Bereichen, die diesem Chakra zugeordnet sind.

Das ist jedoch kein Grund zur Besorgnis. Wenn wir nach dem Licht streben, haben Lichtwesen und Engel Zugang zu uns und helfen uns auf unsere Bitte hin bei der Reinigung, Heilung und Transformation unserer Chakren. Dazu sind jedoch unser Bewusstsein, unsere Konzentration auf das Problem und unser Lichtkanal notwendig.

Körperliche und psychologische Zuordnung der sieben Hauptchakren

Das erste Energiezentrum, das sich am unteren Ende der Wirbelsäule nach unten öffnet, nennen wir Wurzelchakra. Die Energie, die durch das Wurzelchakra aufgenommen wird, braucht man für den Knochenaufbau, die Muskeln und das Blut. Psychisch wirkt sich diese Schwingung positiv auf das Urvertrauen, die Vitalkraft, die Verbundenheit mit der Erde, die innere Stabilität und Durchsetzungskraft und auf alles Materielle und Finanzielle aus. Die Farbe Rot und die Schwingungen aller roten Kristalle wirken aufbauend und festigend in diesem Bereich.

Das zweite Energiezentrum nennen wir Emotional- oder Sakralchakra. Es befindet sich zwei Fingerbreit unter dem Nabel und öffnet sich nach vorne, aber auch mit einer zweiten Öffnung nach hinten (Kreuzbein). Das Zentrum versorgt unseren gesamten Beckenraum mit Energie, die Fortpflanzungsorgane, die Blase, einen Teil des Darms, aber auch Nieren und Lymphe. Es steht für den Bereich unserer ungefilterten Emotionen, den Fluss des Lebens, Kreativität und Lebensfreude. Die Farbe Orange hat hier ihre Entsprechung.

Das dritte Energiezentrum, das Solarplexus-Chakra, öffnet sich in der Mitte zwischen Nabel und unterem Ende des Brustbeines nach vorne, aber auch genau gegenüber am Rücken nach hinten. Es versorgt Nervensystem, Magen, Leber, Galle, Bauchspeicheldrüse, Milz und einen Teil des Darms mit Energie. Hier ist der Sitz unserer persönlichen Kraft und Stärke, unseres Selbstbewusstseins, unseres Erfolges, unserer Strahlkraft und Zufriedenheit mit uns selbst und unserem Leben. Das sonnige Gelb fördert dieses Chakra.

Das vierte Energiezentrum, das Herz-Chakra, das sich in Höhe des Herzens nach vorne öffnet und auch ein Gegenstück am Rücken aufweist, verbindet das Irdische mit dem Geistigen in uns. Die Energien aus unserem Herz-Chakra versorgen das physische Herz, Teile der Lunge, den Brustkorb und die Hände. Es ist das Zentrum für Zuneigung, Liebesfähigkeit, Mitgefühl, Hingabe und Heilung und verbindet uns mit der Natur, der Schönheit, der Kunst und allem Lebendigen. Die Farben, die das Herz-Chakra harmonisieren können, sind ein zartes Rosa und frisches Grün (Rosenquarz, rosa und grüner Turmalin).

Das fünfte Energiezentrum ist das Hals-Chakra, das Lunge, Bronchien, Speiseröhre, Luftröhre, Kehlkopf, Nacken, Kiefer, Kinn und die Schilddrüse mit Energie versorgt. Es weist ebenfalls eine trichterförmige Öffnung nach vorne und nach hinten auf. Hier befindet sich das Zentrum unserer Kommunikation, des Selbstausdrucks und der Selbstbestimmung, aber auch von Kreativität, Kunst und Medialität (z. B. mediales Schreiben oder Sprechen). Die Farbe Hellblau – wie das Meer und die Weite des Himmels – stärkt und aktiviert das Halszentrum (Chalzedon).

Das Stirn-Chakra oder »dritte Auge«, das sich sowohl nach vorne als auch am Hinterkopf nach hinten öffnet, ist das sechste Energiezentrum. Es versorgt die Stirn- und Nebenhöhlen, Augen, Ohren, Nase, Gesicht sowie Teile des Gehirns, Hypophyse und Epiphyse mit Energie. Es ist der Sitz unserer Intuition und außersinnlichen Wahrnehmungen und vermittelt uns im Idealfall eine Vorstellung von der Welt außerhalb von uns ohne Schleier und Illusionen. Die Farbe, die diesem Zentrum zugeordnet wird, ist Dunkelblau – wie der Himmel in einer sternenklaren Nacht. Der Lapislazuli erinnert daran.

Das Scheitel-Chakra oder auch Kronen-Chakra öffnet sich nach oben und versorgt das Großhirn und die Schädeldecke mit Energie. Das siebente Chakra verbindet uns mit dem universellen Sein. Hier können wir unsere Spiritualität erleben und entfalten. Wenn dieses Chakra aktiv und gut entwickelt ist, fühlen Sie sich eins mit Gott, den Lichtwesen, Engeln und dem ganzen Universum. Sie sind fähig, spirituelle Dinge zu begreifen und zu erleben. Strahlendes Weiß, Gold und Violett aktivieren dieses Chakra (Bergkristall, Diamant, Amethyst).

Wenn Sie Ihre Chakren mit folgenden Übungen immer wieder reinigen, in der Struktur aufbauen, festigen und aktivieren, findet nach und nach eine Transformation statt, die sich körperlich, seelisch und auf der spirituellen Ebene in Ihrem ganzen Sein positiv auswirkt. Nehmen Sie sich nicht zu viel auf einmal vor, machen Sie die Übungen lieber gründlich und in Ruhe. Es genügt, wenn Sie sich ein Chakra Ihrer Wahl pro Übungssitzung für diese tief greifende Heilung vornehmen. Je ruhiger und konzentrierter Sie sind, desto besser ist die Wirkung. Nehmen Sie sich für sich Zeit. Sorgen Sie dafür, dass Sie möglichst nicht gestört werden. Viel Freude und Licht für Ihre Chakratransformation! Sie können die folgende Heilarbeit für alle Chakren gleichermaßen anwenden.

- Bevor Sie beginnen, schützen und reinigen Sie wie gewohnt den Raum und sich selbst. Gehen Sie ganz ins Licht, bitten Sie um Führung und Hilfe.
- Setzen oder legen Sie sich ganz bequem hin und schließen Sie die Augen. Richten Sie Ihre Aufmerksamkeit auf das Energiezentrum, mit dem Sie sich heute beschäftigen wollen. Gehen Sie mit Ihrer Aufmerksamkeit immer tiefer und tiefer in das Chakra hinein.
- Nun bitten Sie, sehen oder fühlen zu dürfen, was Sie im Hier und Heute bedrückt, was Ihnen Sorgen bereitet, was Sie belastet. Viel-

leicht steigt ein Bild einer Person auf, oder es fällt Ihnen ein Streit mit jemandem ein oder eine andere belastende Situation, die schon weit zurückliegt. Es kann auch ein symbolisches Bild sein, das Sie nun wahrnehmen.

- Versuchen Sie zu ergründen, was Sie aus dieser Situation lernen können, und bitten Sie das göttliche Licht, Ihre Eigenschaften und Verhaltensweisen zu durchlichten und ins richtige Maß zu bringen und Ihre Seele zu unterrichten. (Auch wenn Sie die Ratschläge des Lichts nicht hören, die Seele nimmt sie wahr.)
- Dann bitten Sie das Licht, in das Bild oder die belastende Situation einzufließen und die Belastung in Ihnen aufzulösen. Sehen sie dabei zu, wie sich das Bild verändert. (Ein Seminarteilnehmer sah z. B. in seinem Wurzelchakra ein starkes Erdbeben, Häuser stürzten zusammen und er wurde unter den Trümmern begraben. Hier sah er ein Bild aus einem früheren Leben, das in ihm Katastrophenängste ausgelöst hatte. Bei der Durchlichtung mit göttlichem Licht sah er das Bild wie einen Film verkehrt ablaufen, die Häuser fügten sich wieder zusammen und seine Angst verschwand. Das Chakra war nicht mehr vor Angst verkrampft, sondern konnte wieder frei pulsieren.)
- Gehen Sie weiter in sich hinein und bitten Sie Ihr höheres Selbst, Ihnen noch weitere Bilder zu zeigen, die eine Blockade des Chakras verursachen. Durch das Auffinden der Ursache und die Bewusstwerdung wird das Problem aufgezeigt. Durch das Einleiten des göttlichen Lichts in das Problem wird die gestaute negative Energie transformiert. Bitten Sie immer wieder unseren Schöpfer, Ihr höheres Selbst und Ihren spirituellen Lehrer um Hilfe.
- Als nächsten Schritt stellen Sie sich vor, Ihr Chakra wäre ein Raum, in den Sie hineingehen. Sie schauen sich in dem Raum um, ob alles sauber ist oder voller Schmutz oder Schutt. Wenn Ihnen an dem Raum etwas nicht gefällt, beginnen Sie mit den Aufräumungsarbeiten und gestalten den Raum so, wie Sie ihn haben wollen und er Ihnen harmonisch erscheint. Achten Sie auch auf die Farben, auf Fenster und frische Luft.
- Bevor Sie den Raum wieder verlassen, bitten Sie das göttliche Licht, nochmals in den Raum einzufließen und ihn wirksam zu erfüllen.

Bitten Sie auch, Ihren Raum mit der für dieses Chakra richtigen Farbschwingung zu erfüllen. Bedanken Sie sich beim universellen Sein und bei den lichtvollen Helfern, bevor Sie den Raum wieder verlassen und die Türe sorgfältig hinter sich verschließen.

Kraftvolle Reinigung Ihres Chakras

- Sie gehen, wie Sie es von der Lösungsarbeit her kennen, auf Ihre höchste Bewusstseinsebene, Ihren lichten Platz beim höheren Selbst.
- Dann bitten Sie Lichtwesen, den Platz licht und rein zu halten und Ihre Seele zum Thema des Chakras zu unterrichten.
- Bitten Sie nun Ihre lichten Helfer, alle negativen Wesenheiten, negativen Schöpfungen, negativen Energien, negativen Gefühle und Manipulationen herauszunehmen, zu transformieren und ins Licht zu bringen bzw. aufzulösen. Seien Sie mit Ihrem lichten Bewusstsein dabei, helfen Sie mit, und achten Sie gut darauf, dass alle Wesen und Energien, die jetzt transformiert werden dürfen, auch ins Licht gebracht werden.
- Bitten Sie nun Lichtwesen, das Chakra in der Struktur wieder ganz aufzubauen, mit göttlichem Licht zu erfüllen und gut zu schützen. Sehen Sie zu, bis das Chakra wieder in seiner feinstofflichen Konsistenz ganz geheilt und voll mit Energie ist. Bitten Sie nun, das Chakra mit allen ihm entsprechenden göttlichen Qualitäten zu erfüllen. Richten Sie Ihre Konzentration auch auf die Aktivierung dieses Zentrums.
- Vergewissern Sie sich, dass ein guter Schutz über dem Chakra liegt, eine feinstoffliche semipermeable Lichtmembran, die alles Negative abhält und alles Lebensfördernde, Aufbauende, Positive hindurchlässt.
- Wenn Sie das Gefühl haben, dass das Chakra nun gefestigt, aktiv, licht und rein ist, dann bedanken Sie sich bei den lichten Helfern und beim göttlichen Sein und gehen geistig wieder auf Ihre alltägliche Bewusstseinsebene ins Hier und Jetzt.

Sie können sich folgende Meditation auf Kassette aufnehmen. Vorerst müssen Sie sich ruhig und entspannt fühlen.

Meditation zur Chakrareinigung

- *Ich bin ganz ruhig und entspannt, ganz ruhig und locker, und ich spüre die Energie strömend warm fließen. Der ganze Körper ist zur Ruhe gekommen, alle Muskeln und Nerven sind zur Ruhe gekommen, ich fühle mich vollkommen ruhig und gelöst, vollkommen gelöst. Auch mein Geist ist vollkommen ruhig, entspannt und klar.*

- *Nun wandere ich mit meiner Aufmerksamkeit auf mein Wurzel-Chakra. Ich stelle mir vor, dass ich hier einen inneren Raum betrete, in dem die Farbe Rot vorherrscht, ich sehe mich in diesem Raum um. Wie sieht er aus? Ist alles sauber und klar und leuchtet das Rot freudig und frisch? Oder kann ich Unreinheiten erkennen, Staub, Nebel, Schmutz oder dunkle Felsen? Nehme ich hier vielleicht auch Personen wahr? Ich habe nun genug Zeit, mir alles anzusehen, und wenn der Raum schmutzig ist, dann mache ich mich an die Arbeit, um ihn zu säubern.*

- *Wenn der Raum wieder sauber, hell und rein ist, lade ich meine Freunde aus der lichten Welt, die Engel und Lichtwesen, ein, mich zu besuchen. Ich bitte sie, mir bei der Entwicklung meines Wurzel-Chakras zu helfen, bei all den Qualitäten, wie z. B. Urvertrauen, Umgang mit dem Materiellen, Lebenskraft und Lebensfreude, Stabilität, Durchsetzungsvermögen, und allen göttlichen Qualitäten, die diesem Chakra zugeordnet sind.*

- *Nun verlasse ich diesen Raum, schließe die Türe hinter mir und wandere weiter mit meiner Aufmerksamkeit zum zweiten Chakra, dem Emotional- oder Sakralzentrum. Neugierig öffne ich die Türe zu dem orange ausgestatteten Raum. Ich sehe mich wieder ganz genau um, ich habe wieder viel Zeit dazu. Ich reinige nun, so gut ich kann, auch diesen Raum. Wenn ich fertig bin, erscheinen auch schon meine lieben Engel, um diesen Bereich mit allen göttlichen Qualitäten zu erfüllen, die hier zu ihrer Entfaltung gelangen können, z. B. Vertrauen in das Leben, loslassen können, mit dem Leben fließen, Gefühle zulassen können, das Schöne im Leben mit allen Sinnen genießen können, kreativ und lebensfroh sein. Ich sehe, dass sich der Raum immer mehr mit einem strahlend hellen Orange füllt und voll lichter Kraft ist.*

- *Ich verlasse nun den orangeroten Raum, denn ich weiß, ich kann jederzeit hierher zurückkehren. Ich schließe die Türe sorgfältig hinter mir und wandere weiter zum dritten Zentrum, dem Solarplexus-Chakra in der Magengegend.*

- *Ich öffne die Türe zu dem in einem sonnigen Gelb ausgestatteten Raum und schaue, was mich hier erwartet. Nachdem ich auch hier alles gereinigt, auf Hochglanz gebracht und den Raum liebevoll gestaltet habe, sehe ich auch hier, wie die Engel diesen Raum mit strahlendem, sonnigem Licht und göttlicher Kraft erfüllen. Ich spüre, wie mein ganzes Sein von dieser Energie erfüllt wird.*

- *Ich gehe nun wieder hinaus aus diesem Raum, schließe die Türe und fühle, wie wunderbar entspannt und ruhig ich inzwischen geworden bin.*
  Ich besuche nun mein Herzzentrum. Dieser Raum ist mit den Farben Rosa und Grün ausgestattet. Ich öffne die Türe, schaue mich um und betrachte aufmerksam alles, was mir in diesem Raum gezeigt wird. Was mir nicht gefällt, das ändere ich. Während ich meinen Herzensraum reinige, sehe ich, wie die Farben immer intensiver und heller zu strahlen beginnen. Ich fühle eine noch nie dagewesene Liebe zu allem Sein. Dafür danke ich meinem Schöpfer. Nachdem sich die allumfassende Liebe in meinem ganzen Sein ausgebreitet hat, verlasse ich langsam wieder diesen Raum, schließe die Türe hinter mir und gehe weiter zum Hals-Chakra.

- *Dieser Raum ist in Hellblau ausgestattet, ich öffne die Türe und schaue mir alles genau an. Wahrscheinlich gibt es hier noch viel zu tun. Ich mache mich an die Arbeit und gestalte mir meinen Innenraum neu. Ich beginne immer mehr Freiheit und Weite zu atmen, je mehr mein Hals-Chakra gereinigt wird. Meine helfenden Lichtwesen sind unermüdlich dabei, die göttliche Qualität dieser Lichtschwingung in mein Halszentrum zu kanalisieren. Hier entwickeln sich mein Selbstausdruck, die Freude an der Kommunikation, Kreativität und Medialität. Ein helles, strahlendes Blau erfüllt mich, und ich könnte die ganze Welt umarmen.*

- *Nun muss ich auch diesen Raum wieder verlassen, schließe die Türe hinter mir und wandere weiter zu meinem Stirn-Chakra, dem »dritten Auge«, und bin schon ganz neugierig, was ich hier zu sehen bekommen werde. Ich öffne diese Tür, und ein schönes Dunkelblau mit Gold strahlt mir wie ein Sternenhimmel entgegen. Ich gehe weiter hinein in diesen meinen inneren Raum und versuche alles wahrzunehmen, was mir hier gezeigt wird. Dann gestalte ich diesen Raum neu, nach meinen eigenen Wünschen und Vorstellungen, harmonisch und klar. Die Lichtwesen und Engel helfen mir dabei und so mancher Schleier fällt von meinen Augen ...*

- *Aber auch hier drehe ich mich wieder um und verlasse diesen Raum, schließe die Türe ganz sorfältig hinter mir und wandere nun zu meinem Kronen-Chakra, das mich mit dem Göttlichen verbindet. Ich halte inne, um mich zu sammeln, und öffne nun erwartungsvoll diese Türe. Mein Erstaunen ist groß, denn vor mir liegt ein Tempel, der in hellem Licht erstrahlt; weißes, golddurchwirktes Licht strahlt von oben unaufhörlich in diesen Tempel aus weißem Marmor. Ich gehe weiter hinein und schaue mich nun genauer um. Gibt es hier etwas, was das helle Licht trübt? Ist auch der Kanal nach oben hell und rein? Wenn ich etwas Unreines entdecken sollte, reinige ich es mit goldenem Licht ...*

- *Wenn alles gereinigt ist, stelle ich mich in die Mitte des Tempels, wo von oben das göttliche Licht hell und klar hereinströmt und mich mit göttlicher Liebe durchdringt. So gereinigt und durchlichtet verweile ich noch einige Zeit in meinem Tempel, um zu beten und zu meditieren; ich verbinde mich ganz mit meinem Schöpfer und bin eins mit ihm.*
  Ich bedanke mich bei den Engeln und Lichtwesen, dass sie mir geholfen haben, meine Chakren mit den wunderschönen Farbschwingungen und allen göttlichen Qualitäten zu erfüllen, sodass ich mich optimal entwickeln kann.

- *Nun verlasse ich diesen schönen Ort, doch ich weiß, ich werde noch oft hierher zurückkehren. Ich schließe andächtig die Türe hinter mir und wandere langsam von meinen inneren Welten wieder hinaus in die Außenwelt, spüre meinen Körper wieder ganz im Hier und Jetzt, meine Aufmerksamkeit ist wieder auf meine Umwelt gerichtet, ich atme tief durch, öffne die Augen und kann mich an alles erinnern, was ich vorhin in mir wahrgenommen habe.*

DAS UNBEWUSSTE
ANSICHTEN, ABSICHTEN, ABMACHUNGEN

Wir sind gewöhnt, uns mit unserem Körper, mit unserem Wachbewusstsein und mit dem, was wir von uns wissen, zu identifizieren.

Aber wir sind viel mehr. Unser eigentliches Sein besteht aus einer Vielzahl von Aspekten, die abwechselnd in den unzähligen feinstofflichen oder feststofflichen Inkarnationen im Vordergrund der Persönlichkeit stehen, bewusst erlebt werden, Erfahrungen sammeln und gemäß ihrer derzeitigen Entwicklung denken und handeln. Die jeweils mehr oder weniger im Hintergrund befindlichen Aspekte sind dem inkarnierten Wesen im Allgemeinen unbewusst. Sie wirken jedoch allesamt durch ihre Ansichten, Absichten und die Folgen ihrer Abmachungen mit den verschiedensten geistigen Wesen in das jeweilige Leben ein und steuern unerkannt die Verhaltensweisen und Entscheidungen des Lebenden. Diese Seinsaspekte nennen wir in ihrer Gesamtheit »das unbewusste Sein«.

Nun soll aber das unbewusste Sein nicht immer unbewusst bleiben, denn um etwas in uns zu lösen und zu transformieren, ist es oft gut und wichtig, Unbewusstes bewusst zu machen. So wird z. B. bei jeder Rückführung in frühere Leben etwas bislang nicht Bewusstes bewusst. Sie können dadurch mehr über sich erfahren und sich selber in Ihrer Gesamtheit besser kennen lernen.

Sie können davon ausgehen, dass einige Aspekte Ihres unbewussten Seins ganz andere Ansichten haben als Sie selbst im Hier und Heute. Wenn Sie zum Beispiel schon viel an sich gearbeitet und gelöst haben, Ihre Lebensumstände immer besser werden, Sie aber auf der anderen Seite ständig etwas suchen, worunter Sie leiden könnten, liegt die Vermutung nahe, dass Ihr Unbewusstes aus einem bestimmten Grund überzeugt ist, leiden zu müssen. Diese Ansicht des Unbewussten ist so stark, dass sie Ihr Leben bestimmt.

Das Unbewusste kann auch bestimmte Absichten und Ziele verfolgen, die sich von denen Ihres bewussten Seins durchaus unterscheiden. Diese können für Ihr heutiges Leben positiv und bereichernd wirken, wenn Sie das Unbewusste zum Erwachen drängt und Ihr Interesse für das Geistige weckt. Das Unbewusste kann aber auch in bestimmten Seinsbereichen sehr destruktiv und zerstörerisch sein, uns auf den falschen Weg führen (der unbewusste Aspekt ist von diesem Weg jedoch überzeugt), gute Freunde ablehnen, sie sogar ins spirituelle Verderben führen wollen und vieles andere mehr.

Wenn wir uns vor Augen halten, dass das Unbewusste, genauso wie wir in dieser Inkarnation, noch nicht vollkommen licht und rein ist, sind uns auch dessen falsche Ansichten und Absichten verständlich. Da diese sich auf unser Leben stark auswirken können, ist es sinnvoll, einen guten Kontakt mit seinem Unbewussten zu pflegen, um sie in vollem Umfang kennen zu lernen. Dazu ist es hilfreich, sich die früheren Inkarnationen der derzeit unbewussten Aspekte in einer Art »Selbstrückführung«, wie sie im Kapitel »Erinnerungen an frühere Leben« beschrieben ist, anzusehen.

Will man beginnen, sich mit seinem Unbewussten intensiver auseinander zu setzen, dann ist es von Vorteil, wenn die grundlegende Lösungsarbeit schon weitgehend abgeschlossen ist. Durch diese Arbeit und durch die täglichen Gebete und Meditationen ist Ihre Wahrnehmung schon gut geschult, und Sie können relativ ungestört in Ihr Unbewusstes eintauchen, um es zu seinen Ansichten und Absichten zu verschiedenen Lebensthemen zu befragen. Auch mittels Pendeln ist es möglich, durch gezielte Fragestellungen vieles über unbewusste Bereiche zu erfahren.

Egal, ob Sie Ihr Unbewusstes direkt in der Meditation befragen oder mit dem Pendel, wichtig sind auch hier wieder die Verbindung mit dem Licht, das Reinigen des Raumes, das Gebet um Schutz, Führung und Hilfe und das Aufsuchen des Lichtplatzes beim höheren Selbst während der Arbeit. Nachstehend einige Fragen, die Sie Ihrem Unbewussten über dessen Ansichten und Absichten stellen können. Gehen Sie mit Ihrem Bewusstsein ganz tief in Ihre unbewussten Bereiche hinein, bevor Sie die Frage stellen.

Fragen an das Unbewusste

- Wie sind deine wahren Ansichten zu Spiritualität und der Entwicklung zum Licht?

- Was hältst du von meinem Beruf, meiner Berufung, meiner Lebensaufgabe?
- Wie beurteilst du meine Inkarnation hier auf der Erde, in der Materie?
- Was sagst du zu meinen Beziehungen, zum Partner, zu Eltern, Kindern, Freunden?
- Was hältst du von diesem meinem Problem?
- Hilfst du mir, meine Probleme zu lösen?
- Was hast du in Zukunft mit mir vor?
- Wohin willst du mich führen?
- Hast du jemandem von meinen Verwandten, Bekannten oder Freunden Rache geschworen?

So oder ähnlich könnten Ihre Fragen lauten, die Sie Ihrem Unbewussten stellen. Sie werden bemerken, dass die Ansichten und Absichten in sehr vielen Fällen ganz anders sind als in Ihrem Wachbewusstsein dieser Inkarnation und sich hindernd auf Ihre Entwicklung, Ihre Spiritualität, die Durchführung von Projekten und Vorhaben, Ihre Lebensfreude und Lebensqualität auswirken.

Wir haben das Glück, in diesem Leben erwacht zu sein und nun bewusst positiv auf unser Unbewusstes einwirken zu können. Wenn Sie in Ihrem Unbewussten eine bestimmte Ansicht entdecken, die Ihrer Entwicklung hinderlich ist, dann können Sie wie folgt vorgehen:

- Wir stellen unsere zum Thema gehörigen unbewussten Bereiche in einen Lichtkreis und bitten unseren Schöpfer, lichte Wesen aus den höchsten Sphären zu entsenden, um die Aspekte gemäß der göttlichen Wahrheit, den göttlichen Gesetzmäßigkeiten und dem göttlichen Plan zu unterrichten und sie zu durchlichten, damit sie in der Entwicklung zum Licht fortschreiten und sich alle falschen Ansichten und Absichten zum Positiven im Sinne des Göttlichen verändern.

Danach stellen Sie Ihrem Unbewussten die selben Fragen nochmals. Sie werden erstaunt sein, wie schnell Ihr Unbewusstes gelernt hat und wie Sie von diesem großen und mächtigen Teil Ihres Selbst nun unterstützt werden. Aber Achtung! Nicht immer ist es so einfach. Des Öfteren liegen einer destruktiven Haltung Abmachungen wie Versprechungen oder Pakte mit Satan selbst oder anderen negativen Wesenheiten zugrunde. So eine negative Wesenheit kann aufgrund des Versprechens schon Teile des Unbewussten übernommen haben und ins Heute zerstörerisch einwirken.

Diese Abmachungen wurden manchmal in früheren Existenzen getroffen, um von der negativen Seite Macht, Geld, Schönheit, Anziehungskraft oder magische Fähigkeiten zu erlangen. Dafür versprachen viele Wesen den negativen Kräften, für sie zu arbeiten, ihnen Seelen zuzuführen, sie durch sich wirken zu lassen, oder verschrieben gar einen Teil ihrer Seele dem Bösen. In diesem Fall kann man ähnlich vorgehen. Stellen Sie die Frage:

- Hast du eine Abmachung, z. B. einen Vertrag, ein Versprechen oder einen Pakt mit negativen Wesen oder Satan?

In vielen Fällen kann die Seele durch Unterricht den Irrtum erkennen. Sie fragen dann das Unbewusste nochmals, ob es jetzt bereit ist, diese Abmachungen aufzulösen.

- Wenn ja, dann bitten Sie Lichtwesen zu helfen. (Es kann sein, dass der Aspekt selber oder das negative Gegenüber sagt, dieses Versprechen, dieser Pakt sei für ewig und könne nie mehr und durch nichts aufgelöst werden. Lassen Sie sich davon nicht beirren – das stimmt nicht!)
- Bitten Sie anschließend, alle Kanäle zum Negativen zu schließen, alle falsche Macht und die von Satan verliehenen Fähigkeiten in Ihnen aufzulösen, Ihr ganzes Sein nochmals zu reinigen, zu heilen, mit göttlichem Licht und allen göttlichen Qualitäten zu erfüllen, nochmals zu unterrichten und zum Licht zu führen. Dabei müssen Sie unter Umständen auf spirituelle Fähigkeiten verzichten, z. B. Hellsichtigkeit und Medialität. Sind diese aber von der falschen Seite verliehen, helfen sie Ihnen nichts. Es gilt, sie auf lichter Basis zu entwickeln. Das geht dann allerdings meist recht rasch.

Fragen Sie Ihr unbewusstes Sein nochmals, was es nun über ein bestimmtes Thema denkt und wie es Sie in Zukunft unterstützen möchte. Eine besondere Form der Abmachung, die uns immer wieder in unserer Arbeit begegnet, ist die Zusage, Keime satanischer Wirkungsqualität in sich aufzunehmen und in sich wachsen und reifen zu lassen.

Sie können mit dem Pendel herausfinden, ob und wie viele solcher Keime Sie in sich tragen. Erfragen Sie weiters, wie viele vielleicht schon herangereift sind und wie Parasiten, die aus ihren Eiern geschlüpft sind, je eine Ihrer Persönlichkeitsschichten übernommen haben, sodass einzelne Teile von Ihnen schleichend und unerkannt satanisch wirken.

- Lösen Sie die Abmachung wie oben beschrieben.
- Fragen Sie Ihr höheres Selbst und die Lichtwesen, ob die Abmachung nun gelöst ist, die Keime herausgenommen und sowohl diese als auch die infizierten Persönlichkeitsschichten transformiert werden dürfen.

Die Techniken sind Ihnen ja schon von der Lösungsarbeit her vertraut. Die transformierten Keime werden ins Licht gebracht, die Persönlichkeitsschichten nach der Transformation gereinigt, Ihrem Schwingungszustand angepasst und Ihnen wieder integriert.

Auch in früheren Leben abgelegte Gelübde, zum Beispiel in Sekten oder Klöstern, können sich im Heute störend auswirken. Aus eigener Erfahrung wissen wir, dass unter anderem folgende Gelübde an der Entwicklung zum wahren Licht hindern: das Leid anderer auf sich zu nehmen, Märtyrer zu sein und sich für andere zu opfern bis zum Tod, sein Geld zu verschenken und selbst nichts zu besitzen. Solange das Unbewusste an diesen Gelübden festhält, kommt man trotz Lösungs- und Entwicklungsarbeit nicht aus dem Leid heraus, denn man nimmt das Leid anderer auf sich. Besser ist es, den anderen zu informieren, wie er sich selbst aus seiner Leidenssituation lösen kann. Auch die finanzielle Situation kann sich nicht bessern – selbst wenn Sie viel Geld verdienen, können Sie keine Rücklagen bilden, solange das Armutsgelübde wirkt. Die Gelübde können Sie auf dieselbe Art und Weise lösen wie die Verträge und Pakte. Fragen Sie:

- Hast du in früheren Leben Gelübde abgelegt, die heute an der wahren Entfaltung hindern?
- Forschen Sie in Ihren unbewussten Bereichen, welche Arten von Gelübden Sie möglicherweise abgelegt haben, in irgendeinem Leben in früheren Zeiten, auf diesem oder auf anderen Planeten.

Manchmal hält das Unbewusste auch noch an so genannten falschen Freunden aus seiner dunklen Vergangenheit fest, die vielleicht Versprechungen einfordern oder einfach aufgrund ihrer alten Zugehörigkeit Beeinflussungen ausüben. Fragen Sie die entsprechenden Aspekte mit dem Pendel, ob dies auch bei Ihnen der Fall ist:

- Umgibst du dich mit falschen Freunden aus deiner dunklen Vergangenheit?
- Lösen Sie die Versprechungen und bitten Sie Lichtwesen, die Wesen, die sich um Sie herum aufhalten und Sie bedrängen oder beeinflussen, auf ihren richtigen Platz zu bringen.

Mit der Zeit wird durch diese Lichtarbeit Ihr Unbewusstes immer mehr gereinigt und wirkt auf Ihr Leben, auf diesen Aspekt in dieser Inkarnation, nicht mehr hemmend und störend, sondern aufbauend und fördernd. Durch die Arbeit mit Ihrem Unbewussten ist es möglich, raschere Fortschritte in Ihrer Entwicklung zu machen, da viele behindernde Faktoren gelöst werden. Schließen Sie Freundschaft mit Ihrem Unbewussten, je mehr Sie über dieses so genannte Unbewusste erfahren, desto mehr leben sie Ihr ganzes Sein.

Sie sind nicht nur das, was Sie mit Ihrem Wachbewusstsein wissen oder erkennen, sie sind viel mehr: ein großes Wesen, das schon viele Erfahrungen gemacht hat, auf unzähligen Planeten in unzähligen Seinsformen gelebt hat; ein Wesen, das schon großes Wissen erworben, aber immer wieder Fehler begangen hat und von der Dunkelheit verführt und missbraucht wurde. Damit wir die Wahrheit erkennen und die göttliche Gegenwart spüren können, ist es hilfreich, eine gute, reine Verbindung zu unserem höheren Selbst zu schaffen. Das höhere Selbst ist der Teil der Seele, der vollkommen im Licht und im Göttlichen ruht.

- Aber auch die unbewussten Ebenen sind von Ihrem eigentlichen Sein, dem höheren Selbst, getrennt. Gehen Sie wieder in Ihren Lichtkreis und bitten Sie Lichtwesen, Sie in Ihrem Aspekt, aber auch Ihre unbewussten Seinesebenen, zum Thema »Verbindung mit dem höheren Selbst« zu unterrichten.
- Bitten Sie nun Lichtwesen, die Verbindung zu Ihrem höheren Selbst wiederherzustellen, den Kanal zu reinigen, zu erweitern, sowohl zu Ihrem Wachbewusstsein als auch zu Ihrem Unbewussten.
- Bitten Sie nun das höhere Selbst, sein Licht, seine Anleitungen und seine Heilung Ihrem ganzen Sein zukommen zu lassen. Bitten Sie um Durchlichtung und Führung, speziell auch für Ihre unbewussten Bereiche.

Fallbeispiel:

Herr M., ein langjähriger Bekannter, fühlte sich immer wieder von negativen Energien überschwemmt, obwohl er schon von vielen alten Anbindungen und Verbindungen zu negativen Wesen und Kräften durch die Lösungsarbeit befreit worden war. Als wir sein Unbewusstes betrachteten, sahen wir einen großen Bereich im Dunkeln. Durch einen Kanal drang ständig besonders negative Energie in ihn ein. Sein Unbewusstes sagte uns, dass es einen Pakt mit Satan geschlossen hatte. Er hatte den Vertrag, wie in Volkssagen beschrieben, mit Blut unterzeichnet. Er versprach damals, der Gegenseite Seelen zuzuführen, wenn er dafür Reichtum und Macht bekäme. Er sollte auch uns, seine Freunde, mit negativer Energie so eindecken, dass wir den Kontakt zum Licht verlieren und in die Dunkelheit stürzen würden. Wir hatten wirklich während seiner häufigen Besuche, bei denen wir ihm nach bestem Wissen und Gewissen bei seinen Problemen halfen, unter dieser negativen Kraft zu leiden, obwohl er in seinem jetzigen Leben zum Licht strebt und nichts mehr mit dunklen Mächten zu tun haben möchte.

Nachdem der Pakt gelöst und der Kanal zu Satan geschlossen war, litten er und seine Umgebung nicht mehr unter diesen Energien. Sein Unbewusstes wollte nun anderen Menschen helfen und positiv wirken.

Fallbeispiel:
Frau B., die an ihrer Entwicklung sehr interessiert ist und ziemlich ehrgeizig daran arbeitet, zum Licht zu kommen, Lösungsarbeit gemacht hat und stets darauf bedacht ist, dass sie nur mit gereinigter Aura und ganz im Licht zu uns kommt, machte eines Tages eine erschreckende Entdeckung: Als sie ihr Unterbewusstsein befragte, wie es zu mir, ihrer langjährigen Lehrerin, stünde, kam prompt die Antwort: »Ich will sie töten.« Wir waren beide sehr erschrocken und forschten weiter, warum das Unbewusste so etwas sagen konnte. Wir fanden heraus, dass ich in einem früheren Leben einmal Macht über sie ausgeübt und sie mir daraufhin ewige Rache geschworen hatte. Das Karma war schon längst gelöst, dieser unbewusste Aspekt konnte mir jedoch noch nicht verzeihen. Nachdem das Unbewusste durch Lichtwesen Unterricht bekommen und den Schwur zurückgenommen hatte, war die Sache bereinigt. Wir waren beide erleichtert.

Fallbeispiel:
Frau H. konnte kein Interesse an ihrem Sexualleben finden. Ihr Mann begann immer mehr darunter zu leiden. Obwohl Frau H. spirituell sehr erfahren war und schon viele Rückführungen gemacht hatte, war sie noch nicht zu der Ursache ihrer Abneigung vorgedrungen. Sie hatte auch diesbezüglich eine Blockade. Sie ist medial sehr begabt und kann frühere Leben und innere Bilder gut wahrnehmen, aber diesbezüglich kam sie nicht weiter. Als ich ihr Unbewusstes dazu befragte, sagte es, dass die Sexualität satanisch sei und sie deshalb nichts mehr damit zu tun haben wolle. Der Einfluss dieses Glaubens war so stark, dass er sich in ihrem Leben derart tief greifend bemerkbar machte. Wir erforschten die tieferen Hintergründe und kamen dahinter, dass sie die Sexualität in vielen Leben zu schwarzmagischen Zwecken missbraucht hatte. Auch hatte sie sich mit Satan vermählt, und immer, wenn sie sexuell aktiv war, ergoss dieser seine satanischen Kräfte über sie und ihren Liebhaber. Nun war uns alles klar, und wir baten wieder die göttliche Gegenwart und die Lichtwesen um Hilfe, um das Unbewusste zu unterrichten, die Vermählung mit Saten zu lösen und ihre natürliche Sexualkraft zu reinigen und zu durchlichten. Als wir das Unbewusste neuerlich befragten, wie es nun zum Thema Sexualität stehe, sagte es, dass die Sexualität viel zur Belebung der Partnerschaft und zur Lebensfreude beitragen könne.

DER SATANISCHE ANTEIL DES UNBEWUSSTEN

Es geht hier um den völlig satanischen Anteil in uns, der an all den Leben, die seit dem Sturz in die satanische Finsternis stattgefunden haben, noch keinen Anteil hatte, sich nicht entwickelt hat und daher noch nicht ins Licht zurückgelangt ist. Die negative Welt will natürlich den letzten Rest Macht über uns nicht verlieren. Mit der Bearbeitung dieses Anteils in uns verringert sich aber der Zugriff des Bösen auf unser Sein. Im Laufe unserer Entwicklung zum Licht transformiert sich je nach Entwicklungsstand der Seele von Zeit zu Zeit ein Stück des völlig Negativen, insbesondere anlässlich einer Verbesserung der Eigenschaften und Verhaltensweisen. Dadurch wird dieser Teil immer kleiner.

Sie können bei sich selbst feststellen, wie viel Prozent Ihres gesamten Seins Ihr völlig satanischer Anteil einnimmt. Er ist die tiefste Dunkelheit in unserem Unbewussten. Manchmal blitzen für Sekunden in unserem Wachbewusstsein ein Gedanke an Rache und Mord oder abgrundtiefer Hass, Eifersucht, Neid und Missgunst auf, und wir sind ganz verstört, dass wir so etwas auch nur denken oder fühlen können und schieben dieses Gefühl und diesen Gedanken schnell wieder ins Unbewusste zurück. Dadurch wird es aber nicht anders und nicht besser.

Wenn Sie an sich solche Gedanken und Gefühle erkennen, dann holen Sie sie hervor, bitten das Licht um Hilfe, geben Sie die Energien in einen Lichtkreis, und transformieren Sie diese und das zugehörige satanische Stück wie in der Lösungsarbeit beschrieben. Dann bitten Sie noch um Durchlichtung all Ihrer Eigenschaften, Verhaltensweisen und Fähigkeiten. Je öfter Ihnen solch ein Teil Ihres Unbewussten bewusst wird, desto mehr davon können Sie transformieren. Bemühen Sie sich außerdem, im alltäglichen Leben, in Gedanken, Worten und Taten im Licht, in der Wahrheit und in der Liebe zu bleiben.

Der völlig negative Anteil in uns kann von unserem Wachbewusstsein kaum kontrolliert werden. Er agiert wie ein selbstständiges negatives Wesen und kann andere Personen richtiggehend angreifen, ohne dass wir selber es bemerken. Haben wir aber dessen Destruktivität erkannt und halten ihn anderen gegenüber im Zaum, so versucht er, sein zerstörerisches Potenzial nach innen, gegen uns selbst, zu richten.

Um ihn unter Kontrolle zu behalten, bitten Sie Lichtwesen, ihn für einen dem göttlichen Plan gemäßen Zeitraum in Licht einzukapseln und zu verwahren. Daraufhin kann er nach und nach in Transformationssitzungen hervorgeholt und bearbeitet werden bzw. sich durch ein positives Leben in Verbindung mit dem Licht und durch wiederholte Durchlichtung der Eigenschaften und Verhaltensweisen vollkommen in Licht umwandeln. Dann kann das Böse nicht mehr unkontrolliert durch Sie auf andere wirken und sich auch nicht zerstörerisch gegen Sie selbst wenden.

Wenn Sie in der Behandlung Ihrer unbewussten, in Entwicklung begriffenen Aspekte so weit fortgeschritten sind, dass keine Abmachungen mit Satan und völlig negativen Wesen mehr bestehen, könnte es Ihnen erlaubt sein, den Rest Ihres völlig satanischen Anteils auf einmal zu transformieren. Fragen Sie Ihren spirituellen Lehrer oder Ihr höheres Selbst, bzw. forschen Sie mit dem Pendel nach. Mit dieser Transformation würden Sie einen großen Schritt vorwärts zu Ihrer Befreiung machen.

Fallbeispiel:

Eine nette Dame, Lehrerin von Beruf, kam wegen Depressionen und Lebensproblemen zu mir. Während der Behandlung – einer Wiedergutmachung – löste sich plötzlich ein energetischer Teil aus ihr, beugte sich über den Tisch und begann mich zu würgen. Zuerst dachte ich, ich sehe ein Bild aus einem früheren Leben, meine helfenden Lichtwesen sagten mir jedoch, dass dies der satanische Anteil dieser Frau sei. Sie war mir in ihrem Wachbewusstsein wohlgesinnt, aber ihr völlig negativer Teil, der noch ziemlich groß und mächtig war, wollte ihre Heilung verhindern. Mir passierte nichts Ernsthaftes, ich hatte den guten Schutz meiner lichten Helfer, aber ich war um eine Erfahrung reicher geworden. Wir durften ihren satanischen Teil in Licht einkapseln, damit er weder anderen noch ihr selbst Schaden zufügen konnte.

Oftmals konnte ich beobachten, wie sensitive, sensible Menschen auf das Einwirken von satanischer Energie reagieren. Das kann von Gefühlen der Abneigung gegen den anderen, obwohl er doch so nett ist, bis hin zu Sprechhemmungen, Verwirrtheit, Atembeschwerden und Kopfschmerzen reichen. Manchmal wirkt die Enrgie auch viel subtiler und nicht sofort erkennbar. Man ändert plötzlich seine Ansichten, hat keine Lust mehr, zu beten und zu meditieren, hat Kälte- oder Hitzeempfindungen und vieles mehr. Im täglichen Leben ist es nicht leicht, damit umzugehen, denn einerseits will man ja offen und kontaktfreudig sein, andererseits kann der satanische Anteil eines sehr sympathischen Menschen plötzlich angreifen.

Wenn Sie etwas spüren, dann glauben Sie Ihren Wahrnehmungen. Bitten Sie Lichtwesen, sofort einen Schutz um Sie zu legen und eine Lichtwand zwischen Ihnen und dem anderen aufzubauen, sodass der positive Kontakt zu der Person aufrechterhalten werden kann, das Negative jedoch abgehalten wird. Seien Sie dem anderen deshalb nicht böse und bleiben Sie im Licht. Es ist besser, die Dinge so zu sehen, wie sie sind, nicht, wie man sie gerne haben möchte.

Erweiterung und Heilung der verschiedenen Körperebenen

Eine gute und sinnvolle Möglichkeit, die Heilung, Erweiterung und Entwicklung in den verschiedenen Schwingungsebenen und Bereichen unseres komplexen Seins zu beschleunigen, ist es, die verschiedenen Körperebenen einzeln zu betrachten und zu behandeln. Durch die Verbindungen mit dem Negativen aus früheren Leben, aber auch durch die zwangsweise Konfrontation mit negativen Wesen und Kräften während unserer Entwicklung werden unsere Ebenen immer wieder verschmutzt und deren Strukturen zerstört.

Außerdem ist von allen Ebenen meist nur jeweils ein Teil vom Bewusstsein erfasst und somit belebt. Im unbewussten, unbelebten Teil der Ebene können negative Wesen unbehelligt ein und aus gehen wie auf einer unbewachten Baustelle. Obwohl dabei Zerstörungen und Verschmutzungen passieren, merken Sie nichts davon, solange dieser Teil unbelebt ist. Käme er aber ungereinigt im Rahmen einer Erweiterung anlässlich eines Entwicklungsschrittes in Ihr Bewusstsein, würden Sie die Belastungen bemerken, sich vielleicht fragen, wo Sie sich das wieder eingefangen haben, und eventuell sogar denken, einen Fehler oder Rückschritt gemacht zu haben. Bei der planmäßigen Erweiterung mit Hilfe der Lichtkreistechnik kann das nicht passieren.

Nach solch einer Erweiterung sollten Sie die Ebene sofort reinigen und die Strukturen reparieren. Hingegen können Sie auch ohne vorherige Erweiterung immer wieder reinigen und reparieren. Eine Reparatur der Strukturen – insbesondere der spirituellen Ebene, fallweise auch einer anderen – kann bei wiederholt auftretenden satanischen Toren (TNW) Hilfe bringen.

Wenn Sie die in diesem Kapitel beschriebenen Techniken zur Erweiterung und Heilung Ihrer Ebenen öfter anwenden, lernt Ihre Seele. Ihre Lichtkraft wird dadurch immer stärker und lässt eines Tages Verschmutzungen und Zerstörungen der Strukturen nicht mehr zu.

Ätherische Ebene

Unter der ätherischen Ebene verstehen wir unsere feinstoffliche Struktur, die genauso gebaut ist wie unser feststofflicher Körper, nur etwas weniger dicht und daher nicht für alle Menschen sichtbar. Im ätherischen Körper sind alle inneren Organe genauso wie im feststofflichen Körper angelegt. Wenn hier Störungen auftreten, so hat dies eine unmittelbare Auswirkung auf unser Wohlbefinden.

Emotionalebene

Hier ist der Sitz unserer Gefühle und Emotionen. Diese Ebene reicht mit ihren feinstofflichen Strukturen noch weiter als die vorige über unseren feststofflichen Körper hinaus. Die nicht verarbeiteten oder verdrängten negativen Gefühle aus diesem oder aus früheren Leben wirken von dieser Ebene aus in unser ganzes Energiesystem störend hinein.

Mentalebene

Hier haben alle Gedanken, Ideen und Pläne ihren Ursprung. Die Gedanken formen sich in diesem feinstofflichen Bereich, der uns ganz durchdringt und weit über unsere Physis hinausragt, aufgrund ihrer darin angelegten Struktur. Wenn der Mentalbereich durch Einwirkungen von außen oder eigene negative Gedanken verschmutzt ist, fühlen wir diese Belastungen in unserem ganzen Sein.

Seelenebene

Unsere Seele hat schon viele Erfahrungen in den verschiedensten Inkarnationen gesammelt. Auch sie kann durch verschiedene Einflüsse und negative Energien belastet und ihre Strukturen können beschädigt sein.

Spirituelle Ebene

Die spirituelle Ebene könnte man nach den in ihr vorhandenen unterschiedlichen Schwingungsqualitäten in verschiedene Teilebenen gliedern. Für die hier beschriebene Heilbehandlung ist das jedoch nicht notwendig. Wenn unsere spirituellen Ebenen gut entwickelt sind, spüren wir die Verbindung zum göttlichen Sein, zu den Engeln und Lichtwesen und zu den höheren Dimensionen. Treten hier Verschmutzungen auf, so beginnen Zweifel, das Gefühl der Abgetrenntheit von allem Sein, das Gefühl der Bedrohung und Angst. Nach der Reinigung und dem Aufbau der feinstofflichen Strukturen sind diese Empfindungen und Wahrnehmungen schlagartig verschwunden.

Die folgenden Anleitungen können für alle Ebenen gleichermaßen angewendet werden.

Schritt 1: Pendeln

- Pendeln Sie auf der Prozentetabelle, zu wie viel Prozent Sie die Ebene, die Sie behandeln wollen, bereits mit Ihrem Bewusstsein erfasst haben. Nehmen Sie Ihre gesamte Ebene, also die schon bewussten und die noch unbewussten Bereiche, als 100 % an. Versuchen Sie alle Beeinflussungen zu vermeiden, schützen Sie sich und den Raum und haben Sie keine bestimmten Erwartungen. Tragen Sie den Wert in die nachstehende Tabelle ein.
- Pendeln Sie, zu wie viel Prozent diese Ebene rein und licht ist, wenn Sie 100% als die völlige Freiheit von negativen Wesen, Schöpfun-

gen, Gedankenformen und Energien ansehen. Tragen Sie den Wert ein.

- Sie können nun mit dem Pendel feststellen, zu wie viel Prozent die Struktur der Ebene noch heil ist. 100% wäre ein vollkommen intakter feinstofflicher Aufbau. Tragen Sie auch diesen Wert in die Tabelle ein.
- Wenn Sie wollen, können Sie auch noch den Grad der Vollkommenheit Ihrer Eigenschaften, die durch die jeweilige Ebene repräsentiert werden, messen. Nehmen Sie als 100 % die Qualität, die in einem irdischen Leben maximal zu erreichen ist. Die Gefahr, durch Wunschdenken einen falschen Wert zu erhalten, ist hier naturgemäß besonders groß.

Schritt 2: Erweiterung der Bewusstheit der Ebene

- Stellen Sie sich ganz bewusst auf die Ebene ein, die Sie behandeln wollen. Gehen Sie wie gewohnt auf Ihren Platz beim höheren Selbst und in den Lichtkreis. Bitten Sie um einen lichten Halbkreis im Anschluss. Bitten Sie, die Ebene in den Halbkreis hinauszustellen. Fragen Sie, ob nun eine Erweiterung Ihrer Ebene stattfinden darf. Wenn ja, bitten Sie um Unterricht durch Lichtwesen. Danach bitten Sie die zuständigen Engel und Lichtwesen, die Erweiterung durchzuführen. Wenn die Erweiterung nach wenigen Minuten beendet ist folgt:

Schritt 3: Reinigung der Ebene

- Sie können mit der Reinigung auch ohne vorherige Erweiterung beginnen. Nachdem Sie Ihren Platz beim höheren Selbst aufgesucht, die Lichtkreise errichtet und um Unterricht gebeten haben, bitten Sie, aus dieser Ebene alle negativen Wesen, Schöpfungen, Gedankenformen, Energien, Emotionen und sonstigen Belastungen herauszunehmen und aufzulösen. Bitten Sie das göttliche Licht, die Ebene ganz zu erfüllen und zu heilen.

Schritt 4: Reparatur der Strukturen der Ebene

- Zuvor soll jedenfalls eine Reinigung stattgefunden haben. Bitten Sie die Lichtwesen, die Strukturen Ihrer Ebene gemäß dem göttlichen Plan zu reparieren. Das kann einige Minuten dauern. Halten Sie den Lichtkanal, und warten Sie geduldig ab, bis Sie das Gefühl haben, dass die Lichtwesen die Heilung beendet haben. Bitten Sie, die Ebene mit göttlichem Licht zu erfüllen, die Wunden zu heilen und die Ebene in Licht einzuhüllen. Bitten Sie, die Ebene zu integrieren und auch Sie in Ihrer Ganzheit in Licht einzuhüllen. Bedanken Sie sich bei Ihren unermüdlichen lichten Helfern.

Schritt 5: Durchlichtung der Eigenschaften und Verhaltensweisen

- Von Zeit zu Zeit können Sie auch bitten, die Eigenschaften, die in Ihren Ebenen gelagert sind, zu durchlichten. Der Prozentsatz Ihrer Lichtqualität bessert sich von Mal zu Mal, kann aber in der Zwischenzeit auch wieder absinken. Letztlich kommt es darauf an, wie Sie sich im Leben verhalten und an sich arbeiten. Die Durchlichtung kann nur eine Hilfestellung sein und ersetzt keinesfalls das beständige Bemühen um die eigene Vervollkommnung.

Schritt 6: Kontrolle

- Überprüfen Sie mit dem Pendel, in welchem Ausmaß diese bestimmte Ebene nun als Hilfe für die Beschleunigung Ihrer Entwicklung durch das Licht erweitert wurde, und tragen Sie den Wert in die Tabelle ein. Sie haben dann Anhaltspunkte für die weiteren Heilsitzungen. Seien Sie nicht überrascht, wenn der Protzentsatz der Erweiterung das nächste Mal wieder zurückgegangen ist. Dann konnten Sie die Werte im Leben nicht aufrechterhalten. Aber das Licht hilft uns immer wieder, wenn wir uns nicht nur im Geiste, sondern auch im täglichen Leben bemühen, zum Licht weiterzuschreiten.

- Überprüfen Sie mit dem Pendel, ob diese Ebene nun licht und rein ist.
- Überprüfen Sie mit dem Pendel, ob es möglich war, die Struktur dieser Ebene ganz zu heilen. Wenn nicht, behandeln Sie Ihre Ebene in den nächsten Tagen nochmals, bis die Struktur zu 100 % wiederaufgebaut ist. Wenn Ihre Struktur nicht in Ordnung ist, können negative Energien und negative Wesenheiten leichter in Ihr System eindringen.
- Überprüfen Sie gegebenenfalls auch Ihre Position auf dem Weg zur Vollkommenheit Ihrer Eigenschaften und Verhaltensweisen.

	Datum:								Datum:							
	Bewußtheit		Reinheit		Struktur		Eigenschaften		Bewußtheit		Reinheit		Struktur		Eigenschaften	
spirituelle E.																
Seelenebene																
Mentalebene																
Emotionaleb.																
ätherische E.																
feststoffl. E.																

DIE VERNETZUNG DER KÖRPER UND DIE EINGELAGERTEN EIGENSCHAFTEN

Der feststoffliche Körper, der Emotionalkörper und der Mentalkörper sind nach unserer Wahrnehmung durch eine feine, netzartige Struktur miteinander verbunden, in der charakterliche Eigenschaften gelagert sind, deren Benennung uns durch Lichtwesen übermittelt wurde. Sie sind auf einer Liste festgehalten, die Sie jedoch noch nach eigenen Erkenntnissen ergänzen können. Jede dieser Eigenschaften hat ein ideales Maß zwischen Mangel und Übertreibung.

Auf dem spirituellen Weg kommt man nicht umhin, sich mit seinen Eigenschaften und Verhaltensweisen näher auseinander zu setzen. Es dauert oft sehr lange, bis man sich selbst genau kennen gelernt hat und sich so sehen kann, wie man wirklich ist, und nicht so, wie man gerne sein möchte. Wenn man es geschafft hat, eine Eigenschaft an sich zu entdecken, die man gerne ändern möchte, tauchen weitere Probleme auf. Man bemüht sich krampfhaft, anders zu sein, unterdrückt seine Eifersucht, seinen Neid, seinen Zorn, und es wird alles nur noch schlimmer. Bei der nächsten Gelegenheit ist die Eifersucht, der Neid, der Zorn, die Eigenschaft, die man ändern möchte, noch in voller Stärke da. Das ist für manche schier zum Verzweifeln. Wie soll ich da weiterkommen, wenn sich diese Eigenschaft in mir einfach nicht ändert?!

Es gibt einige Möglichkeiten, dieses Problem durch geistige Heilung mithilfe des Lichts anzugehen. Die erste Frage wäre: Habe ich noch eine Wiedergutmachung zu meinem aktuellen Thema zu machen? Um z. B. bei der Eifersucht zu bleiben: Habe ich in früheren Leben Handlungen gesetzt, um andere in die Eifersucht zu treiben? Hatte ich kein Mitgefühl mit den Leidenden? Es gibt eine Vielzahl von möglichen Fragestellungen. Die Antworten können Sie direkt von Ihrem höheren Selbst bzw. Ihrem spirituellen Lehrer oder mit dem Pendel erhalten.

Wenn Sie festgestellt haben, dass Sie zu einem Thema noch Wiedergutmachungen durchführen sollen, dann gehen Sie dabei genau nach Anleitung vor, wie es im Kapitel »Wiedergutmachungen« beschrieben ist. Durch die Heilung der Schäden, die Ihre damaligen Taten bei Ihren Opfern verursacht haben, lösen sich auch bei Ihnen Karma, negative Energien und Emotionen. Die Wiedergutmachung bewirkt in Ihnen eine tief greifende Veränderung.

Manchmal ist jedoch schon alles Karma gelöst und trotzdem reagiert man in manchen Situationen mit starken negativen Gefühlen. Fragen Sie Ihre höheren Instanzen, ob vielleicht traumatische Erlebnisse, sei es aus der Kindheit, der jüngsten Vergangenheit oder früheren Leben, diese Eigenschaften in Ihnen fördern. Auch hier können Sie, wie im Kapitel »Innere Bilder heilen« beschrieben, die Ursache mithilfe von Lichtwesen lösen und heilen.

Falls einer Eigenschaft keine bösen Taten oder/und traumatische Erlebnisse mehr zugrunde liegen, dann wenden Sie die nachstehende Heilungstechnik an. Die Durchlichtung und Heilung der Vernetzung ist eine unterstützende Maßnahme, sie ersetzt allerdings nicht das beständige Bestreben, sich zu bessern.

Heilungstechnik

- Stellen Sie die Charaktereigenschaften fest, die näher an das rechte Maß geführt werden sollen (mit dem Pendel nach der Eigenschaften-Liste).
- Stellen Sie die Größe der Abweichung in Prozent fest (mit dem Pendel nach der Tabelle mit + für zu viel, und – für zu wenig und 0 für das richtige Maß dieser Eigenschaften).
- Bitten Sie um einen Lichtkreis auf der entsprechenden Ebene des höheren Selbst in die Mitte des Platzes. Stellen Sie sich hinein.
- Fragen Sie, ob die Durchlichtung und Heilung dieser Eigenschaften jetzt gemacht werden darf.
- Fragen Sie, ob Sie noch Unterricht brauchen. Wenn ja, bitten Sie um Unterricht.
- Bitten Sie, die entsprechenden Bereiche der Eigenschaften und Verhaltensweisen und die entsprechenden Vernetzungen in den Energiekörpern zu durchlichten und zu heilen.
- Bitten Sie, den physischen Körper mit seinem ätherischen Negativabbild, den Emotionalkörper und den Mentalkörper zu reinigen.
- Fragen Sie, ob eine Nachbehandlung nötig ist. Wenn ja, bitten Sie um diese Behandlung.
- Bitten Sie, Sie in Licht einzuhüllen.
- Gehen Sie wieder hinunter.
- Stellen Sie mit dem Pendel die Größe der nach der Durchlichtung verbliebenen Abweichung vom rechten Maß fest.

Die in der Liste angeführten Begriffe haben wir uns nicht willkürlich ausgedacht, sondern während der praktischen Tätigkeit anlässlich aufgetretener Probleme von Lichtwesen mit der Zielsetzung erbeten, möglichst treffende deutsche Bezeichnungen zu erhalten. Sie ist daher auch unvollständig und soll durch eigene Wahrnehmungen ergänzt werden. Die Praxis hat ergeben, dass einige dieser Begriffe ziemlich eindeutig in eine positive oder negative Richtung gehen. Es ist aber doch so, dass an sich gute Eigenschaften durch Übertreibung ins Gegenteil verkehrt werden.

Abgrenzung		
Abwehr		
Achtsamkeit		
Anerkennung, Bedürfnis nach		
Angst		
Angst, spirituelle		
Annehmen der Geschlechtszugehörigkeit		
Ärger		
Aufmerksamkeit		
Aufrichtigkeit		
Ausgeglichenheit		
Ausgeliefertsein		
Ausgewogenheit		
Besorgnis		
Blockierung		
Dankbarkeit		
Demut		
Differenzierung		
Durchsetzungskraft		
Ehrgeiz		
Eifersucht		
Eigenwille		
Empfindlichkeit auf negative Energien		
Entscheidungsfähigkeit		
Entschiedenheit		
Erregbarkeit		
Feindseligkeit		
Festigkeit		
Flexibilität		
Fluchttrieb		
Geduld		
Gelassenheit		
Geltungsbedürfnis		
Geradlinigkeit		
Geringschätzung		
Glaube		
Groll		
Haltsuche im Außen		
Hilfsbereitschaft		
Intuition		
Kampfbereitschaft		
Kampfgeist		
Kontrollmechanismus		
Kooperation		
Koordination		
Lebendigkeit		

Liebesfähigkeit		
Liebe, universelle		
Machtausübung		
Manipulation		
Mitgefühl		
Mut		
Neid		
Offenheit		
Organisation		
Orientierung		
Planung		
Recht-haben-Wollen		
Selbstbewusstsein		
Selbsteinschätzung		
Sorgen		
Starrsinn		
Strebsamkeit		
Toleranz		
Unsicherheit		
Überlegung		
Verantwortung		
Vernichtungsangst		
Verständnis		
Vertrauen		
Vertrauen in das Göttliche		
Verwirrung		
Verzeihen, Fähigkeit zum		
Verzweiflung		
Wehrhaftigkeit		
Weitsicht		
Wille		
Wohlwollen		
Zufriedenheit		
Zukunftsangst		
Zuversicht		

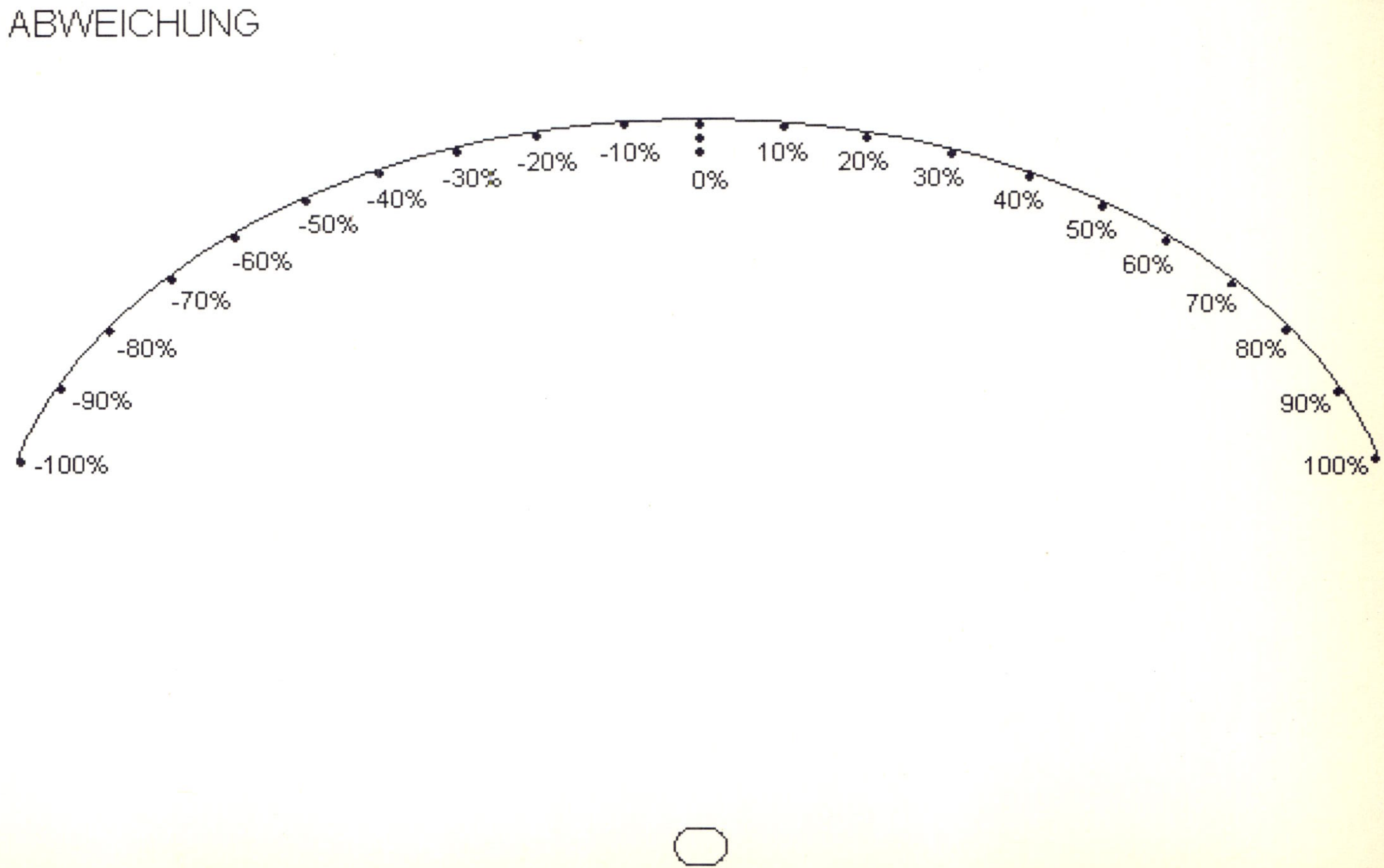
ABWEICHUNG
-100%
-90%
-80%
-70%
-60%
-50%
-40%
-30%
-20%
-10%
0%
10%
20%
30%
40%
50%
60%
70%
80%
90%
100%

Das folgende Gebet kann Ihnen bei der Entwicklung Ihrer Eigenschaften und Verhaltensweisen helfen:

Gebet zur Entfaltung der Eigenschaften, Verhaltensweisen und Fähigkeiten zur Vollkommenheit

Ich bin verbunden mit dem Licht, meinem Schutzengel, meinen spirituellen Lehrern und den Lichtwesen, die mich zum Licht leiten. Demütig bitte ich um Zugang zur göttlichen Gegenwart in mir. Ich bin nun bereit, alle Eigenschaften, Verhaltensweisen und Fähigkeiten, die nicht dem Göttlichen entsprechen, abzugeben.

Ich bitte das höchste göttliche Sein, mich mit allen göttlichen Qualitäten zu erfüllen und dadurch meine guten Anlagen zum Erblühen zu bringen. Bitte erfülle mich mit deiner göttlichen Weisheit, damit ich mich selbst sehen und die Wahrheit hinter dem Schein erkennen kann. Bitte erfülle mich mit deiner göttlichen Kraft, damit ich dem Bösen in jeder Form widerstehen kann.

Bitte erfülle mich mit deiner göttlichen Liebe, damit mein Herz vor Liebe, Wohlwollen und Mitgefühl überfließt zum Wohle allen Seins.

Bitte erfülle mich mit deiner göttlichen Freude, damit ich diese lichte Freude der Seele durch meine Ausstrahlung in allen Menschenherzen entzünden kann, die dafür bereit sind.

Bitte erfülle mich mit deiner göttlichen Harmonie, damit ich in Gelassenheit und Ausgeglichenheit in meiner Entwicklung immer mehr voranschreite und in deinem Sinne auf Erden lebe.

Höchstes göttliches Sein, ich bitte dich demütig um Reinigung und Entfaltung der spirituellen Fähigkeiten, die der Reife meiner charakterlichen Eigenschaften entsprechen. Ich bitte, damit dich und deine lichte Schöpfung besser erkennen und als Überbringer deines Lichtes, deiner Botschaften und deiner göttlichen Qualitäten wirken zu dürfen. Ich danke dir für deine Gnade.

UNSER WIRKUNGSPOTENZIAL

Sie, das Wesen, das schon in vielen Leben auf verschiedenen Planeten in feststofflichen und feinstofflichen Inkarnationen in den verschiedensten Rollen Erfahrungen gesammelt hat, Fehler begangen hat, Rückschritte gemacht hat, aber auch begonnen hat, den Weg zurück zum Licht zu suchen, und positiv im Universum gewirkt hat, Sie haben aufgrund Ihrer Erfahrungen und erworbenen Kräfte eine ganz bestimmte Wirkung auf Ihre Umwelt.

Sie wirken so, wie Sie sind. Ihr ganzes Sein wirkt gemäß Ihrer derzeitigen Entwicklung auf andere Wesen und auf die Umwelt ein. Sie wirken nicht so, wie Sie gerne möchten oder sich den Anschein geben zu sein, sondern so, wie Sie in allen Ihren unbewussten und bewussten Bereichen wirklich sind.

Die Schwingungen, die von Ihnen ausgehen, können Sie nicht willentlich manipulieren, zurückhalten oder verändern. Ihre Seelenschwingung ist so, wie Sie aufgrund Ihrer Entwicklung sind. Nicht besser und nicht schlechter. Dieses Wirkungspotenzial kann durch die Entwicklung zum Licht verbessert werden.

Negatives Wirkungspotenzial hat in der Welt schon viel Unheil angerichtet. Das Thema heißt: Macht. Wir alle sind im Grunde sehr mächtige Wesen. Da wir jedoch noch nicht vollkommen sind, ist ein Teil der Macht, die durch uns wirkt, negative, destruktive Energie, auch ohne dass wir diese Macht jetzt im Heute missbräuchlich anwenden wollen.

Wahrscheinlich haben Sie selber bei jemand anderem schon manchmal eine machtvolle destruktive, negative Ausstrahlung gespürt, obwohl dieser Mensch zu Ihnen freundlich war. Wir nennen dies negatives Machtpotenzial. Auch Sie selbst haben einen gemäß Ihrer Entwicklung größeren oder kleineren Anteil negativer Macht.

Aber auch hier können Sie mit der Hilfe des göttlichen Lichts und der helfenden Engel Ihre Entwicklung zum Licht beschleunigen. Sie können mit dem Pendel von Zeit zu Zeit auf der Prozentetabelle feststellen, wie viel negatives Machtpotential Sie noch in sich tragen, aber auch, wie viel positive Macht Sie bereits durch Transformation gewonnen haben. Nehmen Sie 100% als die auf der Erde maximal erreichbare

Lichtkraft, vollkommene lichte Macht. Tragen Sie die Werte vor und nach der Durchlichtung in die Tabelle ein und dokumentieren Sie damit Ihre Fortschritte.

		Datum					
Wirkungspotential	positiv						
	negativ						

- Gehen Sie auf die Ebene Ihres höheren Selbst in einen Lichtkreis und fragen Sie, ob die Durchlichtung jetzt gemacht werden darf.
- Bitten Sie Lichtwesen um Unterricht zum Thema Macht.
- Bitten Sie nun um Durchlichtung Ihres negativen Machtpotenzials.
- Schließen Sie ab wie immer und messen Sie mit dem Pendel Ihre Verbesserung

Sie können sicher sein, dass in der Schule des Lebens sofort eine Prüfung folgt. Sie werden dann an der Lebenssituation erkennen, wie Sie jetzt mit Ihrer Macht anderen gegenüber umgehen. Wenn Sie Ihr Machtpotential öfter durchlichten und sich im Leben bemühen, Ihre Macht als positive Lichtkraft einzusetzen, wird sie bald ganz gereinigt und im Licht sein. Sie werden auf andere Wesen und das Universum bewusst und unbewusst nur noch positiv und lebensfördernd einwirken.

Botschaft zum Thema Macht:

Das Thema Macht ist eines der wichtigsten Themen in der gesamten Entwicklung überhaupt, denn der Sturz in die Finsternis wurde durch Machtmissbrauch ausgelöst. Die geschaffenen, entscheidungsbefähigten Wesen wurden mit aller Macht und allen göttlichen Qualitäten ausgestattet, um an der Schöpfung Gottes teilzuhaben, zum Wohle des Universums und aller Wesen.

Die Wesen, die gegen die göttlichen Prinzipien verstoßen und ihre Macht und Schöpferkraft missbraucht haben, haben sich vom Licht entfernt. Sie erlagen den Verlockungen der satanischen Irreführungen und stürzten immer weiter in die Finsternis. Nun hatten die Wesen ihre Verbindung zum Schöpfer verloren, und das Gesetz der Selbstreinigung, das Gesetz von Ursache und Wir-

kung (Karma), das für solche Fälle vorgesehen war, trat in Kraft. Es war die einzige Chance: durch leidvolles Erkennen des Fehlverhaltens sich wieder dem Licht zuzuwenden, den Machtmissbrauch zu erkennen und sich künftig den göttlichen Prinzipien des Positiven in allen Bereichen zu unterstellen.

Nun seid ihr dabei, Stück für Stück eure lichte Macht und Kraft wiederzuerlangen. Ihr seid nun so weit, dass ihr Erkenntnis und Lernen durch das Licht anstrebt und zum Positiven wollt, eure alten Fehler erkennt, eure Fähigkeiten und eure Macht gemäß dem göttlichen Plan zum Wohle der ganzen Schöpfung einsetzen wollt. Ihr bekommt vom Licht alle Unterstützung, die ihr braucht.

DIE SEELE IN ANDEREN UNIVERSEN

Wir, hier in unserer Inkarnation, in dieser Zeit, an diesem Ort fühlen uns als das, was wir von uns wahrnehmen. Und doch sind wir sehr viel mehr. Unsere Gesamtseele macht nicht nur in den verschiedenen Inkarnationen unserer Seinsform in unserem Universum ihre Erfahrungen, sondern auch in verschiedenen anderen Universen.

Unsere früheren Leben, die wir in Rückführungen erkennen, beziehen sich alle auf die eine Seinsform unserer Seele, die in den verschiedensten Welten dieses Universums, feststofflicher oder feinstofflicher Natur, immer wieder inkarniert und lernt. Andere Seinsformen unserer Gesamtseele machen Erfahrungen in anderen Universen und inkarnieren in den dortigen Welten auch immer wieder, bis sie genügend Erfahrungen gesammelt haben. Die Erfahrungen werden alle der Gesamtseele integriert. Alle Seinsformen haben Verbindung zu ihrem eigentlichen Sein, ihrem höheren Selbst. Das höhere Selbst ist der Mittelpunkt, wo alle Seinsformen eins sind. Das heißt alle Seinsformen aus den verschiedenen Universen haben dasselbe höhere Selbst. Es ist ja dieselbe Seele.

Die Seinsformen in den verschiedenen Universen sind wie Finger einer Hand. Sie ragen in Raum und Zeit hinein. Die gesamte Hand stellt die ganze Seele dar, der Handteller das höhere Selbst.

Die Seinsformen aus den anderen Universen haben aber keine Verbindung zu uns in unserem Universum, so wie Finger untereinander keine Querverbindungen haben, nur die Verbindung zum Handteller. Die Universen sind schwingungsmäßig so voneinander getrennt, dass wir unseren anderen Seinsformen nicht begegnen können, obwohl sie in ihrem Bereich auch in Raum und Zeit existieren.

Fallweise kommt es aber bei spirituell entwickelten Menschen in ihren höchsten Ebenen zu einer Wahrnehmung, dass eine ihrer anderen Seinsformen in spiritueller Not ist. Dann können Sie mit Ihrem jetzigen Wissen von hier aus helfen. Darüber hinaus könnten Sie, viel Erfahrung vorausgesetzt, auch Einzelnen dabei helfen, sich zu reinigen und ein Stück weiter ins Licht zu gehen. Sie fördern damit die Entwicklung Ihrer Gesamtseele.

Sie können mit dem Pendel feststellen, wie viele Ihrer Seinsformen in anderen Universen existieren.

- Erfragen Sie mit dem Pendel, wie viele Ihrer Seinsformen in anderen Universen existieren, welche davon Hilfe brauchen und ob Sie ihnen jetzt helfen dürfen.
- Nummerieren Sie die Seinsformen und messen Sie, wie viel Prozent jede im Licht ist. Einige werden wahrscheinlich weitgehend rein sein.
- Bitten Sie dann das höhere Selbst, Ihnen zu zeigen, was die problematischen Seinsformen brauchen.
- Falls Sie genau sehen, was sie brauchen, bitten Sie Lichtwesen, wenn es sein darf, diese Behandlungen vorzunehmen.
- Falls Sie keine Bilder wahrnehmen können, gehen Sie trotzdem wie folgt weiter vor.
- Sie sind auf Ihrem lichten Platz beim höheren Selbst in einem Lichtkreis. Bitten Sie Lichtwesen, Ihre Seinsform Nr. ... in einen zweiten Lichtkreis zu stellen.
- Bitten Sie nun das göttliche Sein um einen Strahl der göttlichen Liebe und Gnade und um Entsendung helfender Engel und Lichtwesen. Bitten Sie um Unterricht durch das Licht für die andere Seinsform.
- Bitten Sie nun um Lösung von allen negativen Wesen und Kräften und sonstigen Verhängnissen, soweit es im Hier und Jetzt gemäß den göttlichen Gesetzmäßigkeiten sein darf.

- Bitten Sie um Heilung. Bitten Sie, die Seinsform wieder in ihr Universum zurückzubringen und die Übergänge gemäß der göttlichen Ordnung zu versorgen.

Wr wurden gefragt, warum die Lichtwesen und Engel sowohl in unserem als auch in den anderen Universen nicht von sich aus eingreifen, wenn jemand in Not ist. Nach unseren bisherigen Erkenntnissen agieren Lichtwesen und Engel nur auf unsere ausdrückliche Bitte hin und führen nur genau das aus, worum wir sie in diesem Augenblick bitten. Der Grund ist wahrscheinlich, dass unsere Willensbildung dazu notwendig ist. Unsere Entscheidung ist es, uns vom Negativen zu befreien. Wir bekommen diese Gnade, aber wir müssen gezielt darum bitten. Gott hat uns unseren freien Willen gegeben. Nach unserem Sturz in die Dunkelheit braucht es unsere ausdrückliche Willenskundgebung in jedem einzelnen Fall, um von der Dunkelheit befreit zu werden und Schritt für Schritt ins Licht zurückzukehren.

ÜBUNGEN ZUR WAHRNEHMUNG UND REINIGUNG DER KÖRPER

Sie können Ihre Entwicklung fördern, wenn Sie sich so oft wie möglich Zeit für das folgende Gebet um Führung und Hilfe nehmen:

Gebet um Führung und Hilfe

Höchstes göttliches Sein, ich möchte mich heute ganz mit dir und mit deinem Licht verbinden. Bitte reinige mich mit einem Strahl deiner göttlichen Liebe und Gnade, damit ich fähig werde, mit dir und deinen Engeln und Lichtwesen Kontakt aufzunehmen und geistig in hohe Lichtsphären zu gelangen.

Ich bitte dich um Unterricht für meine Seele, damit ich in meiner Entwicklung fortschreite, meine Eigenschaften und Verhaltensweisen licht und rein werden und sich meine Fähigkeiten entfalten. Ich bitte dich, meine Wahrnehmung für das göttliche Licht, die Wahrheit, das Schöne und Reine, die Engel und Lichtwesen, die hohen göttlichen Sphären und für das ganze von dir geschaffene Universum zu erhöhen.

Ich bitte dich auch, mein Bewusstsein zu erweitern, um deine Schöpfung, die geistigen Gesetzmäßigkeiten und die Abäufe im gesamten Universum besser verstehen zu können.

Ich verbinde nun meinen Seelenaspekt hier auf dieser Erde mit meinem höheren Selbst, meiner in Gott ruhenden Lichtseele, jenseits von Zeit und Raum. Ich nehme geistig Kontakt zu meinem Schutzengel, zu meinem spirituellen Lehrer und zu meinen lichten Führern und Helfern auf.

Höchstes göttliches Sein, ich bitte dich, diese Verbindungen nun zu reinigen, zu durchlichten und zu stärken, sodass ich in der Lage bin, mit diesen Wesen in Kontakt zu treten und ihre Botschaften zu empfangen. Bitte erfülle mein Herz mit deiner göttlichen Liebe und Freude, damit ich deine Liebe und Freude in die Welt ausstrahlen kann. Ich bin nun bereit, dein Licht, deine Liebe und deine Freude zu empfangen ...

Ich danke dir aus tiefstem Herzen und lasse meine Liebe nun auch zu dir und deiner ganzen Schöpfung strömen ... Ich danke dir für deine Gnade.

Bei den folgenden Meditationen schulen Sie Ihre Wahrnehmung und es findet nach und nach eine Transformation aller Ihrer Körper statt. Das Licht enthält alle Informationen, die der Körper für seine Gesunderhaltung braucht. Wenn die göttliche Schwingung, diese positive, heilende, regenerierende Information, unsere feinstofflichen Körper erfüllt und bis in unsere Zellen und unsere Gene vordringt, kann keine Krankheit entstehen.

Wenn Sie die Meditationen immer wieder durchführen, gelangen Sie mit all Ihren Körpern in eine höhere Schwingung. Dies wirkt sich auf Ihr Wohlbefinden, Ihre Gesundheit, Ihr Gefühlsleben, Ihre Konzentrationsfähigkeit und Ihre Spiritualität durch die immer wiederkehrende Reinigung durch das göttliche Licht äußerst positiv aus.

Aber wie bei allen spirituellen Übungen kann man dies erst wirklich erkennen, wenn man sie schon öfter gemacht hat und die Wirkung am eigenen Leib verspürt. Manche spirituell ausgerichtete Personen, denen es mit ihrer Entwicklung zum Licht sehr ernst ist, vergessen gelegentlich auf ihren feststofflichen Körper. Dies rächt sich dann unter Umständen in vielerlei Unpässlichkeiten, denn auch der Körper zieht bei der Entwicklung mit. Alte Energien müssen gereinigt, Giftstoffe ausgeschieden werden. Dabei sind Kräutertees eine wirksame Hilfe, die besonders nach der folgenden Übung getrunken werden sollen:

Reinigen des physischen Körpers

- Wir setzen oder legen uns nun ganz bequem hin, schließen unsere Augen und entspannen uns völlig. Wir beobachten eine Weile unseren Atem ... ein- und ausatmen, ein und aus ... ein- und ausatmen, wir lassen den Atem fließen, der Atem fließt wie von selbst.

- Alle Spannungen weichen, die Außenwelt tritt immer weiter zurück, wir sind immer mehr in unserer Mitte, in unserem Zentrum. Wir lassen uns nun ein bisschen treiben, wie ein Blatt im Wind, wir brauchen gar nichts tun, wir können uns jetzt ein wenig ausruhen ... Dabei sinken wir immer tiefer und tiefer in ein wunderbares Gefühl der Ruhe und Entspannung, immer tiefer sinken lassen, immer tiefer sinken lassen, alles ist gut, wir sind ganz in uns, wir gleiten immer tiefer und tiefer in unser Selbst. Nun richten wir unsere Aufmerksamkeit auf unseren Körper. Wir versuchen zu erfühlen, welche Körperteile sich angenehm anfühlen und welche unangenehm, wo sind noch Blockaden und gestaute Energien?

- Wir versuchen zu ergründen, wie sich unsere Zehen anfühlen, wir fühlen uns ganz hinein ... die Knöchel ... die Unterschenkel ... die Knie ... die Oberschenkel ... die Hüftgelenke ... der Unterleib ... das Gesäß ... der Bauch ... der untere Rücken ... die Brust ... der obere Rücken, die Hände ... die Handgelenke ... die Unterarme ... die Ellenbogen ... die Oberarme ... Wir fühlen, wie sich unser ganzes Skelett anfühlt, mit all unseren verschiedenen Knochen und die ganze Wirbelsäule ... die Schultern ... der Hals ... der Nacken ... das Gesicht ... der ganze Kopf. Wir schauen und spüren genau hin. Wir beginnen uns selber kennen zu lernen.

- Wir gehen im Geiste noch einmal alle Körperteile genau durch. Wo ist es angenehm in der Empfindung, wo fühlt es sich unangenehm an? Wir bitten nun das göttliche Licht, in unser Scheitel-Chakra einzufließen und unseren ganzen Körper zu durchdringen und ganz zu erfüllen. Wir fühlen, wie das göttliche Licht in unseren Kopf einströmt und der ganze Kopf, jede einzelne Zelle, ganz mit reinem, göttlichem Licht durchflutet wird.

- Wir spüren nun, wie das Licht weiter hinunter in Hals und Nacken strömt. Dort, wo wir unangenehme Empfindungen und Blockaden in uns gefunden haben, lassen wir besonders aufmerksam das heilende Licht einströmen, das mit seiner göttlichen Kraft alle Blockaden lösen kann, die jetzt gelöst werden dürfen. Durch alle Körperteile strömt nun das heilende und doch so kraftvolle göttliche Licht und spült Blockaden, Giftstoffe und gestaute Energien mit sich fort, löst sie auf, transformiert sie und erfüllt uns ganz mit licht- und liebevollen göttlichen Energien. Immer weiter und weiter strömt das göttliche Licht in uns ein, bis sich alle Körperteile ganz durchlichtet und angenehm anfühlen ...

- Nun richten wir unsere Aufmerksamkeit auf unsere Gefäße und das Blut, das durch unsere Adern strömt. Wir bitten nun das Licht, unsere Gefäße zu reinigen und zu durchlichten und auch das Blut von allen Belastungen zu befreien. Wir stellen uns vor, dass Gefäße und unser Blut nun ganz von göttlichem Licht erfüllt sind und ab nun sich keine Ablagerungen, Giftstoffe und sonstiges Belastendes mehr halten kann. Es ist uns bewusst, dass wir neben den spirituellen Übungen auch mit gesunder Ernährung, positiver Lebenseinstellung und Bewegung in frischer Luft zur Reinigung unserer Gefäße und des Blutes beitragen. Wir fühlen uns nun noch einmal in unser Gefäßsystem ein und bitten um Durchlichtung und Reinigung. Wir spüren das Licht, die göttliche Energie einfließen, bis sich das Blut und die Gefäße vollkommen licht und rein anfühlen.

- Wir stellen uns nun geistig auf unser Lymphsystem ein. Das Lymphsystem beginnt mit kleinsten Kapillargefäßen zwischen den Zellen. Sie saugen dort Giftstoffe, abgestorbene Zellteile, Viren und

Bakterien wie ein Löschblatt auf. Die kleinen Lymphgefäße vereinigen sich dann zu größeren Gefäßen, die immer wieder Lymphknoten passieren, wo Abwehrzellen gebildet werden und die Lymphe sich reinigt. Die Lymphe ist eine weißlich-gelbe Flüssigkeit, die mehr oder weniger dickflüssig und gestaut sein kann. Wir fühlen uns ganz in unser Lymphsystem ein. Wie fühlt es sich an? Ist es träge, müde und gestaut? Angenehm oder unangenehm? Wie fühlen sich die Lymphknoten an? Am Hals, unter den Armen, im Bauchraum, an den Beugen zwischen Rumpf und Beinen? Wir bitten das göttliche Licht nun, in unser Lymphsystem einzufließen, um es energetisch zu reinigen und zu aktivieren. Wir fühlen genau hin, bis sich alles licht und rein anfühlt ...

- Nun richten wir unsere Aufmerksamkeit auf unser endokrines System: Epiphyse und Hypophyse in der Mitte des Kopfes ... Schilddrüse ... Nebenschilddrüsen ... Thymusdrüse hinter dem Brustbein ... Bauchspeicheldrüse hinter dem Magen, Nebennieren ... Hormondrüsen ... Wie fühlen sich die einzelnen Drüsen in unserem Körper an?
  Wir behandeln nun eine Drüse nach der anderen mit heilendem göttlichen Licht und viel Liebe, besonders die, die sich in unserer Empfindung nicht gut anfühlen. Wir bitten das Licht, so lange einzufließen, bis sich alle Drüsen zu unserer Zufriedenheit gut und heil anfühlen.

- Nun richten wir unsere Aufmerksamkeit auf unsere Organe: Wir fühlen uns in unser Gehirn ein, ob es sich gut und angenehm oder verspannt und unangenehm anfühlt, und so fahren wir mit allen anderen Organen fort: das Herz ... die Lunge ... die Leber rechts ... die Milz links ... der Magen ... die Bauchspeicheldrüse ... die Nieren ... der ganze Darm ... die Geschlechtsorgane ... und die Haut, die unseren ganzen Körper bedeckt ... Welches Organ fühlt sich besonders unangenehm an? Diesem Organ widmen wir unsere besondere Aufmerksamkeit und Liebe. Wir fragen das Organ nun, was es braucht, und bitten unser höheres Selbst, uns die Antwort verständlich zu machen ...

- Nun bitten wir wieder das göttliche Licht, in all unsere Organe einzufließen, besonders in diejenigen, wo wir eine Unterversorgung mit Lichtenergie festgestellt haben. Wir gehen im Geiste wieder alle Organe durch und leiten das göttliche Licht durch unsere Aufmerksamkeit in das bestimmte Organ ein. Wir beobachten, wie das Licht das ganze Organ wirksam mit seiner Licht- und Heilkraft erfüllt. Erst wenn das Organ sich licht, gut und heil anfühlt, gehen wir geistig zum nächsten über.

- Jetzt ist unser ganzer Körper mit Heilenergie versorgt und durchströmt. Wir haben einige Minuten Zeit, alles nachzufühlen und uns auszuruhen. Jeder beendet diese Heilsitzung, wann immer er sich bereit dazu fühlt, öffnet die Augen und ist wieder ganz da.

Nachdem Sie sich nach dieser langen Meditation gut ausgeruht, Kräutertee oder gutes, frisches Quellwasser getrunken haben, ist es sinnvoll, sich ein wenig zu bewegen und die Energie im Körper und in den Meridianen zum Fließen zu bringen. Dazu haben wir Ihnen ein paar leichte Übungen zusammengestellt, die Sie natürlich je nach Wunsch verändern oder ergänzen können.

Übungen, um die aufgenommenen Energien zum Fließen zu bringen

- 5 x Augen Linkskreis
- 5 x Augen Rechtskreis
- 10 x Kopf nach links neigen und nach rechts neigen (Ohr Richtung Schulter)
- 10 x Kopf aufrecht halten und nach links und rechts drehen
- 10 x Schultern kreisen
- 10 x Ellenbogen und Arme seitlich in Brusthöhe öffnen
- 10 x Faust ballen, öffnen
- 10 x abwechselnd rechte und linke Hand über Kopf, seitliche Meridiane dehnen
- 10 x Hüftkreisen, 5 x links, 5 x rechts

- 10 x Fußkreisen linker Fuß, 5 x Linkskreis, 5 x Rechtskreis
- 10 x Fußkreisen rechter Fuß, 5 x Linkskreis, 5 x Rechtskreis
- 20 x Langlaufen (Wurzel-Chakra)
- 5 x Arme ganz hoch, auf Zehenspitzen, dann ausatmen und Arme und Kopf nach unten links und rechts baumeln lassen
- Ausschütteln

Im täglichen Leben sind wir ständig belastenden Situationen ausgesetzt, die in uns starke Emotionen auslösen. Auch Emotionalenergien, die sich im Raum befinden oder von anderen Personen ausgesandt werden, können in unsere feinstofflichen Körper eindringen und unseren Emotionalkörper stark belasten.

Dasselbe gilt auch für unseren Mentalbereich. Unsere eigenen negativen Gedanken sind Energien, die sich um uns herum aufhalten, sich in unserem Mentalkörper festsetzen und uns immer wieder negativ beeinflussen. Aber auch von außen können belastende Energien in unseren Mentalbereich eindringen. Deshalb ist es von Vorteil, den Emotional- und Mentalkörper von Zeit zu Zeit zu reinigen und zu durchlichten. Die folgende Meditation kann Ihnen dabei eine große Hilfe sein:

Übung zur Wahrnehmung und Reinigung des Emotional- und Mentalkörpers

- Wir sind wieder in unserer Mitte, achtsam und gesammelt. Wir fühlen uns nun ganz in unseren Emotionalkörper ein, einen bestimmten, schwingungsmäßig erfassbaren Teil unseres SEINS. Der Emotionalkörper, der unseren feststofflichen Körper durchdringt und über ihn ca. 40 cm rundherum hinausragt, ist Sitz unserer Gefühle und Emotionen. Hier sind auch die Gefühle zu bestimmten Ereignissen aus früheren Leben, der Kindheit und allen Erlebnissen bis ins Heute gespeichert.

- Der Emotionalkörper zeigt unsere Gefühle in bestimmten Schwingungsfrequenzen, die zu einem Teil ihres Spektrums den uns bekannten Farben entsprechen. Man kann die Stimmungen der Menschen an bestimmten Farben in der Aura erkennen.

- Wir versuchen nun unseren Emotionalkörper schwingungsmäßig mit all unseren Sinnen zu erfassen, wir fühlen uns ganz ein in diesen Schwingungsbereich unseres Seins, wo wir unsere Gefühle deutlicher und deutlicher wahrnehmen.
  Wir schauen nun mit unserem geistigen Auge den Emotionalkörper genauestens an. Wir wandern mit unserer Aufmerksamkeit wie ein Scanner von oben nach unten durch. Wo nehmen wir dunkle Stellen, unangenehme Gefühle oder besonders starke Emotionen wahr?

- An jeder Stelle, wo wir etwas erkennen, was wir gerne ändern möchten, bitten wir nun das göttliche Licht einzufließen; wir sehen zu, wie diese dunkle Stelle oder dieses unangenehme Gefühl durch das göttliche Licht vollkommen aufgelöst wird.
  Wir gehen nun alle diese Bereiche Schritt für Schritt durch ...
  Wenn wir fertig sind, bitten wir noch, den ganzen Emotionalkörper mit Heilenergie zu erfüllen, und sehen zu, welche Farbe nun für unsere Heilung einfließt.

- Wir beobachten nun unseren Emotionalkörper, in welchen Farben er in diesem Moment erstrahlt. Herrscht eine Farbe vor oder kann ich in den verschiedenen Körperregionen verschiedene Farben erkennen?
  Ich bitte nun helfende Engel und Lichtwesen, meinen Emotionalkörper in noch klareren und helleren Farben erstrahlen zu lassen, und sehe zu, wie die Farben in meinem Emotionalkörper zu leuchten beginnen. Es ist eine Freude, die schönen, leuchtenden Farben zu beobachten, und ich fühle mich zusehends frischer und freudiger.

- Ich danke den Lichtwesen und dem Schöpfer für die Hilfe bei der Wahrnehmung und Reinigung meines Emotionalkörpers und richte meine Aufmerksamkeit nun auf meinen Mentalkörper.

- Der Mentalkörper durchdringt unseren feststofflichen Körper und ragt weit über diesen hinaus. Hier ist der Sitz meines Denkens, meiner Erinnerungen und meiner Pläne. Alles, was ich jemals erlebt habe, ist hier wie in einem Computer gespeichert. Aber auch hier in meinem Mentalkörper können falsche Glaubenssätze, sorgenvolle Gedanken, mentale Muster und andere negative Energien festsitzen, die mir das Leben erschweren. Unsere eigenen negativen Gedanken umkreisen uns als dunkle Energieformen in unserem Mentalbereich und verbrauchen einen mehr oder weniger großen Teil unserer Energie.

- Wir schauen mit unserem »dritten Auge« unseren Mentalkörper genau an. Können wir dunkle Stellen erkennen? Wir bitten nun das göttliche Licht, in jeden dieser dunklen Bereiche einzufließen. Wir bitten die zuständigen Engel und Lichtwesen, die uns jetzt helfen dürfen, zu kommen. Wir sehen zu, wie eine dunkle Stelle nach der anderen vom Licht vollkommen durchdrungen und aufgelöst wird.

- Wenn wir fertig sind, sehen wir unseren Mentalkörper noch einmal von oben nach unten durch, ob alles zu unserer Zufriedenheit rein und licht ist. Wir bitten nun die zuständigen Engel und Lichtwesen, den Mentalbereich mit noch mehr Klarheit, Reinheit und lichter Kraft zu erfüllen, unser Bewusstsein zu erweitern und unsere mentalen Fähigkeiten zu fördern. Wir sehen zu, ob und in welchem Ausmaß uns diese Gnade gewährt wird ...

- Wir fühlen uns nun nochmals in unseren gereinigten und gestärkten Mentalbereich ein und fühlen dessen neue Klarheit, Weite und lichte Kraft. Wir bedanken uns bei den Lichtwesen und bei unserem Schöpfer und kommen wieder ganz mit den Gedanken ins Hier und Jetzt und in die Außenwelt.

Wenn Sie diese Meditation einige Male durchgeführt haben, werden Sie bald immer mehr innere Reinheit und Klarheit in sich verspüren. Durch das göttliche Licht und durch die Hilfe der Engel und Lichtwesen greifen diese Meditationen kraftvoll reinigend und positiv aufbauend in Ihr Energiesystem ein.

Sie werden Veränderungen, Reinigungsprozesse und Transformationen in sich wahrnehmen, besonders wenn Sie folgende Übung für Ihre spirituellen Körper so oft wie möglich machen:

Meditation zur Wahrnehmung und Durchlichtung der spirituellen Körper

- Höchstes göttliches Sein, wir bitten dich, uns jetzt bei unserer Meditation zu unterstützen und zu führen. Wir bitten dich, uns in unserer Schwingung anzuheben, unsere spirituellen Körper zu aktivieren, zu reinigen und zu durchlichten, damit wir fähig werden, dein lichtes Reich und deine Lichtwesen wahrzunehmen und in unserer Entwicklung zu dir fortzuschreiten.

- Aufrecht sitzen wir hier, achtsam, mit gesammeltem Bewusstsein. Wir stellen uns vor, dass wir mit jedem Atemzug reine Lichtenergie einatmen und so Stück für Stück in unserer Schwingung anheben.
  Wir richten nun unsere Aufmerksamkeit auf unsere spirituellen Körper, die weit über uns hinausragen und alle unsere anderen Körper mit ihren feinen Lichtgeweben durchdringen.
  Wir bitten unseren spirituellen Lehrer, uns bei der Auffindung von Störungen zu helfen.

- Wir aktivieren unser Stirn-Chakra und schauen mit unserem »dritten Auge« unsere spirituellen Körper an. Überall, wo wir dunkle Stellen entdecken, bitten wir das göttliche Licht einzufließen und diese aufzulösen ...
  Hier in unseren höchsten Ebenen sind auch viele unserer Fähigkeiten beheimatet, z. B. die Fähigkeit, das Leben in seiner Vielfalt auf allen Ebenen zu fördern, die Fähigkeit, durch unser Sein alles, was mit uns in Berührung kommt, zur Entfaltung zu bringen, die Fähigkeit, echtes Mitgefühl mit allen Wesen zu empfinden, die Fähigkeit, zu helfen und zu heilen, die Fähigkeit der Liebe zu allem Sein.

Diese Schwingungsbereiche nennen wir die Ebene der Urmutter in uns.

- Wir bitten nun göttliches Licht und Liebe, in diese unsere Bereiche einzufließen. Wir bitten, diese Fähigkeiten durch das göttliche Licht in uns zur Entfaltung zu bringen.
  Wir haben nun einige Minuten Zeit, all diese Fähigkeiten bewusst zu durchlichten und zu aktivieren ...

- Ein anderer Schwingungsbereich ist die Ebene, die wir Urvaterebene nennen. Urvater – die Sonne, die uns den rechten Weg zeigt. Wir aktivieren unsere Wahrnehmung und sehen diese Ebene mit unserem geistigen Auge durch. Wir bitten, alle dunklen Stellen im göttlichen Licht aufzulösen.
  Wenn dieser Seinsbereich weit entwickelt ist, erkennen wir den Sinn des Lebens, erkennen wir die Wahrheit, erkennen wir unser Ziel. Wir entwickeln die Fähigkeit, unsere Lebensaufgabe und die Ziele unserer spirituellen Entwicklung zu finden.
  Hier erkennen wir unseren richtigen Weg – so wie es uns Christus als spiritueller Lehrer gezeigt hat: ein Leben im Glauben und Vertrauen auf die göttliche Führung, ein Leben, in dem die spirituelle Entwicklung das Wichtigste ist, ein Leben, das von Liebe und Mitgefühl, Hilfsbereitschaft und Arbeit an sich selbst geprägt ist.
  Wir bitten nun das göttliche Licht, in diese unsere Fähigkeiten einzufließen, diese zu aktivieren und zu stärken. Wir machen uns bewusst, welche dieser Fähigkeiten noch nicht so gut entwickelt sind, und bitten um Aktivierung dieser Bereiche und Führung im Leben. Wir nehmen uns jetzt einige Minuten dafür Zeit.

- Eine andere Schwingungsebene unserer spirituellen Körper ist die Schöpferebene.
  Wir schwingen uns ganz auf diese Ebene ein, gehen ganz auf diese Frequenz, um diese Ebene wirklich zu erfassen. Wir bitten unseren spirituellen Lehrer, uns dabei zu helfen.
  Wir sehen uns diesen Bereich unserer Aura an und lösen einzeln alle

dunklen Stellen im göttlichen Licht auf, die uns jetzt gezeigt werden und die jetzt aufgelöst werden dürfen.

- Hier ist die Fähigkeit angelegt, unser Leben positiv zu gestalten. Hier haben wir die Fähigkeit, mehr oder weniger ausgeprägt, unser Leben im geistigen Bereich unter Berücksichtigung der göttlichen Gesetzmäßigkeiten zu schaffen. Je mehr unser Wille und unser Weg mit dem göttlichen Willen übereinstimmen, desto positiver wirkt unsere Gestaltungskraft für uns und das ganze Universum. Wir bitten nun das göttliche Licht, in diese Fähigkeit einzufließen und sie zu aktivieren, zu erweitern und im positiven Sinne zu stärken, damit unsere Ideen zur Gestaltung unseres Lebens ganz im göttlichen Sinne sind. Wir haben nun einige Minuten Zeit, darum zu bitten ...

- Der höchste uns bekannte Schwingungsbereich unserer spirituellen Aura ist die Ebene des in sich ruhenden Göttlichen. Auch hier bitten wir um Durchlichtung und Reinigung aller dunklen oder aufgewühlten Bereiche. Wir sehen uns alle Stellen an und bitten, eine nach der anderen aufzulösen. Wir schauen dabei zu, bis alles, was sein darf, nun im Lichte aufgelöst wird. Hier in diesem hohen Schwingungsbereich unseres Seins ruhen wir ganz in Gott. Hier haben wir die Fähigkeit entwickelt, uns ganz eins mit Gott, ganz in Ruhe und Ausgeglichenheit zu fühlen. Keine Unruhe zerreißt mehr unser Herz. Wenn die Fähigkeiten dieser Ebene gut entwickelt sind, haben wir das Gefühl, endlich zu Hause angelangt zu sein. Wir ruhen in Gott. Hier brauchen wir nichts zu wollen und herbeizusehnen. Hier ist alles in seiner göttlichen Fülle vorhanden. Alles umfassende Liebe und alle göttlichen Qualitäten erfüllen uns. Wir sind vollkommen ausgeglichen, in Ruhe und Geborgenheit, in der Reinheit, in der Wahrheit, in der Kraft, in der Liebe und verbunden mit allem Sein im göttlichen Licht.

- Wir bitten nun unseren Schöpfer, diese Fähigkeiten in uns zu aktivieren, um uns diesem göttlichen Zustand näher zu bringen. Wenn wir wirklich und wahrhaftig nach dem Licht, dem Guten, dem Göttlichen in Gedanken, Worten und Taten streben, dann wird uns geholfen werden. Wir spüren, wie uns diese hohen Schwingungen des Lichts ganz erfüllen. Wir haben Zeit, unser Bewusstsein auf die Aktivierung und Durchlichtung der Fähigkeiten dieser Ebene zu richten ...

- Aber nicht nur in uns, sondern auch außerhalb von uns gibt es solche Sphären, die unseren spirituellen Ebenen entsprechen. Wir bitten nun unseren Schöpfer, die Engel und Lichtwesen, uns Zugang zu diesen hohen Lichtsphären zu gewähren.
  Wir bitten nun, in die lichten Sphären gebracht zu werden, wo wir Lichtwesen treffen dürfen, die diese Fähigkeiten und Qualitäten aller spirituellen Ebenen schon voll entfaltet haben. Wir bitten Engel und Lichtwesen, uns auf die Ebene zu bringen, wo wir noch am meisten zu lernen haben. Wir bitten diese hohen Lichtwesen in Demut und Achtsamkeit, sich uns zu zeigen.

- Wir beginnen wieder mit der Lichtatmung. Bei jedem Atemzug erhöhen wir unsere Lichtschwingung ... Wir bitten nun helfende Engel, uns in die Lichtsphäre zu bringen, wo wir den hohen Lichtwesen begegnen dürfen und wo wir jetzt Hinweise für unsere Entwicklung erhalten. Wir machen uns auf den Weg und haben nun genügend Zeit, uns ganz auf die Botschaften unserer Wesen aus den lichten Sphären zu konzentrieren ... Es wird für unser Leben und unsere Entwicklung von großer Bedeutung sein ...

- Wir verabschieden uns voller Dankbarkeit von den hohen Lichtwesen und werden von helfenden Engeln wieder ganz ins Hier und Jetzt gebracht. Wir sind mit all unseren Sinnen und mit unserem Sein wieder ganz da und mit unserem Bewusstsein in der Außenwelt. Wir sind unseren geistigen Lehrern und lichten Helfern sehr dankbar für diese wunderbare Meditation, bei der wir, wenn wir das anstreben, große Entwicklungsschritte tun können.

Nehmen Sie sich Zeit für diese Übungen, Sie werden reichlich dafür belohnt. Wenn Sie die göttlichen Schwingungen des Lichts und der allumfassenden Liebe in sich spüren, werden Ihre Seele und Ihr ganzes Sein von unsagbarer Freude und Glückseligkeit erfüllt.

Sie können dann diese Freude und dieses Licht auch in Ihren Alltag einfließen lassen und in Ihrem Leben und Ihrer Umgebung wird es freudiger und lichter.

Gebet

Höchstes göttliches Sein! Bitte reinige meinen spirituellen Kanal, meine Verbindung zu dir, damit ich dein Licht, deine Heilenergie, deine Liebe empfangen kann. Bitte sende mir einen Strahl deiner göttlichen Liebe und Gnade, und befreie mich von allen negativen Energien, negativen Gedankenformen und negativen Wesenheiten.
Es ist mein aufrichtiges Streben, in deinem Sinne zu wirken,
mich selbst zu erkennen und an meiner Entwicklung zu arbeiten.
Bitte gib mir die Kraft, immer Kanal für dein Licht und deine göttliche Liebe zu sein.
Ich verbinde mich nun ganz mit dir, ich danke dir für deine Liebe,
für dein Mitgefühl, für dein Verstehen und Verzeihen.
Auch ich bin nun bereit, mir selbst und anderen zu verzeihen,
voller Mitgefühl und Verständnis für andere zu sein,
aber auch die Kraft und den Mut zu haben,
meinen Weg im Licht zu gehen.
Ich stärke noch einmal die Verbindung zu dir
und empfange nun voller Dankbarkeit deine Heilung auf allen Ebenen ...
Bitte führe mich und zeige mir meine Aufgaben auf meinem Weg.
Ich möchte mich Schritt für Schritt entfalten auf dem Weg zu dir,
zum Licht, zur allumfassenden LIEBE.

Wenn Sie dieses Gebet täglich ein- oder zweimal mit Hingabe sprechen, werden Sie die Lichtkraft spüren und eine Beschleunigung Ihrer Entwicklung bemerken. Viel Freude auf Ihrem Weg!

DIE AUTOREN

Maria Angerbauer

Geboren in Wien, Ausbildung als Radiästhetin, Reiki-Lehrerin, Heilpraktikerin und in diversen manuellen Therapien sowie Heilmagnetismus, Pranic Healing und Heilen mit Kristallen. Viele Jahre beschäftigte sie sich mit Heilarbeit an den feinstofflichen Körpern und Chakren. Dabei entwickelten sich ihre Hellsichtigkeit und ihr Kontakt zum Licht und zu ihren geistigen Lehrern und Helfern.

Sie forschte intensiv nach den spirituellen Ursachen von Krankheiten, Leid und Schicksalsschlägen und entwickelte eine geistige Heilmethode zur Lösung alter Traumata bzw. zur Wiedergutmachung karmischer Schuld. Aufgrund ihrer Sensitivität und Hellsichtigkeit fühlt sie die Ursachen von Leid und Krankheit und nimmt die damit zusammenhängenden Szenen aus früheren Leben wahr. Sie sieht in die unbewussten Bereiche der Seele und vermittelt auch Botschaften des höheren Selbst.

Ihre Fähigkeit, Durchsagen und Hinweise aus der geistigen Welt und ihrer spirituellen Lehrer medial zu empfangen, hat zur Entwicklung der »Lösungsarbeit« wesentlich beigetragen.

Gustav Kilian

Geboren 1949 in Wien, war als Hauptschullehrer tätig, als er sich entschloss, die Annehmlichkeiten des konventionellen Lebens aufzugeben und sich nur mehr seiner spirituellen Entwicklung zu widmen.

Er verbrachte einige Jahre zusammen mit Gleichgesinnten im mystischen Waldviertel, wo er in direkter Konfrontation die verschiedensten Wesenheiten bis hin zu bedrohlichen dunklen Mächten kennen lernen durfte. Aufgrund seiner außergewöhlichen Sensitivität ist er in der Lage, Schwingungen eines breiten Spektrums wahrzunehmen und problembezogene Energien zu differenzieren. Ausgebildet als Reiki-Lehrer und Rückführungstherapeut, spürte er im Zuge seiner weiteren Entwicklung in sich immer mehr die Berufung zum Lichtarbeiter, zur Wiederherstellung der göttlichen Ordnung in sich selbst und in der Welt.

In Zusammenarbeit mit Maria Angerbauer sowie Wesen aus lichten Dimensionen entwickelte er die so genannte Lösungsarbeit, eine wohl einzigartige spirituelle Methode zur Befreiung, wie sie in diesem Buch beschrieben ist.

Die Autoren möchten Ihnen mit Rat und Tat auf Ihrem Entwicklungsweg beistehen. Sie bieten die vierstufige Seminarreihe »Erkenntnis durch Licht – Lösung durch Gnade« an. Hier lehren sie die verschiedenen Lösungstechniken in kleinen Gruppen. Hilfestellungen in der persönlichen Entwicklung und Reinigung gibt die Reihe »Entwicklung zum Licht«. An den Seminaren Interessierte bekommen auf Anfrage Unterlagen.

Maria Angerbauer
Gustav Kilian
Postfach 5
A-2640 Gloggnitz